저성장시대의 지역정책

이 도서의 국립중앙도서관 출판예정도서목록(CIP)은 서지정보유통지원시스템 홈페이지
(http://seoji.nl.go.kr)와 국가자료공동목록시스템(http://www.nl.go.kr/kolisnet)에서
이용하실 수 있습니다. (CIP제어번호: CIP2014019728)

저성장 시대의 지역정책

SLOW GROWTH AND
REGIONAL DEVELOPMENT

이외희 외 지음 | 경기개발연구원 엮음

한울
아카데미

우리나라는 지금까지 세계 어느 나라보다 고성장을 누려왔습니다. 그러나 최근 성장률이 감소하고 있고 감소 추세는 지속될 것으로 전망되고 있습니다. 즉, 저성장으로 접어들고 있는 시점입니다. 많은 연구에서 과거와 같은 고성장은 없을 것이라 이야기하고 있습니다. 특히 낮은 출산율과 점점 증가하는 미혼율로 인구증가세는 둔화되고, 고령화는 빠르게 진전되어 저성장을 부채질하고 있습니다. 경제적인 측면에서는 자본의 증가도 과거와 같이 쉽지 않으며 생산시설에 투자해도 자동화 등으로 일자리가 늘지 않아 고용 없는 성장이 지속되고 있습니다.

저성장은 우리 사회에 많은 변화를 요구할 것입니다. 저출산·고령화로 미래 노동력의 절대수준이 감소하여 고용의 질에 부정적인 영향을 미칠 것입니다. 고령인구의 증가는 복지 수요를 더욱 증가시키고 젊은 세대에 경제적·사회적 부담을 가중시키며 나아가서는 세수부족 등 국가재정에 영향을 줄 것입니다. 이로 인해 소득양극화가 심해지고 범죄와 가족해체 등 사회적 문제까지 야기할 것입니다.

그러나 우리의 인식은 아직 고도성장기의 환상에서 벗어나지 못하고 있습니다. 여전히 개발에 대한 기대와 미련으로 과거 지정해놓았던 많은 개발계획을 조정하지 못하고, 새로운 계획을 제안하고 있는 실정입니다. 그러나 이제 저성장기를 준비해야 할 때 입니다. 과거 개발과 확산 중심이었던 도시·교통정책과 성장기의 경제와 산업정책을 저성장기에는 어떻게 바꾸어야 하고 대응해야 할지 고민해야 합니다. 이러한 면에서 이 책이 화두를 던지는 것이라 봅니다.

　『저성장시대의 지역정책』은 저성장기에 고려해야 할 많은 정책 중에서 성장의 중심에 있던 정책을 중심으로 살펴본 것입니다. 향후 복지, 노인문제 등 많은 분야가 더 부각되겠지만 성장기 국가 발전의 주축을 이루었던 도시 및 교통, 산업 분야로 범위를 좁혀 보았습니다. 그리고 각 분야별로 지방정부의 역할을 제시했습니다.

　즉, 성장기는 인구의 급증과 주택부족으로 신도시의 건설과 교외 확산, 도시의 확장에 따른 도로와 철도의 건설, 제조업부문의 빠른 성장으로 대표되었습니다. 그러나 저성장시대에 도시와 교통부문은 선택과 집중, 유지와 관리, 절약형으로, 산업부문은 기존 산업의 효율화, 신성장산업의 발굴로 패러다임이 전환되어야 할 것입니다. 이렇게 전개되어야만 일정한 규모의 국가재정에서 증가하는 복지수요를 감당할 수 있고 도시와 교통부문의 효율적인 운용이 이루어질 것입니다. 또 미래의 수요에 맞는 일자리를 제공할 수 있을 것입니다.

　우리나라가 저성장시대를 지나갈 때 각 지역의 도시·교통·산업정책의 수립시 이 책이 도움이 되기를 바랍니다. 마지막으로 이 책을 발간하는 데 노력을 기울인 이외희 박사를 비롯한 집필진에게 감사의 말씀을 드립니다.

2014년 6월

경기개발연구원 원장

지역정책을 둘러싼 제반 여건이 빠르게 변화하고 있다. 이러한 변화를 주도하는 요인으로 저성장시대의 도래, 인구 감소 및 고령화, 산업구조 변화, 글로벌 경제화, 기후변화, 지방화 및 다문화사회 전개 등이 꼽히고 있다. 이 중에서 사람들이 인구 감소 문제에 더욱 시선을 주고 있다. 그러나 현실적으로 지역정책에 가장 직접적이고도 지속적인 영향을 끼칠 요인은 저성장시대의 도래라는 현상이다.

이미 저성장시대에 진입한 국가들은 저성장시대라는 트렌드를 자국 실정에 맞게 반영한 새로운 지역정책을 시도하고 있다. 이에 반해 우리의 지역정책은 아직도 거대담론을 중시하고 대규모 개발프로젝트에 치중함으로서 국민으로부터 토건국가, 토건사업이라는 질책을 받고 있다. 따라서 여건 변화를 감안해 우리의 지역정책도 새로운 트렌드에 부합하고 국민의 눈높이에 맞춘 생활밀착형 정책으로 전환해야 한다. 그동안의 장소중심적인 사고에서 사람중심적인 사고로 전환하고 삶의 질을 우선하는 지역정책으로 방향전환을 해야 한다.

이러한 필요성에 부응하여 최근 저성장시대에 지역정책의 새로운 패러다임이 어떠한 방향으로 정립되는 것이 바람직한지를 집중적으로 검토한 책이 우리의 눈길을 끈다. 경기개발연구원에서 엮은『저성장시대의 지역정책』이 바로 그것이다. 이 책은 이외희 박사를 비롯한 8명의 전문가가 공동으로 집필했다. 필자가 이해하는 한 저성장시대의 지역정책 방향을 체계화한 국내 최초의 저서이다. 경기개발연구원은 자타가 공인하는 국내 최고, 최대의 지역연구 싱크탱크이다. 여기에서 오랫동안 지역정책의 세부 분야를 연구해온 각각의 전문가가 저성장시대에 부응하는 세부 과제를 다루었으니 신뢰가 갈 수밖에 없다.

이 책은 크게 4개의 대주제로 구성되어 있다. 첫 번째 주제는 저성장시대에 지역정책의 방향 설정을 어떻게 해야 할 것인가 하는 문제에 초점을 맞추고 있다. 여기에서는 저성장의 트렌드가 얼마나 지속될 것인지, 그리고 그러한 저성장 트렌드가 어떠한 지역문제를 새롭게 야기하며 이에 대응하기 위한 정책적 노력이 어디에 중점을 두어야 할지를 다양한 통계와 자료에 근거하여 설득력 있게 그려내고 있다.

두 번째 주제는 저성장시대의 도시관리 문제를 집중적으로 다루고 있다. 특히 우리 도시들이 공통적으로 직면하고 있는 과제라 할 수 있는 탈도시화, 재정 비, 주택 및 교통 문제 등을 저성장의 트렌드에 맞추어 어떻게 관리하고, 대응해야 할지를 전문가적 관점에서 세밀하게 분석해 설득력 있는 대안을 제시하고 있다.

세 번째 주제는 저성장시대의 산업과 일자리 문제에 집중되어 있다. 사실 먹고사는 경제문제는 저성장시대의 지역주민들이 당면하는 가장 심각한 생활이슈라 할 수 있다. 특히 일자리 문제는 더더욱 그러하다. 우리보다 훨씬 일찍 저성장시대를 맞이했던 선진국들의 사례가 이를 잘 말해주고 있다. 이 책도 이를 반영하듯 저성장시대의 산업경쟁력 문제 및 일자리 문제를 집중적으로 다루고 있다. 저자들은 고용친화적 산업구조 구축의 필요성을 강조하고 있으며 특히 고부가가치 일자리 창출을 위한 한류의 창조산업화와 융복합화를 통한 관광산업의 고부가가치화에 우선순위를 두어야 한다고 주장하고 있다.

마지막 주제는 저성장시대의 대응과제 및 지방정부 역할에 초점을 맞추고 있다. 저자들은 저성장시대에 지방정부가 직면할 핵심적인 정책과제들을 7개로 압축하고, 이들 각각의 과제들에 대하여 지방정부가 구체적으로 어떻게 대응하는 것이 바람직한지를 국내와 해외사례를 적절히 활용해 명쾌하게 기술하고 있다.

저성장시대의 도래는 우리가 피할 수 없는 거대한 메가트렌드이다. 저성장이라는 전대미문의 파고를 슬기롭게 헤쳐나가기 위해서는 저성장이라는 새로운 트렌드가 지역에 가져올 부작용을 제대로 이해하고 이를 극복할 철저한 준비가 필요하다. 그러기 위해서는 고성장시대의 지역정책에 익숙한 우리의 사고방식을 하루빨리 바꾸어 정책시스템 및 정책수단을 재정비해야 한다. 이외희 박사를 비롯한 8인의 지역전문가들이 공동으로 집필한 '저성장시대의 지역정책'은 이러한 관점에서 매우 유용하고도 시의적절한 지침서라 하지 않을 수 없다. 필요한 시기에 필요한 지식을 제공해준 저자들의 노고에 고마움을 표하며 도시 및 지역계획 분야의 연구자 및 정책입안가 그리고 관련 산업계의 전문가에게 서슴없이 일독을 권하고자 한다.

2014년 6월
중앙대학교 교수
허재완

저성장에 대한 책은 외국뿐 아니라 우리나라에도 많이 나와 있다. 그러나 지방정부에서 어떻게 해야 할지 고민했던 책은 없는 것 같다. 이러한 측면에서 이 책은 본 연구원의 특성을 잘 보여주는 것이다. 이 책을 기획하면서 '저성장'에 대한 집필진들의 많은 논의가 있었다. 시기를 언제까지 고려해야 할지, 대상이 국가인지 수도권인지, 어느 분야를 포함해야 할 것인지, 또 이 책을 통해서 연구원의 정체성을 어떻게 나타낼 수 있는지 등을 고민했다.

집필진 나름대로 저성장의 의미가 무엇인지, 앞으로 성장의 기조가 어떻게 될 것인지 정의하고, 전국 단위로 장기적 흐름 속에서 향후 10년 내외로 정하여 분야별로 살펴보기로 했다. 또 저성장기에는 소득양극화, 일자리 불안, 나아가서는 사회적 불안까지 고조되어 복지에 대한 관심이 더욱 높아지겠지만, 복지는 각 분야에 포함해 서술하기로 했다. 최근 복지가 과거와 달리 주거복지·환경복지·교통복지·생활복지 등 그 개념이 다양하게 전개되고 있기 때문이다. 그리고 마무리로 각 분야에서 지방정부가 저성장기에 어떻게 대응해야 할지 제시했다.

이 책에서는 성장기에 각광을 받고 확장일로에 있던 분야인 도시·주택·산업 부문이 저성장기에도 과연 이렇게 계속 가도 될 것인지, 아니면 어떻게 방향을 전환해야 할 것인지 살펴보았다. 일례로 집의 규모를 늘려갈 때는 문제가 없지만 줄여가야 할 때는 그동안 가지고 있던 짐들을 어떻게 버리고 정리해야 할지 생각해야 하기 때문이다. 국가재정이라는 일정한 파이에서 여건 변화에 따라 복지 등의 특정 수요가 증가하면 다른 부문의 재정을 줄여야 한다.

우리나라의 경우 건설 부문의 비중이 선진국에 비해 상대적으로 아주 높았으나 점점 감소 추세에 있으며, 과거와 같이 주택이 양적으로 부족하던 시기가 아니기 때문에 이 같은 추세는 상당 기간 지속될 것이다. 더욱이 인구규모가 축소될 경우 도시의 기능은 다시 고려되어야 하며, 도시는 한 번 조성되면 쉽게 바꾸기 힘들며 비용도 많이 소요된다. 이러한 측면에서 도시와 교통정책이 어떻게 바뀌어야 할지 제시하고자 했다.

한편 산업부문은 국가재정이라는 파이를 키울 수 있는 수단이다. 최근 개발도상국이 저렴한 노동력으로 우리나라의 제조업을 위협하며, 반대로 우리나라 서비스업의 생산성은 선진국을 좇아가지 못하고 있다. 따라서 이 책에서는 어떻게 기존 산업을 효율화시키고 새로운 산업을 육성할 수 있는지, 우리가 찾아야 할 신산업은 어떤 것인지를 제시해 파이를 키우는 데 도움이 되고자 했다.

이 책이 저성장시대를 맞이하여 국가 및 지방정부의 지역정책에 대한 제안서가 되길 바란다.

2014년 6월
집필진을 대표하여
이외희

제 1 부

저성장시대 지역정책의 전환

제1장
성장의 기조와 영향

1. 성장의 기조

1) 세계의 성장 추세와 한국의 성장 기조

(1) 세계경제의 성장 추세

2008년 글로벌 금융위기로 인한 세계경기 침체는 각국의 재정지출과 양적 완화, 신흥공업국 BRICs[1] 등의 성장에 힘입어 2010년 회복세를 나타냈지만, 이후 성장률은 이전보다 감소한 저성장 기조를 유지하고 있다. 2013년 세계경제성장률은 3.1%로 전망되는데, OECD 회원국은 1.2%, 유로지역은 −0.6%, 미국은 1.9%로 낮은 성장률을 나타내고 있다(OECD, 2013a). 비OECD 국가 역시 5.5%로 상대적으로 높은 수준을 유지하고 있으나 글로벌 금융위기 이전보다는 낮은 성장률을 보인다. 앞으로도 유로지역의 재정위기와 관련한 불확실

---

[1] 브라질(Brazil), 러시아(Russia), 인도(India), 중국(China)의 영문 머리글자를 딴 말로 남아 프리카공화국(South Africa)을 포함해 BRICS로 지칭하기도 한다.

그림 1-1 ▎ 세계경제의 장기 성장 추이

자료: 유병규(2013: 8)에서 재인용.

성과 미국·중국의 성장세 둔화에 따른 대외 수요 감소가 지속될 우려가 있어 세계경제의 저성장 기조는 당분간 유지될 것으로 전망된다.

OECD는 세계 경제성장률을 2012~2017년 연평균 3.7%, 2018~2030년 3.6%로 전망하지만, 2031년 이후에는 인구고령화 등의 영향 때문에 2.2%로 낮아질 것이라고 예측하고 있다. OECD 회원국 역시 2030년까지의 성장률은 연 2.3%이지만 이후에는 1.6%로 낮아져, 유로지역과 미국, 일본 등의 성장률은 2% 이하에 머물 것으로 보고 있다. 신흥공업국을 비롯한 비OECD 국가는 당분간 높은 성장률을 유지하며 세계경제에서 큰 영향력을 발휘하겠지만 장기적으로는 선진국과 같은 흐름을 보일 것으로 전망된다. 한국도 2012~2017년에는 4.1%, 2018~2030년에는 3.3%로, OECD 평균인 2.3%보다 높은 연평균 성장률을 유지하겠지만 그 이후에는 OECD 평균보다 낮아질 것으로 전망된다.

표 1-1 ┃ 세계 실질 GDP 성장률 장기 전망(연평균 변화율)

(단위: %)

구분	2001~2007	2012~2017	2018~2030	2031~2060
세계	3.5	3.7	3.6	2.2
OECD	2.1	1.9	2.3	1.6
유로지역	1.7	1.0	2.0	1.3
한국	4.5	4.1	3.3	0.6
미국	2.4	2.0	2.1	1.7
일본	0.7	0.8	1.1	1.1
비 OECD	7.1	6.8	5.3	2.8

자료: OECD(2013a: 199).

(2) 한국의 성장 기조

한국의 국내총생산(GDP)은 1970년 2조 7,000억 원에 불과했으나 2012년에는 1,272조 원에 이를 정도로 급격하게 증가했고, 경제성장률은 1970년대 평균 9.1%, 1980년대 9.8%, 1990년대 6.6%를 나타내는 등 세계에서 유례를 찾기 어려울 만큼 지속적인 고도성장을 이루어왔다. 2000년대에도 OECD 국가의 평균 성장률은 1.7%, 미국 1.7%, 유로지역 1.3%, 일본 0.5%에 그친 반면 한국은 4.2%를 나타내 상대적으로 높은 성장시대를 누려왔다. 하지만 한국 경제 역시 2000년대 이후 급격한 성장률 하강국면이 지속되고 있으며, 2008년 글로벌 금융위기와 같은 대외 여건 악화로 인해 2009년 경제성장률은 0.3%까지 하락했다. 이 같은 상황을 타개하기 위해 다양한 경기부양책이 시도되고 있지만 문제는 이러한 상황이 일시적인 현상에 그치지 않을 가능성이 높다는 데 있다.

한국의 잠재성장률[2]은 2010년대 3.08% 2020년대 2.06%, 2030년대 1.77%,

---

2   잠재성장률이란 한 나라의 노동과 자본 등 동원 가능한 생산요소를 모두 투입해 인플레이

그림 1-2 ┃ 한국의 GDP 성장률

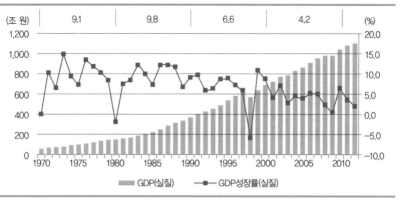

주: 10년 단위 연평균 성장률.
자료: 한국은행 경제통계시스템, 「국민계정」.

2040년대 1.69%로 향후 지속적으로 하락할 것으로 전망된다(김창배, 2013). 국회예산정책처 자료(박종규 외, 2012)에서도 한국의 잠재성장률을 2013~2017년 중 연평균 3.5%로 떨어질 것으로 예측했다. 이처럼 잠재성장률이 급격히 하락할 것으로 예상되는 상황에서 저성장 추세가 계속된다는 것은 한국 경제가 지속적이고 안정적인 성장을 이루기 어렵다는 것을 의미한다. 고도성장기를 거쳐왔던 한국에 현재의 저성장 기조는 IMF 극복 당시의 해법과는 다른 좀 더 근본적인 과제, 예컨대 새로운 성장 패러다임으로의 전환 등을 필요로 한다.

2) 저성장의 지속가능성

저성장 현상이 앞으로도 지속될 것이라는 예측은 많은 사회적 징후가 뒷받

───────────────

선 등의 부작용 없이 생산할 수 있는 최대 생산증가율을 말한다.

표 1-2 ▎ 성장 추세와 전망

성장요인		성장 기여도		전망
		1970년대 7.8%	2000년대 4.6%	
노동	취업자 수	2.8%	1.0%	정체, 감소
	주당 취업 시간	0.4%	-0.7%	
	성별·연령별 구성 변화	0.0%	0.1%	
	3.1% 교육 수준 0.9%	0.1%	0.3%	포화 상태
	근로 시간 효율	-0.1%	0.2%	
	비배분	-0.1%	0.0%	
자본	고정자본	1.7%	0.5%	증가 기대 어려움
	재고자산	0.2%	0.0%	
	1.9% 해외자산 0.8%	-0.4%	0.1%	
	주택소유	0.3%	0.1%	
생산성	자원재분배	0.7%	0.8%	정체
	2.8% 규모의 경제 2.9%	1.4%	0.8%	선진국화 시 효과 약화
	기술 진보	0.7%	1.3%	역할 강화 필요

자료: 김동석 외(2012: 147)를 재정리.

침해주고 있다. 그동안 한국 경제는 자본과 노동의 대량 투입에 의존해 고도성장기를 이끌어왔다. 1970년대 한국 경제 전체의 성장 요인별 기여도를 살펴보면 자본 요인의 성장 기여도가 1.9%, 노동 요인의 기여도는 3.1%, 생산성 요인은 2.8%였다. 그러나 2000년대에는 생산성 요인의 기여도는 그대로인 반면 자본 요인과 노동 요인이 각각 0.8%, 0.9%로 크게 하락하면서 경제 전체의 성장 기여도 역시 1970년대 7.8%에서 2000년대 4.6%로 낮아진 것을 알 수 있다(김동석 외, 2012).

요소 투입 세부 항목별로도 유사한 추세를 나타내고 있다. 향후 전망을 보면 노동에 영향을 미치는 취업자 수, 취업 시간, 교육 수준 등은 이미 정체되어 있거나 포화 상태에 이르렀다. 이와 함께 저출산·고령화에 따라 생산가능인구도 급격히 줄어들고 있어 노동 측면에서의 공급 능력 저하는 불가피할 것으로 사료된다. 자본 투입 역시 노인인구 비율이 상승하고 저축률이 하락하고 있기 때문에 증가하기 어려운 상태이다. 생산성 요인 중에서도 규모의 경제를 통한 성장효과도 약화되고 있다. 결국 요소 투입 증가에 의존한 양적성장은 더는 기대하기 힘든 수준에 봉착한 것이다. 다만 기술 진보를 통한 생산성 향상은 한국의 성장력을 상승시킬 수 있는 단계에 와 있다.

2000년대에 들어와 성장 기여도가 낮아지고 있는 상황이 앞으로도 지속될지 여부는, 구체적으로 경제성장에 영향을 미치는 요인 몇 가지가 최근 어떻게 변화하고 있는지 살펴봄으로써 유추해볼 수 있을 것이다.

현재 한국은 급속한 인구고령화와 더불어 매우 낮은 출산율을 보인다. 미혼과 만혼이 증가하면서 1983년 2.06이던 합계출산율은 2010년 1.23으로 감소했다. 이 수치는 일본 1.39, 미국 1.93, OECD 국가 평균 1.74에 비해서도 매우 낮은 수준이다. 통계청 추계에 따르면 합계출산율은 향후 점진적으로 상승해 2040년 1.42 수준으로 전망되나, 인구대체출산율인 2.1보다는 낮기 때문에 인구 감소를 피하지는 못할 것으로 예상된다.

반면 기대수명은 1990년 71.3세에서 2010년 80.8세로 크게 증가했다. 2010년 남자의 기대수명은 77.2세, 여자는 84.1세이나 2040년에는 각각 83.4세와 88.2세까지 증가할 것으로 예상되어 인구구조 역시 빠르게 변화할 것으로 예측된다. 이 같은 급속한 고령화는 고령인구의 부양비를 지속적으로 상승시켜 청장년층의 부양 부담이 더욱 가중될 것이다. 2010년 기준 65세 이상 고령인구는 545만 명으로 총인구의 11.0%를 차지하고 있지만, 2020년 808만 명, 2030년 1,269만 명으로 꾸준히 증가해 2040년에는 고령인구가 1,650만 명에 도달할 전망이다. 2010년에 비해 1,100만 명가량이 늘어나는 것이다. 생산가능인구 100명당 고령인구수를 의미하는 노년부양비는 1980년 6.1명에서 2010년

15.2명으로 2.5배가량 증가했다. 그런데 베이비부머(1955~1963년생)가 고령층에 진입하는 2020년에서 2028년까지 노년부양비는 급속히 증가해, 2020년 22.1명에서 2030년 38.6명, 2040년 57.2명까지 증가할 것으로 전망된다.[3]

생산가능인구는 점차 감소하고 취업자는 50대 이상의 고령층 중심으로 급속히 재편될 것이며, 이에 따른 노동력 부족 현상은 저성장을 더욱 고착화시킬 가능성이 높다. 따라서 노동생산성을 향상시키는 것과 고령인구의 경제활동참가율을 제고하는 방안을 찾는 것이 저성장시대의 주요한 과제가 될 것이다.

교육 수준에서 한국은 1990년대 중반 이후 대학 설립 요건의 완화로 고학력화가 빠르게 진전되면서 교육의 양적 수준은 크게 상승했다. 그 결과 1990년 33%뿐이었던 고교 졸업자의 대학 진학률이 2000년 62%, 2009년에는 77.8%로 상승하는 등 고학력자가 급증했다(교육과학기술부·한국교육개발원, 2012: 14). 이는 2010년 기준 연령별 학력에서도 잘 나타난다. 즉, 교육 수준에서 대학 이상은 20대 인구의 81.4%, 30대는 62.8%, 40대가 41.2%로 나타나 양적으로 교육 수준은 더 높아지기 어려울 정도에 와 있는 것을 알 수 있다(통계청, 2010). 그러나 질적 측면에서 한국의 교육 수준이 낮게 평가되어, IMD(2012)에 의하면 한국 대학 교육의 경쟁력은 2012년 기준 59개국 중 42위 수준이다.

산업부문에서는 과거와 달리 자동화와 기계화의 영향으로 생산시설을 투자해도 일자리가 별로 늘지 않는 '고용 없는 성장'이 지속되고 있다. 그 예로 고용유발계수가 1990년 26.8명이었으나 2000년 12.4명, 2005년 9.9명, 2008년 8.3명으로 계속 낮아지고 있다(유병규, 2013에서 재인용). 특히 과거 높은 고용유발 효과를 보였던 제조업 부문의 경우 산업구조의 고도화 과정에서 산출과 고용의 연결고리가 약화되어 산업별 고용유발력이 감소하고 있다. 제조업의 고

---

3   통계청(각 연도), 「장래인구추계」.

용유발계수는 1990년 27.1명에서 2005년 7.2명으로 크게 감소했는데, 그 원인으로 국내 투자 여건 악화, IT 등 고용절약적 산업 발전, 부품소재산업의 경쟁력 취약, 신성장동력의 확보 부재 등을 꼽을 수 있다(유병규, 2013).

저출산·고령화, 저성장 현상이 지속되는 상황에서 이러한 구조 변화에 대응하기 위한 새로운 성장전략이 필요하다. 잠재성장률 상승을 위해 선진국 기술 모방, 단순 조립가공 등으로 대표되던 요소투입형·추격형 성장전략에서 혁신 창조형 성장전략으로 전환해야 하는 시점이다. 이는 연구개발(R&D) 혁신력 향상, 부품 소재산업 자립, 중견기업 육성, 내수서비스업 확대, 신기술 산업 개발 등 혁신선도형 전략을 통해 극복할 수 있다(유병규, 2013). 시장경쟁의 촉진과 기업의 투자 여건 개선을 위한 경제 규제의 체계적 재정비와 유연성, 노동시장의 제도 개선은 산업구조 선진화의 핵심 요소이다. 이에 따라 정부는 규제 완화 등 투자 여건 개선에 대한 대책 마련과 함께 신성장동력을 육성하고, 기업도 R&D 투자를 확대하고 경쟁력을 강화하는 노력이 필요하다.

2. 저성장이 지역정책에 미치는 영향

출산율이 낮아지고 평균수명이 길어지면서 수반되는 연령별 인구비율 변화는 노동 구성에 영향을 미쳐 한국의 산업구조 및 경제 전반에 근본적인 변화를 가져온다. 우선 고령인구가 증가하고 생산가능인구의 감소 현상이 지속되면 노동력의 절대적 수준이 감소하고 고용의 질에 부정적인 영향을 미치게 된다. 이에 따라 자본·노동 투입 감소, 노동생산성 저하 등으로 이어져 재정수입 축소와 성장잠재력 악화를 유발할 수 있다. 또한 고령층 복지 수요 증가는 청장년층의 부양 부담 증가와 연결되며 장기적으로 국가재정 건전성의 악화가

그림 1-3 ▎ 저성장의 의미와 영향

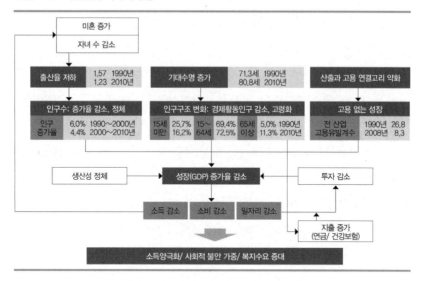

우려된다.

인구구조와 산업특성 변화 등으로 인한 저성장은 소득의 감소, 소비의 감소, 일자리의 감소로 소득 양극화, 사회적 불안 가중, 세수 부족, 복지 수요의 증대를 가져온다. 일부 연구에서는 경제성장률 1% 하락 시 취업자 수는 약 7만 6,500명 감소, 근로소득세수는 3,500억 원 감소, 법인세수는 4,500억 원 감소하는 것으로 분석된다(임진, 2013). 특히 소득 감소는 중산층 이하 가구에 더 큰 영향을 미치는 것으로 나타났다.

1) 불안정한 일자리의 증가

1990년대 이후 탈산업화로 인한 제조업 부문의 고용 감소를 상쇄시킬 수 있는 서비스 부문의 일자리 창출이 한계에 봉착하고, 산업구조 개편과 노동시장

유연화는 불안정한 일자리의 증가를 가속화시켰다. 특히 경제위기와 장기화된 경기침체로 대기업을 중심으로 하는 양질의 일자리가 감소하면서 불안정한 고용 형태는 급증했다. 경기가 회복되더라도 비정규직이 안정된 일자리로 전환되는 데에는 많은 시간이 걸린다. 저임금, 불안정한 일자리의 증가 등 고용시장의 양극화는 결국 소득불균형으로 인한 사회 불안정을 높인다.

일자리의 불안정은 근로연령층(18~64세)의 빈곤을 야기한다. 2006년 기준 근로능력자 인구 중 실업자의 34.3%, 일용직의 26.3%는 빈곤층으로 추정되며, 그 외에 자영업자, 무급종사자, 임시직도 평균 이상의 빈곤율을 보인다.[4] 저성장은 이 같은 실업자, 일용직, 임시직, 무급종사자, 소규모 자영업자를 양산하고 있다. OECD 주요 회원국과 빈곤율을 비교하면 2010년 기준 한국은 14.9%로 OECD 회원국 평균 11.1%에 비해 상대적으로 높은 비율을 보인다.[5]

OECD 기준에 의한 임시직 통계에 따르면 한국의 임시직 비율은 2003년 24.7%에서 2008년 20.4%까지 감소 추세를 보였으나 글로벌 경제위기 이후인 2009년 21.3%로 다시 증가했다. 이 수치는 OECD 평균인 11.6%보다 2배 가까이 높으며, OECD 국가 중 폴란드, 스페인, 포르투갈에 이어 4번째에 해당한다.[6] 2012년 기준 비정규직의 시간당 임금 총액은 1만 437원으로 정규직 1만 6,403원의 65.6% 수준이다(고용노동부, 2013). 한국에서는 정규직과 비정규직 간의 격차가 중요한 사회문제로 인식되고 있는데, 이보다는 대기업과 중소기업 간의 격차가 더 큰 문제이다. 대기업에서는 비정규직이라도 임금과 사회보

---

4   빈곤선은 경상소득 중위값의 50%를 말하며, 2006년 기준 근로능력자 전체의 평균 빈곤율은 11.1%로 자영업자 14.2%, 무급종사자 20.2%, 임시직 13.6%이다[노대명 외(2009: 122)에서 재인용].

5   OECD(2010), "Data Lab."

6   OECD, "Statistics." 한국고용정보원(2011)에서 재인용.

험 가입률이 높은 반면 중소기업에서는 정규직이라도 임금이 낮고 사회보험 가입률이 낮다. 예로 10인 미만의 영세기업에서 일하는 정규직 근로자의 임금 은 300인 이상의 대기업에서 일하는 정규직 근로자의 임금보다 낮으며, 같은 비정규직보다 6.6% 낮은 수준이다. 1~4인 규모의 영세기업에서 일하는 정규 직 근로자의 고용보험 가입률은 18%에 지나지 않으나 300인 이상의 대기업에 서 일하는 비정규직 근로자의 고용보험 가입률은 81%에 달한다(고영선 외, 2012: 43~44). 이러한 영세기업인 소상공인[7] 사업체 및 종사자 수는 IMF 직후 조기퇴직 및 기업도산 등으로 인한 실업자 양산으로 생계형 창업이 급증한 이 래, 1999년 이후 2011년까지 소폭으로 증가하는 추세이다. 2011년 기준 소상 공인 사업체 수는 약 283만 개로 총사업체 수의 87.6%에 달하며, 소상공인 종 사자 수는 554만 9,000명으로 총종사자 수의 38.2%를 차지하고 있다.[8]

2) 세수 감소와 복지 지출의 증가

저출산 및 고령화의 진행은 세수에 대해 직간접적인 영향을 미친다. 저출산 의 경우 세금을 부담하는 주요 주체인 청장년층의 증가세가 둔화 내지 감소하 면서 세수에도 부정적 영향을 준다. 즉, 생애소득주기상 고소득기에 있는 연령 대의 인구비율이 감소해 소득세 등 수입이 감소하는 것이다. 앞으로의 전망을 보면 2011년 현재 소득세 주 부담 연령인 30~50대의 비중이 점차 감소하고

---

[7] 소상공인이란 중소기업 중에서도 상대적으로 규모가 작은 소상공업을 운영하는 사업자를 의미하며, 구체적으로는 광업·제조업·건설업 및 운수업의 경우 상시근로자 10인 미만, 기 타 업종은 상시근로자 5인 미만의 사업자를 의미한다(「소기업 및 소상공인 지원을 위한 특별조치법」 제2조).

[8] 중소기업청(각 연도). 「중소기업현황」.

그림 1-4 ▌ 소득세 부담 연령구조 변화

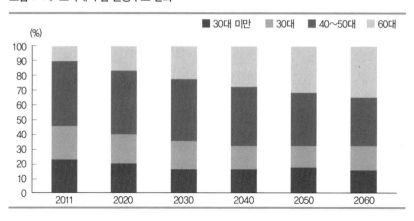

그림 1-5 ▌ 사회복지 지출 추이(1990~2010)

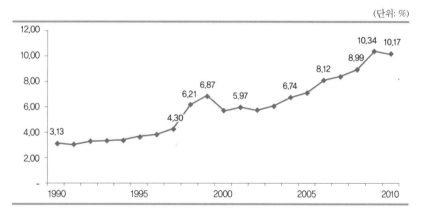

60대의 비중이 늘어나는 것을 알 수 있다. 그러나 60대 이상 인구는 상대적으로 소득이 낮을 뿐만 아니라 의료·복지 등 지출의 주된 대상이 되어 고령화로 복지예산이 계속 증가하고 있다.

한국의 2013년 예산은 총지출 기준 349조 원[9]으로 2008년 262조 8,000억 원에서 86조 2,000억이 증가했는데 2013년 예산에서 가장 큰 비중을 차지하는 분야는 보건·복지·노동의 99조 3,000억 원이다. 사회복지 지출의 경우 1990년 GDP 대비 3.1%에서 2010년 10.2%로 빠른 속도로 증가했다. 하지만 이러한 증가에도 여전히 한국의 사회복지 지출은 2009년 기준 OECD 회원국 중 멕시코 다음으로 낮은 수준이다. 2009년 한국은 GDP 대비 12.4%로 OECD 회원국 평균 21.9%의 절반에 불과한 수준이어서(OECD, 2013b: 219) 증가세는 계속될 전망이다.

3) 중산층의 감소와 소득 양극화

중산층이란 중위소득의 50% 이상 150% 이하의 소득계층을 지칭한다. 한국의 중산층 비율은 외환위기 직전인 1997년에는 74.1%였으나, 이후 크게 감소해 2012년 현재 69.1%를 기록하고 있다.[10] 중산층의 감소는 곧 소득계층의 하향평준화를 의미한다. 2008년 글로벌 금융위기 이후 중산층의 감소는 세계적인 현상이 되었다. 재정위기를 겪은 이탈리아, 스페인, 그리스 등은 2007~2011년 사이 5% 이상 감소했고, 미국, 일본, 프랑스 등도 하락했다.

소득분배가 악화되고 빈곤이 확산되는 추세는 지니계수를 통해서도 알 수 있다. 가처분소득 기준 지니계수는 1992년 0.245에서 2012년 0.285로 0.04% 상승했다. OECD 통계에 따르면 2000년대 후반(2006~2009년) 한국의 지니계수는 0.30으로 OECD 평균과 같지만 한국은 OECD 회원국에 비해 조세제도를 통한 소득 재분배 효과가 상대적으로 낮게 나타나고 있다. OECD 회원국들의 세전과 세후 지니계수[11]를 비교해보면 한국은 33개국 중 31위에 머물고 있

---

9   추가경정예산 기준(2013년 5월).
10   통계청(각 연도), 「가계동향조사」.
11   세전·세후 지니계수 변화가 적다는 것은 조세제도를 통한 소득불평등 개선 효과가 낮은

다. 즉 실제 계층 양극화는 OECD 국가 평균보다 훨씬 큰 것이다.

중산층 가운데 적자가구의 비율은 2010년 23.3%로, 2000년의 24.2%보다는 다소 감소했지만 1990년의 15.8%에 비하면 여전히 높은 수준이다. 그러나 고소득층의 적자가구 비율은 1990년 11.7%에서 2010년 8.9%로 감소해 중산층이나 저소득층과는 다른 양상을 보이고 있다. 중산층 가구의 흑자율 또한 1990년 22.0%에서 2000년 15.6%로 크게 감소한 후 2010년 17.9%로 조금 향상되었다.[12] 결과적으로 중산층은 고소득층과의 격차가 벌어지고 있으며 저소득층과의 격차는 좁혀지고 있는 추세이다.

4) 사회적 갈등과 불안 가중

소득 감소, 일자리 감소, 소득 양극화 등 경제적 어려움은 사회적 갈등과 불안을 가중시킨다. 경쟁이 심해질수록 생존자에 비해서 낙오자가 많이 배출되는 현대사회에서 비취업이나 직장에서의 해고 등은 단지 경제적 기회의 박탈뿐만 아니라 경쟁사회에서 낙오했다는 인식을 갖게 한다.

한국 사회의 불안에 영향을 미치는 요인에 대한 설문조사에 따르면 경제영역이 46.7%로 가장 높으며, 그 외 정치 16.9%, 노후 14.3%, 사회 7.5%로 나타나고 있다(이준한 외, 2013). 경제영역에서 가장 불안한 이유는 소득의 양극화, 좋은 일자리 부족, 고령화사회로 인한 경제활동인구 감소 순으로 나타났다.[13]

것을 의미한다.

12 도시가구 기준, 흑자율은 (가계수지 흑자액/처분가능소득)×100, 적자가구는 흑자액이 마이너스인 가구[통계청(각 연도), 「가계동향조사」. 김동열(2011) 재인용].

13 소득의 양극화 23.7%, 좋은 일자리 부족 22.6%, 고령화사회로 인한 경제활동인구 감소 20.3%.

사회영역 역시 고용 없는 성장으로 인한 일자리 부족, 비정규직 등 고용의 불안정, 정년을 보장받지 못하는 조기은퇴가 이유로 나타나[14] 저성장의 영향을 엿볼 수 있다.

또 자살·이혼·범죄 등의 사회문제는 경제적 여건과 밀접한 관계가 있는 것으로 분석된다(송태정 외, 2005). 경제침체기에 자살·이혼·범죄는 더 빠르게 증가하며, 호황기에는 증가세가 둔화되는 것으로 나타나고 있다. 경제침체기의 소득 감소, 일자리 감소 등은 빈곤·파산·부도의 한계선 상에 있는 자들이 이러한 선택을 하는 직접적인 원인이 되며, 경기침체로 인한 불안감 확대, 가족 간의 유대감 약화 등은 간접적인 원인이 된다.

그 예로 2006년부터 2011년까지 순간적 분노를 참지 못해 벌어지는 우발형 범죄와 현실불만형 '묻지마' 범죄는 꾸준한 증가 추세를 보인다.[15] 묻지마 범죄는 현실에 대한 불만과 절망감으로 인해 발생하며, 사회 부유층에 대한 막연한 적개심과 상대적 박탈감, 경제적 파탄으로 인한 절망 등이 문제가 되고 있다. 우발적 동기로 발생한 흉악범죄, 폭력사범은 2006년 17만 2,110건에서 2010년 19만 1,192건으로 증가했다. 현실 불만에 의한 범죄의 경우에도 2006년 4,125건에서 2010년 6,017건으로 증가했다(윤정숙·김민지, 2013).

따라서 사회 안정을 위해서도 거시경제의 안정이 중요하며, 중하위계층의 소득 불안정과 빈곤문제의 지원, 투자 활성화와 일자리 창출로 가계소득이 보장이 되어야 할 것이다. 일반적으로 자살·이혼·범죄는 통합된 가족과 사회, 그

---

14   고용 없는 성장으로 인한 일자리 부족 27.8%, 비정규직 등 고용의 불안정 21.2%, 정년을 보장받지 못하는 조기은퇴 21.0%.

15   묻지마 범죄에 관한 통계는 아직 존재하지 않으므로 윤정숙·김민지(2013)의 연구에서는 대검찰청에서 발행하는 우발적 동기, 현실불만에 의한 강력범죄와 흉악범죄에 대한 통계로 대신하고 있다.

리고 종교적인 환경 등 사회안전망이 잘 갖추어진 경우 억제될 수 있다. 지역사회 기반의 복지서비스는 정부 정책과 지역의 복지자원, 취약계층을 연계함으로써 정부의 복지정책이 사회안전망으로 작동하는 데 효과적으로 기여할 수 있을 것이다. 그러므로 가구 분화, 가족 해체가 이루어지고 있는 현대사회를 고려할 때 지역사회의 중요성은 더 커지고 있다.

5) 저성장이 지역정책에 미치는 영향

앞서 저성장의 원인이 되는 인구구조의 변화, 즉 미혼과 저출산으로 인한 생산가능인구의 감소와 기대수명 증가로 인한 고령인구의 증가, 저성장으로 인한 소득 감소와 일자리 감소, 그리고 저성장의 결과로 나타나는 소득 양극화와 사회적 불안 등에 대해 언급했다. 그런데 이 같은 과정이 국토 전 지역에 균일하게 나타나는 것은 아니다. 지리적 특성과 지역 여건에 따라 발생 정도와 영향은 각기 다르게 나타난다. 대도시권과 지방도시, 농촌지역 간에 차이가 있으며, 도시 내에서도 산업적 특성, 소득계층의 분포에 따라 다른 결과를 낳을 수 있다. 수도권에 대한 집중도가 높은 한국에서는 광역권 간의 성장 차이도 크다. 따라서 저성장의 각 원인과 영향 및 결과가 지역에 따라 어떤 효과를 나타내는지 면밀히 살펴보고 취약한 지역을 선별하는 과정이 필요하다.

또한 고도성장기를 누려왔던 과거와 달리 오늘날 새롭게 직면한 저성장시대의 도래는 많은 기존 정책의 전환을 필요로 한다. 예컨대 미혼·사별 등으로 인한 1인가구의 증가와 고령화로 인한 고령인구의 증가에 따른 수요층의 변화는 도시·교통·산업 등 각 부문별 지역정책의 대상이 변화하는 것을 의미한다. 과거 일률적으로 적용할 수 있던 정책은 오늘날 더욱더 세밀하고 정교한 것을 요구한다.

결국 저성장에 따른 지역정책은 정책의 다변화를 어떻게 지역에 맞게 적용하느냐의 문제가 될 것이다. 다음의 몇 가지 사항이 이 같은 적용의 예시가 될 수 있다. 예를 들면 산업부문의 '고용 없는 성장'은 일자리의 양적·질적 저하를 가져와 임시직·소상공인·자영업자의 비율이 늘어나고 있다. 따라서 새로운 성장동력의 발굴, 고용이 많은 산업 육성, 다양한 수요에 대응할 수 있는 산업정책이 필요하다. 기술 진보와 혁신을 통해 생산성 향상을 도모하고, 1인가구의 증가와 고령화에 따라 달라진 소비 행태와 새로운 산업 수요에 대한 분석이 요구되며, 복지·관광 등 서비스 중심 산업의 육성을 고려해야 한다. 그러나 그 적용은 지역적 특성에 따라 달라질 수 있다. 산업지역의 경우 기술 진보와 혁신을 통한 성장동력의 확보가 우선시되어야 하겠지만, 자연환경, 역사·문화 자원이 양호한 지역은 여가 수요의 증대를 반영해 관광 혹은 문화예술을 육성하는 정책이 필요하다. 교육·연구 기반이 우수한 지역은 지식기반산업을 육성하는 것이 바람직할 것이다. 과거 참여정부에서 추진한 기업도시·혁신도시의 건설, 살기 좋은 마을만들기 정책, 그리고 수도권의 경쟁력 강화를 위한 구조고도화정책 등은 지역 여건을 고려한 성장정책의 한 예가 될 것이다.

도시·교통·주택정책에서도 이전과는 다른 정책이 요구된다. 도심지역의 경우, 고령자와 여성을 배려한 대중교통 중심의 도시 조성과 상업 공간 활성화 정책이 논의되고 있는 반면, 교외지역과 신도시지역은 광역교통체계 구축과 직주근접이 가능한 압축도시 정책의 추진을 모색하고 있다. 1인가구를 위한 소형주택과 고령자를 위한 무장애주택의 공급 등 주택정책의 다변화도 예상된다. 특히 고령자에 대해서는 무장애도시의 조성, 실버산업의 확대, 노인복지서비스 등을 연계해 종합적인 대안이 필요할 것이다.

소득 양극화가 심화됨에 따라 각 부문별 복지정책에 대한 수요도 더 높아지고 있다. 과거 저소득층의 기초생활비 지원 차원에서 벗어나 최근 주거복지·교통복지·환경복지·관광복지 등 각 부문에서 고려되고 있다. 이에 따라 복지 관련 지출은 점점 증가하고 있는데, 각 지역자치단체(지자체)별 재정 여건은 큰 차이가 있어 예산의 효율적 지출이 과거보다 더욱 중요해졌으며 세수 증대를 위한 지역발전의 필요성 역시 더욱 높아졌다. 지역사회의 역할도 최근 증대되고 있다. 경제 침체와 더불어 사회적 갈등과 불안이 가중되고 가족의 해체로 범죄 등에 취약한 계층이 늘어나 사회안전망을 확보하기 위한 지역사회의 복원이 중요한 화두가 되었다. 마을기업 등 지역사회를 기반으로 한 경제공동체 등도 등장하고 있으며, 농촌지역에서는 지역사회 공동체를 중심으로 취약 지역에 복지서비스를 제공하기 위한 여러 방안이 시도되고 있다.

참 고 문 헌

고경환 외. 2012. 「2010년도 한국의 사회복지 지출추계와 OECD 국가의 보건부문 지출비교」. 한국보건사회연구원.
고영선 외. 2012. 「견실한 경제성장과 안정적 사회발전을 위한 정책제언」. 한국개발연구원.
고용노동부. 2013. 「고용 형태별 근로 실태조사」.
교육과학기술부·한국교육개발원. 2012. 『간추린 교육통계』.
김동석 외. 2012. 「한국 경제의 성장요인 분석: 1970~2010」. 한국개발연구원.
김동열. 2011. 「한국 중산층의 구조적 변화」. ≪경제주평≫, 457호. 한국경제연구원.
김창배. 2013. "잠재성장률 +1%p를 위한 정책 과제", 한국경제연구원 정책세미나. 한국경제연구원.
노대명 외. 2009. 「근로빈곤층 지원정책 개편방안 연구」. 한국보건사회연구원.
박종규 외. 2012. 「2012~2060년 장기 재정 전망 및 분석」. 국회예산정책처.
송태정 외. 2005. 『자살, 이혼, 범죄, 그리고 경제』. LG경제연구원.
유병규. 2013. "창조경제와 과학 기술 정책 방향", STEPI 과학기술정책 포럼.
윤정숙·김민지. 2013. 「묻지마 범죄에 대한 심리적 이해」. ≪한국범죄심리연구≫, 9권 1호.
이준한 외. 2013. 「한국 사회의 불안요인에 대한 진단과 평가에 관한 연구」. 특임장관실.
이진영. 2013. 「출생연도별 한국 여성의 경제활동참가율 현황 및 시사점」. ≪KERI Brief≫. 한국경제연구원.

임진. 2013. 「저성장의 거시경제적 효과」. 한국금융연구원.

중소기업청. 각 연도. 중소기업현황.

통계청. 2010. 「인구총조사」.

_____. 2011. 「장래인구추계」.

_____. 각 연도. 「가계동향조사」.

한국은행 경제통계시스템(http://ecos.bok.or.kr). 「국민계정」.

IMD. 2012. *World Competitiveness Yearbook*.

OECD. "Statistics"(http://www.oecd.org/statistics/).

OECD. 2010. "Data Lab"(http://www.oecd.org/statistics/datalab/).

OECD. 2013a. *OECD Economic Outlook*.

OECD. 2013b. "Social expenditure." *OECD Factbook*.

제2장
저성장시대의 지역정책 방향

1. 지역의 성장 특성

한국은 7개의 특별시 및 광역시와 9개의 도로 이루어져 있으며, 2012년 특별시가 된 세종시까지 포함하면 8개의 시로 구성된다. 도에 에워싸인 광역시와 특별시를 도와 같은 지역권으로 고려하면 9개의 지역권으로 구분할 수 있다. 이들 각 지역의 성장 특성을 유추해볼 수 있는 근거로 인구와 지역내총생산 (GRDP) 변화를 살펴보면 지역 간 격차와 수도권과 충남권의 성장이 다른 지역권보다 우위에 있는 것을 알 수 있다.

인구의 경우 성장 추세에 있는 지역은 수도권과 충남권, 충북권이 해당된다. 이들 지역은 1980년대부터 2000년대까지 인구가 계속 증가했다. 특히 충남권과 제주권은 1990년대보다 2000년대 들어 인구증가율이 더욱 높아진 것이 특징이다. 반면 경남권·경북권은 2000년대 들어 감소 추세로 전환되었고, 강원권·전남권·전북권은 1980년대 이후 감소 추세가 이어지고 있으나 2000년대 들어와서 감소폭이 줄어든 것을 알 수 있다.

1990년대에 비해 2000년대 들어 각 지역권 간의 인구증가율 격차가 줄어든 것으로 나타나지만 이를 지역 간 성장 격차가 완화된 것으로 보기는 어렵다. 증가세가 둔화되었다고 해도 여전히 수도권이 가장 높은 성장률을 유지하고 있고 인구 증가 역시 지속되고 있다. 더욱이 충남권은 세종시의 건설, 광역교통망의 발전 등에 따라 인구증가율이 높게 나타나고 있다. 인구증가율 격차의 완화는 한국이 저출산·고령화로 인구 저성장시대에 진입한 영향도 있으나, 도시화가 사실상 완료됨에 따라 1990년대 이후 이동률이 감소하고 2000년대에는 이동자 수도 감소하는 데 그 이유를 찾을 수 있을 것이다. 제주권의 인구 증가는 소득향상에 따른 항공 이용의 증가와 넓은 의미에서 이도향촌과 같은 맥락에서 이해될 수 있다.

GRDP성장률도 2000~2010년 수도권이 연평균 4.67%, 충남권이 7.70%로 전국 평균성장률 4.44%보다 높으며, 다른 지역권은 전국 평균보다 낮게 나타나는 것을 알 수 있다. 1980년대에는 수도권·경남권·전남권·충남권이 10% 이상의 성장률을 나타내다가 2000년대에는 성장률이 대부분의 권역에서 크게 하락하고 있는 데 반해 충남권은 오히려 상승한 것으로 나타난다. 인구 증가와 더불어 충남권이 상대적으로 높은 성장동력을 유지하고 있다. 그러나 2000년대에는 지역 간 격차가 과거보다 다소 완화되었다.

시·군·구 단위에서 지역의 성장 특성을 살펴보면 지역 간 격차가 좀 더 뚜렷하게 나타난다. 수도권과 부산·대구·대전 등 일부 지방 대도시권을 제외한 지방도시 및 군지역의 인구가 지속적으로 감소하고 있다. 특히 군지역의 경우 수도권을 제외한 대부분의 지역에서 인구가 감소하고 있으며 일부 지역은 20% 이상의 감소율을 보여 도시지역과 농촌지역 간 성장 격차도 크게 나타나고 있다. 농촌지역은 고령인구 비율이 높기 때문에 쇠퇴의 정도가 더욱더 심각하다.

그림 2-1 ┃ 권역별 인구성장률(%)

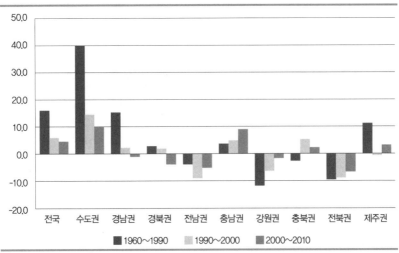

자료: 통계청(각 연도), 「인구주택총조사」.

그림 2-2 ┃ 권역별 연평균 GRDP성장률(%)

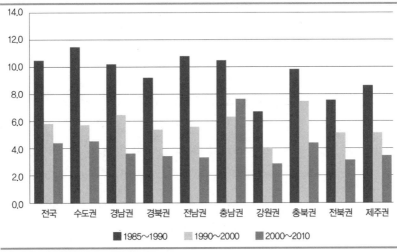

주: 2005년 기준년 가격.
자료: 통계청(각 연도), 「경제활동별 지역내총생산」.

그림 2-3 ┃ 시 · 군 · 구별 인구증감률

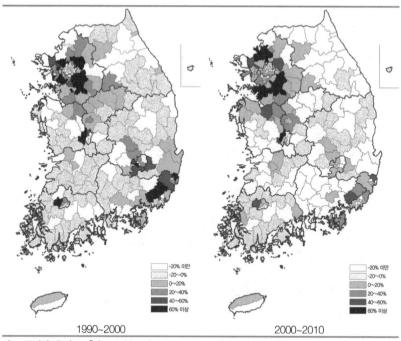

1990~2000	2000~2010

자료: 통계청(각 연도), 「인구주택총조사」.

저성장 혹은 쇠퇴의 진행 정도는 지역별로 다르게 나타난다. 수도권이나 충남권이 최근에 와서야 비로소 저성장기에 진입하고 있는 반면, 그 외 지역권과 지방의 중소도시·농촌지역은 이미 오래전부터 저성장 내지는 쇠퇴기에 접어들었고 갈수록 지역 간 격차가 커지고 있기 때문이다. 따라서 저성장 기조에 대한 대응 방식 역시 지역 상황에 맞게 전개되어야 할 필요가 있다. 이미 저성장으로 쇠퇴가 심한 지역은 저성장으로 인한 문제점을 해소하고, 새로운 활력을 부여할 수 있는 요소를 찾는 등 저성장 타개책이 필요하며, 저성장에 진입하는 지역은 저비용·고효율 도시환경의 조성, 창조적인 혁신산업 육성과 같은 저성장시대에 맞는 도시 및 산업구조로의 변화를 미리 모색해야 할 것이다.

2. 저성장기의 도시정책 대응

고도성장기 경제개발정책과 더불어 한국의 도시화는 급격히 진행되었다. 1970년대 중화학공업 육성정책에 따라 구미·창원·반월 등 공업도시가 건설되었고, 이를 시작으로 경부축을 비롯한 주요 성장거점에 전략적으로 대규모 인프라 건설이 이루어졌다. 1980년대에는 서울 목동·상계 등에 신시가지가 조성되었고, 주택 부족 문제가 대두되자 1990년대 서울 주변 지역에 1기 신도시를 건설하는 등 대규모 주택 공급을 위한 투자가 지속되었다. 이에 따라 한국의 도시화율은 1980년 68.7%이던 것이 2000년에는 88.3%, 2010년에는 90.9%로 증가했으며, 주택보급률도 1990년 72.4%에서 2010년에는 101.9%로 높아지는 등 20년간 약 1,031만 5,000호가 건설되었다.[1] 같은 기간 도로는 1990년 5만 6,715km에서 2010년 10만 5,565km로 증가해 사회간접자본(Social Overhead Cost: SOC)에 대한 투자도 매우 활발히 이루어졌다.

이처럼 성장시대에 토건국가, 건설공화국이라 불릴 만큼 도시·주택·도로 등의 부문에서 개발이 활발하게 이루어지면서, 건설 부문은 국내 경제성장의 주요한 성장동력으로 기능해왔다. GDP 대비 건설투자 비율은 1978년 이후 20%를 초과했으며, 1990년에는 25.1%를 기록했다. 이러한 상승세는 1997년까지 이어졌다. 물론 이후 IMF를 겪으면서 2000년대에는 18%대로, 최근 2012년에는 13%로 낮아지는 추세이지만,[2] 경기부양을 위한 주요 수단으로 건

---

[1] 신주택보급률 기준.

설 부문에 대한 투자가 반복되는 등 OECD 국가와 비교해 한국 경제에서 건설 부문이 차지하는 비중은 여전히 높은 수준이다. OECD 국가의 2005~2010년 GDP 대비 건설투자 비율은 12.5%인 데 비해 한국은 17.7%이다.[3]

도시화가 사실상 최고점에 도달한 2000년대 이후에는 도시지역도 지역적으로 인구 감소를 보이는 등 저성장 기조와 경기침체에 따라 과거와는 다른 양상이 나타나고 있다. 즉, 개발만 하면 이익이 나던 것이 그렇지 않게 되고, 주택건설만 하면 모두 분양되던 것이 미분양이 점점 늘어가고 있으며, 기존 시가지도 전면 재개발 방식으로 이루어지던 것이 개발이익 감소로 사업자가 나타나지 않게 되었다. 주택을 찾아 이사하던 이동도 감소되고 1인가구·고령가구·복지 수요층의 증가로 과거 도시화과정에서 파괴되었던 지역사회의 중요성이 다시 부각되고 있다. SOC에 대한 투자도 과거와는 달리 감소하는 추세이다. 세수 부족과 사회복지 지출 증가로 인한 재정 부담을 해소하기 위해 많은 비용이 소요되는 SOC사업의 비중을 줄이는 것이다.

이처럼 저성장기의 징후와 그에 따른 여건 변화가 나타나면서 도시정책은 근본적인 패러다임이 변화하는 모습을 보이고 있다. 과거의 개발 양태에서 벗어나 새로운 시각으로 도시를 관리하고 만들어갈 필요성이 커지고 있다. 성장기의 개발정책은 저성장시대를 맞이해 미래 인구구조 변화에 따라 주택·교통·도시체계를 수요자 맞춤형으로, 부족한 내수에 따라 자원절약형으로, 필요 시설에 대해 선택과 집중을 추구하는 방향으로 전환해야 할 것이다.

---

2   한국은행 경제통계시스템, 「국민계정」.

3   한국은행 경제통계시스템, 「국민계정」; OECD iLibrary; 김태정·이정익(2013) 재인용.

3. 저성장기의 산업 및 일자리 정책 대응

1970년대 중화학공업 육성정책에 따라 1980~1990년대로 이어지는 한국의 고도성장 시기에는 1차산업의 비중이 빠르게 감소하고 2·3차산업 부문의 비중이 증가했다. 특히 농림어업에서 제조업으로 산업의 중심이 이동했다. 수출주도형 산업의 육성을 위해 수도권과 경부축을 주요 거점으로 한 지역에 제조업이 집중되었고, 이들 지역이 국가의 성장을 이끌었다. 1980년대 이후에는 민간의 R&D 투자가 급증했고, 30% 내외의 저축률과 투자율을 바탕으로 한 물적 자본이 빠르게 축적되면서 제조업 부문의 생산성은 더욱 향상되었다. 그러나 최근에는 개발도상국이 저렴한 노동력을 바탕으로 급성장하면서 첨단기술을 제외한 전반적인 제조업 부문의 경쟁력은 점차 낮아지고 있다. 제조업은 경쟁력 확보를 위해 노동생산성을 높이려 하지만 그 결과는 노동 수요를 줄이는 쪽으로 전개되고 있어, 제조업 부문에서의 일자리 창출이 원활하지 않은 실정이다.

제조업의 산업 비중이 점차 낮아지면서 최근 산업의 중심은 서비스업으로 옮겨가고 있다. 서비스업은 고용유발 효과가 큰 데에다 최근 들어 사회복지서비스·사업서비스 등 새로운 산업 수요가 계속 발생하고 있기 때문에, 일자리 창출을 서비스업 부문에서 모색하고 있다. 그러나 문제는 아직까지 한국의 서비스업 부문 일자리의 질이 낮다는 데 있다. 서비스업의 노동생산성은 아직 제조업의 절반 수준에 머물러 있다. 2010년 기준 취업자 1인당 부가가치는 전 산업을 100으로 봤을 때 제조업이 163인 반면 서비스업은 75에 지나지 않는다(장광수 외, 2011). 주요국과 비교하더라도 한국의 노동생산성은 제조업에서는 큰 차이가 없는 반면, 서비스업에서는 상당한 격차가 있는 것으로 나타난다. 이는 제조업이 수출산업으로서 해외 유수의 기업들과 경쟁해왔지만 서비스업은 그

표 2-1 | 한국 서비스산업의 취업자 수 및 노동생산성(2010년)

업종	취업자 수(천 명)	서비스산업 내 취업자 수 비율(%)	노동생산성 (100만 원/명)
유통서비스	3,610	27.91	37.4
도매 및 소매업	2,618	20.24	34.7
운수 및 보관업	993	7.68	44.5
생산자서비스	1,544	11.94	123.3
출판, 방송, 영화, 정보서비스	291	2.25	78.7
통신서비스	105	0.81	185.3
금융 및 보험업	707	5.47	101.6
부동산 및 임대업	441	3.41	172.6
사업서비스	1,611	12.45	34.4
사회서비스	3,169	24.50	55.9
공공행정, 국방 및 사회보장 행정	664	5.13	98.1
교육서비스	1,421	10.98	45.7
보건 및 사회복지사업	1,085	8.39	43.5
개인서비스	3,001	23.20	19.7
숙박 및 음식점업	1,766	13.65	13.6
예술, 스포츠 및 여가 관련 서비스	323	2.50	44.3
기타 서비스	912	7.05	22.6
서비스산업	12,936	-	47.7
제조업	3,418		93.4
전 산업	17,647	-	59.7

주: 노동생산성=서비스업 명목 GDP/서비스업 취업자 수.
자료: 한국은행 경제통계시스템, 「국민계정」.

같은 경쟁에 노출되지 않아 생산성 향상의 속도가 그만큼 낮았기 때문이다. 또한 한국의 서비스업 부문이 여전히 전통적인 산업에 치중되어 있는 것도 주된 이유가 된다. 전통적인 서비스업에 해당하는 도소매·음식·숙박업의 고용 비율이 20.2%, 사회서비스가 24.5%, 개인서비스가 23.3%로 이들이 전체 고용 중 50% 이상을 차지하고 있으며 생산성도 낮은 실정이다. 반면 고부가가치 산업인 금융·보험·부동산·사업서비스의 고용 비율은 21%로 여전히 낮은 수치를 기록하고 있다.

과거 고도성장기를 이끌던 산업부문의 여건이 이처럼 변화하면서 저성장기의 산업정책은 기존 산업을 효율화하고, 새로운 신산업을 육성하는 방향으로 나아가고 있다. 제조업의 고도화를 위한 기술혁신, 산업 간의 융합 등이 활발하게 모색되고 있으며, 정부의 역할도 자본 투자보다는 창의적인 환경을 조성하고 새로운 기술의 개발을 지원할 수 있는 여건을 마련하는 데 집중되고 있다. 또한 방송·영화·음악·출판 등 콘텐츠산업과 관광산업이 소비자의 문화적 다양성과 욕구를 수용할 수 있는 신산업으로 주목받고 있으며, 통신·금융·사업서비스 등 고부가가치 서비스업의 육성을 통해 고용 증진과 내수시장 활성화 등 경제 전반의 활력을 도모해야 할 필요성이 높아지고 있다. 이와 함께 최근 마케팅 과정에 직접 참여하고, 자신만의 소비 스타일을 능동적으로 만들어가는 소비자 특성에 대응할 수 있는 전략 마련도 필요하다.

참 고 문 헌

김태정 · 이정익. 2013. 「우리나라 고정투자에 대한 평가 및 시사점」. BOK 경제리뷰, 2013-3. 한국은행.
장광수 외. 2011. 「양질의 일자리 수급상황 및 대응방향」. BOK 경제 브리프, 2011-4. 한국은행.
통계청. 각 연도. 「경제활동별 지역내총생산」.
_____. 각 연도. 「인구주택총조사」.
한국은행 경제통계시스템(https://ecos.bok.or.kr/). 「국민계정」.

OECD iLibrary(http://www.oecd-ilibrary.org/statistics).

제 2 부

저성장시대의 도시

제3장
전면 철거에서 다양한 도시재생사업으로

1. 도시재생의 여건 변화

1) 도시쇠퇴의 추세

전국적인 범위에서 도시쇠퇴의 경향을 알아보기 위해 시·도 단위의 인구증가율, 사업체 수 변화율, 노후주택 비율을 도시쇠퇴의 지표로 적용해 분석했다. 도시쇠퇴의 지표는 다양하게 적용할 수 있지만, 여기서는 2013년에 새로 만들어진 「도시재생 활성화 및 지원에 관한 특별법」 제13조 제4항에서 도시재생 활성화 지역의 지정 요건으로 정하는 바와 같이 인구가 현저히 감소하는 지역, 총사업체 수의 감소 등 산업 이탈이 발생하는 지역, 노후주택 증가 등 주거환경이 악화되는 지역 중 2개 요건을 동시에 만족하는 경우 쇠퇴지역으로 판단했다.

먼저 물리적인 환경의 쇠퇴를 나타내는 지표인 주택노후도를 살펴보면, 30년 이상 주택 비율은 전국 11.4%인 것으로 나타났다. 시·도별로 보면 경기도는 4.0%뿐이지만 전라남도는 26.9%에 달하고 있어 지역별 편차가 매우 큰 것을

표 3-1 ┃ 시·도별 도시쇠퇴 경향

구분	주택노후도(천 호, %)					인구(천 명)			사업체(천 개소)		
	1990년 이전 주택 수	1980년 이전 주택 수	주택 총수	노후주택 비율 (20년)	노후주택 비율 (30년)	2000년	2010년	변화율	2000년	2010년	변화율
전국	4,030	1,585	13,884	29.0	11.4	46,136	48,580	0.053	3,013	3,355	0.114
서울	778	230	2,447	31.8	9.4	9,895	9,794	-0.010	720	730	0.014
인천	199	45	781	25.5	5.8	2,475	2,663	0.076	142	164	0.149
경기	538	123	3,063	17.6	4.0	8,984	11,379	0.267	488	687	0.407
부산	355	139	990	35.8	14.1	3,663	3,415	-0.068	261	260	-0.006
대구	189	67	662	28.5	10.1	2,481	2,446	-0.014	175	183	0.048
광주	111	38	426	26.1	8.9	1,353	1,476	0.091	88	100	0.141
대전	104	34	404	25.6	8.3	1,368	1,502	0.098	87	96	0.102
울산	67	21	295	22.6	7.0	1,014	1,083	0.067	58	71	0.219
강원	169	83	484	35.0	17.1	1,487	1,472	-0.010	110	118	0.075
충북	147	68	473	31.1	14.3	1,467	1,512	0.031	95	106	0.116
충남	198	108	656	30.2	16.5	1,845	2,028	0.099	119	134	0.127
전북	209	110	589	35.4	18.6	1,891	1,777	-0.060	122	125	0.026
전남	286	170	634	45.1	26.9	1,996	1,741	-0.128	133	125	-0.057
경북	323	181	858	37.6	21.1	2,725	2,600	-0.046	178	187	0.049
경남	304	143	969	31.4	14.8	2,979	3,160	0.061	199	225	0.126
제주	55	26	151	36.1	17.5	513	532	0.036	39	46	0.180

주: 1980년 이전과 1990년 이전 주택 수는 통계청(2005), 「주택총조사」 사용, 주택 총수는 통계청 (2010), 「주택총조사」 사용.
자료: 통계청(2005, 2010), 「주택총조사」; 통계청(2000, 2010), 「총조사인구」; 통계청(2000, 2010), 「전 국사업체조사」.

알 수 있다.

인구 변화를 보면 2000년과 2010년 사이 인구는 전국적으로 5.3%가 증가한 것으로 나타났다. 수도권의 경우에는 서울은 1% 감소한 반면 경기도는 26.7% 증가한 것으로 나타나 수도권 외곽으로의 인구이동이 나타났음을 보여준다. 반면 같은 기간 전라남도의 인구는 12.8%가 감소한 것으로 나타나 지방의 인구쇠퇴가 가속하고 있음을 보여준다.

사업체 수의 변화를 보면, 2000년과 2010년 사이 사업체 수는 전국적으로 11.4% 증가했다. 그중에서 서울은 1.4% 증가하는 데 그친 반면, 경기도는 40.7%로 대폭 증가한 것으로 나타났다. 같은 기간 전라남도의 사업체 수는 5.7% 감소한 것으로 나타나 사업체 수에서도 쇠퇴가 가속하고 있음을 보여준다.

광역지자체 단위로 도시의 쇠퇴 현상이 나타나기도 하지만 시·군·구별로 도시쇠퇴가 심각한 지역이 발견되기도 한다. 시·군·구 단위의 쇠퇴지역을 도출하기 위해 주택노후도(30년 기준) 20% 이상, 인구 감소 10% 이상, 사업체 감소 10% 이상인 시·군·구를 추출했다.

주택노후도가 20% 이상인 시·군·구는 경상북도 19개, 전라남도 17개, 강원도 12개, 경상남도 11개, 전라남도 11개, 충청남도 10개로 나타나 지방도시의 주택노후도가 심각한 것을 보여주고 있다. 반면 수도권에는 서울시 2개, 인천시 2개 등 일부 시·군·구에서 주택노후도가 심각하며 경기도에는 노후도가 20% 이상인 시·군은 없는 것으로 나타나 시·군 단위로 볼 때 수도권의 주택노후도는 지방도시에 비해 심각하지 않은 것으로 나타났다. 하지만 수도권의 시·군·구에서는 신개발지역과 구도시지역이 공존하는 경우가 많기 때문에 시·군·구 단위에서 범위를 좁혀 생활권 단위로 검토하면 노후주택의 밀집지역이 많을 것으로 생각된다.

2000년과 2010년 사이 인구 감소가 10% 이상인 시·군·구는 전라남도 17개, 경상북도 17개, 전라북도 10개, 경상남도 8개, 충청남도 7개로 나타나 지방도시의 인구 감소가 일반적인 현상임을 알 수 있으며, 수도권의 경우에도 서울의 중구와 서대문구, 경기도의 연천군에서 인구 감소가 10% 이상인 것으로 나타나 일부 지역에서는 인구 유출이 발생하고 있다.

사업체 수의 감소율이 10% 이상인 시·군·구는 전라남도 15개, 경상북도 6

제2부 저성장시대의 도시

표 3-2 ▍ 시 · 군 · 구별 도시쇠퇴 현황

구분	주택노후도(20% 이상)	인구(10% 이상 감소)	사업체(10% 이상 감소)
서울	종로구, 용산구(2개)	중구, 서대문구(2개)	중구, 용산구, 동대문구, 서대문구(4개)
인천	강화군, 옹진군(2개)	-	-
경기	-	연천군(1개)	-
부산	중구, 서구, 동구, 영도구, 강서구(5개)	중구, 서구, 동구, 영도구, 사상구(5개)	중구, 서구, 부산진구(3개)
대구	중구, 남구(2개)	중구, 서구, 남구(3개)	중구, 서구(2개)
광주	동구(1개)	동구(1개)	동구(1개)
대전	-	대덕구(1개)	동구, 중구(2개)
울산	-	-	-
강원	삼척시, 홍천군, 횡성군, 영월군, 평창군, 정선군, 철원군, 화천군, 양구군, 인제군, 고성군, 양양군(12개)	삼척시, 영월군, 정선군, 고성군, 양양군(5개)	화천군(1개)
충북	보은군, 옥천군, 영동군, 괴산군, 단양군(5개)	보은군, 옥천군, 영동군, 괴산군, 단양군(5개)	보은군, 영동군(2개)
충남	보령시, 논산시, 금산군, 연기군, 부여군, 서천군, 청양군, 홍성군, 예산군, 태안군(10개)	보령시, 논산시, 부여군, 서천군, 청양군, 예산군, 태안군(7개)	부여군, 청양군(2개)
전북	정읍시, 남원시, 김제시, 완주군, 진안군, 무주군, 장수군, 임실군, 순창군, 고창군, 부안군(11개)	정읍시, 남원시, 김제시, 진안군, 무주군, 장수군, 임실군, 순창군, 고창군, 부안군(10개)	남원시, 진안군, 장수군, 임실군, 순창군(5개)
전남	나주시, 담양군, 곡성군, 구례군, 고흥군, 보성군, 화순군, 장흥군, 강진군, 해남군, 무안군, 함평군, 영광군, 장성군, 완도군, 진도군, 신안군(17개)	여수시, 나주시, 담양군, 곡성군, 구례군, 고흥군, 보성군, 화순군, 장흥군, 강진군, 해남군, 함평군, 영광군, 장성군, 완도군, 진도군, 신안군(17개)	나주시, 담양군, 곡성군, 구례군, 고흥군, 보성군, 장흥군, 강진군, 해남군, 영암군, 함양군, 영광군, 완도군, 진도군, 신안군(15개)
경북	경주시, 김천시, 안동시, 영주시, 영천시, 상주시, 문경시, 군위군, 의성군, 청송군, 영양군, 영덕군, 청도군, 고령군, 성주군, 예천군, 봉화군, 울진군, 울릉군(19개)	김천시, 영주시, 영천시, 상주시, 문경시, 군위군, 의성군, 청송군, 영양군, 영덕군, 청도군, 고령군, 성주군, 예천군, 봉화군, 울진군, 울릉군(17개)	상주시, 군위군, 의성군, 청송군, 영양군, 예천군(6개)
경남	밀양시, 의령군, 함안군, 창녕군, 고성군, 남해군, 하동군, 산청군, 함양군, 거창군, 합천군(11개)	밀양시, 의령군, 창녕군, 남해군, 하동군, 산청군, 거창군, 합천군(8개)	의령군, 하동군, 산천군, 합천군(4개)
제주	서귀포시(1개)	서귀포시(1개)	-

자료: 통계청(2005, 2010), 「주택총조사」; 통계청(2000, 2010), 「총조사인구」; 통계청(2000, 2010), 「전국사업체조사」.

개, 전라북도 5개, 경상남도 4개로 나타났으며, 수도권에서는 서울시의 4개 구에서 사업체 수가 10% 이상 감소한 것으로 조사되었다.

2) 도시정비사업 추진 현황

도시재생사업단의 정의에 따르면 "도시재생이란 산업구조의 변화 및 신도시·신시가지 위주의 도시 확장으로 상대적으로 낙후되고 있는 기존 도시에 새로운 기능을 도입·창출함으로써 경제적·사회적·물리적으로 부흥시키는 것"[1]이다. 이러한 도시재생을 추진하려면 이에 맞는 사업 방식이 필요하다. 대표적인 도시정비사업으로는 「도시 및 주거환경 정비법」(도정법)에 의해 추진되는 사업을 들 수 있다. 이 법은 도시기능의 회복이 필요하거나 주거환경이 불량한 지역을 계획적으로 정비하고 노후·불량 건축물을 효율적으로 개량하기 위해 필요한 사항을 규정함으로써 도시환경을 개선하고 주거생활의 질을 높이는 데 이바지함을 목적으로 한다. 도정법은 주거환경개선사업·주택재개발사업·주택재건축사업·도시환경정비사업과 같은 4개의 사업 내용을 담고 있는데, 주거환경개선사업은 가장 일반적인 정비사업인 주택재개발사업과 유사하지만 주민의 대부분이 저소득층인 경우에 지정하며 국비 지원이 가능한 공공사업으로 볼 수 있다. 정비사업 구역으로 지정되려면 물리적인 조건이 중요한데, 노후·불량주택 비율, 접도율, 인구밀도, 과소 필지, 부정형 필지, 세장형 필지의 비율 등이 일정 조건 이상이어야 한다. 구체적인 사업 추진 조건은 다음과 같다.

사업 규모로 보면 주택재개발사업의 사업 규모는 제한이 없으나 주거환경

---

1 도시재생사업단, "도시재생의 의미"(검색일: 2014년 5월 12일, http://www.kourc.or.kr/tb/jsp/intro/intro01.jsp?lCnt=m1&mCnt=m1).

표 3-3 ┃ 도정법의 정비사업 방식

사업명	사업 내용
주택재개발사업	정비기반시설이 열악하고 노후·불량 건축물이 밀집한 지역에서 주거환경을 개선하기 위해 시행하는 사업
주거환경개선사업	도시 저소득주민이 집단으로 거주하는 지역으로서 정비기반시설이 극히 열악하고 노후·불량 건축물이 과도하게 밀집한 지역에서 주거환경을 개선하기 위해 시행하는 사업
주택재건축사업	정비기반시설은 양호하나 노후·불량 건축물이 밀집한 지역에서 주거환경을 개선하기 위해 시행하는 사업
주거환경관리사업	단독주택 및 다세대주택 등이 밀집한 지역에서 정비기반시설과 공동이용시설의 확충을 통해 주거환경을 보전·정비·개량하기 위해 시행하는 사업
가로주택정비사업	노후·불량 건축물이 밀집한 가로구역에서 종전의 가로를 유지하면서 소규모로 주거환경을 개선하기 위해 시행하는 사업
도시환경정비사업	상업지역·공업지역 등으로서 토지의 효율적 이용과 도심 또는 부도심 등 도시기능의 회복이나 상권 활성화 등이 필요한 지역에서 도시환경을 개선하기 위해 시행하는 사업

개선사업은 2,000m² 이상이어야 하며, 주택재건축사업에서 공동주택은 기존 또는 사업 후 세대수가 300호 이상 또는 1만 m² 이상이어야 한다. 철거민 정착지역은 주택재개발사업구역이나 주거환경개선사업구역으로 지정하도록 되어 있고, 주택재개발사업을 원치 않는 경우 주거환경개선사업구역으로 지정 가능하다. 또한 주민의 대부분이 저소득층인 경우에는 주거환경개선사업구역으로 지정할 수 있다.

건축물이 노후화되어야 정비구역으로 지정할 수 있는데, 무허가주택 비율이 20% 이상, 노후·불량주택 비율이 50% 이상이어야 주거환경개선사업지구로 지정할 수 있다. 밀도 기준을 보면 주택재개발사업은 180인/ha(60호/ha) 이상이고 주거환경 개선사업은 200인/ha(70호/ha) 이상으로 주택재개발사업보다 높다. 또한 과소 필지, 부정형 필지, 세장형 필지 수가 40% 이상이면 주택재개발사업구역으로, 50% 이상이면 주거환경개선사업구역으로 지정할 수 있다.

또한 4m이하 도로점유율이 30% 이상이면 주택재개발사업구역으로, 40% 이상이면 주거환경개선사업구역으로 지정할 수 있으며, 주택접도율의 경우 주택재개발사업구역은 25% 이하이며 주거환경개선사업구역은 30% 이하이다.

이러한 정비사업은 구역 지정 요건에 맞는 경우 사업을 쉽게 추진할 수 있다는 특징이 있다. 정비사업에서는 일정 비율 이상의 주민동의를 얻어 조합을 설립하면 반대하는 주민이 있더라도 전체 구역에 대해 사업 추진이 가능하다. 이는 일반 주택건설사업과 대비되는데, 주택건설사업에서 주택조합의 사업계획 승인요건은 토지소유권을 95% 이상 확보해야 하므로[2] 정비사업에서 조합에 큰 권한을 주고 있음을 알 수 있다. 이러한 조합의 권한은 일종의 토지수용권으로 볼 수 있으므로 재생사업에서는 공공성의 확보가 중요한 요소이다.

전국적으로 2011년 12월 기준으로 2,173개소의 도시정비사업이 추진 중이다. 그런데 재개발사업이 961개소로 44%를 차지하고 있어 조합에 의한 민간 정비사업이 중심이 되고 있다. 전체 도시정비사업 중에서 주택의 분양성이 높은 서울·경기·인천의 사업장이 1,148개소(53%)로 대다수를 차지하지만, 지방 도시에서는 부산이 285개소, 대구가 223개소로 도시정비사업의 추진이 활발했음을 보여주고 있다.

뉴타운사업은 「도시재정비 촉진을 위한 특별법」(2006년 7월 제정)에 의한 사업을 말한다. 이는 낙후된 지역에 대한 주거환경 개선과 기반시설의 확충 및 도시기능의 회복을 위한 사업으로 도시기반시설 및 주민의 거주환경을 광역적 계획에 입각해 개선함으로써 도시의 균형발전을 도모하고 국민의 삶의 질 향상에 기여하는 것을 목적으로 한다. 도시 낙후지역의 주거환경을 개선하고 기

---

2   2009년 2월 「주택법」 시행령의 개정에 따라 주택조합이 사업계획 승인을 받기 위한 요건이 토지소유권의 100%를 확보하는 것에서 95%로 축소되었다.

표 3-4 ┃ 도시정비사업 추진 현황

구분		계	재개발	재건축	도시환경	주거환경
전국		2,173	961	531	302	379
		(482)	(290)	(14)	(178)	(0)
수도권		1,148	564	284	240	60
		(378)	(223)	(8)	(147)	(0)
	서울	581	249	147	153	32
		(221)	(122)	(8)	(91)	(0)
	경기	391	199	111	63	18
		(142)	(91)	(0)	(51)	(0)
	인천	176	116	26	24	10
		(15)	(10)	(0)	(5)	(0)
지방		1,025	397	247	62	319
		(104)	(67)	(6)	(31)	(0)
	부산	285	163	41	16	65
		(30)	(22)	(0)	(8)	(0)
	광주	51	17	4	4	26
	대전	103	55	14	25	9
		(53)	(30)	(2)	(21)	(0)
	대구	223	69	107	6	41
		(12)	(10)	(2)	(0)	(0)
	울산	19	7	5	1	6
	강원	40	8	10	2	20
		(9)	(5)	(2)	(2)	(0)
	경남	60	21	19	1	19
	경북	57	5	20	0	32
	전남	54	0	6	1	47
	전북	54	20	9	1	24
	충북	18	12	3	1	2
	충남	59	20	9	4	26
	제주	2	0	0	0	2

주: ( )는 뉴타운 사업 지구 수, 2011년 12월 31일 기준.
자료: 국토해양부(2011).

반시설을 확충하며 도시기능의 회복을 위해 '재정비촉진지구'를 지정하고 생활권 단위의 광역적 재정비를 촉진하고자 했다. 「도시재정비촉진법」은 기성

표 3-5 | 단계별 도시정비사업 추진 현황

구분		계	정비구역	추진위원회	조합	사업시행	관리처분	착공
전국		2,173	322	626	437	375	99	314
		(482)	(219)	(130)	(88)	(19)	(13)	(13)
수도권		1,148	194	333	287	192	63	79
		(378)	(137)	(110)	(86)	(19)	(13)	(13)
	서울	581	109	120	130	119	51	52
		(221)	(69)	(48)	(60)	(19)	(13)	(12)
	경기	391	81	138	105	36	12	19
		(142)	(66)	(53)	(22)	(0)	(0)	(1)
	인천	176	4	75	52	37	0	8
		(15)	(2)	(9)	(4)	(0)	(0)	(0)
지방		1,025	128	293	150	183	36	235
		(104)	(82)	(20)	(2)	(0)	(0)	(0)
	부산	285	39	79	37	63	17	50
		(30)	(23)	(7)	(0)	(0)	(0)	(0)
	광주	51	2	5	16	8	2	18
	대전	103	49	33	11	6	1	3
		(53)	(43)	(9)	(1)	(0)	(0)	(0)
	대구	223	11	109	23	59	11	10
		(12)	(10)	(2)	(0)	(0)	(0)	(0)
	울산	19	2	6	3	1	0	7
	강원	40	6	3	4	4	1	22
		(9)	(6)	(2)	(1)	(0)	(0)	(0)
	경남	60	0	10	21	7	2	20
	경북	57	5	11	5	6	1	29
	전남	54	1	1	1	7	0	44
	전북	54	8	13	10	3	1	19
	충북	18	0	7	9	2	0	0
	충남	59	5	16	10	17	0	11
	제주	2	0	0	0	0	0	2

주: ( )는 뉴타운 사업 지구 수, 2011년 12월 31일 기준.
자료: 국토해양부(2011).

시가지 내에서의 다양한 사업 방식을 통합해 추진하는 기본법으로서 도정법에
의한 주거환경개선사업·주택재개발사업·주택재건축사업·도시환경정비사업

제2부 저성장시대의 도시

외에도 「도시개발법」에 의한 도시개발사업, 「재래시장 육성을 위한 특별법」[3] 에 의한 시장정비사업, 「국토의 계획 및 이용에 관한 법률」에 의한 도시계획사업을 추진할 수 있다.

일반 도시정비사업과는 달리 광역적으로 이루어지는 뉴타운사업은 전국적으로 482개 구역에서 추진되었다. 수도권에 378개소로 78%가 집중되어 있으며, 지방도시 중에서는 대전이 53개소로 가장 많고, 부산 30개소, 대구 12개소, 강원 9개소인 것으로 조사되었다.

2011년 12월을 기준으로 일반 도시정비사업 구역들의 사업 추진 단계를 보면, 추진위원회 구성 단계가 가장 많은 626개소이며, 조합 설립 단계도 437개소, 착공은 314개소로 진행되고 있어 사업 초기 단계에 머무른 사업장이 많은 것으로 나타났다.

뉴타운사업의 경우에는 정비구역 지정과 추진위원회 구성 단계가 각각 219개소와 130개소로 전체 482개 구역 중 72%에 이르고 있어 사업 추진이 매우 어려움을 보여주고 있다.

도시정비사업과는 별도로 리모델링사업이 있는데, 리모델링이란 「건축법」제2조 제10호와 「주택법」제2조 제15호에 '건축물의 노후화 억제 또는 기능 향상 등을 위한 대수선 또는 증축'으로 규정하고 있다. 리모델링은 신축에 대비되는 개념으로, 기존 건축물의 기능 저하 속도를 억제하고 기능을 향상시켜 건축물의 기능·구조·성능·환경을 개선하고 수명을 연장시키는 활동을 포함하는 포괄적인 개념이다. 리모델링사업은 분당·평촌 등 수도권 제1기 신도시에서 추진되고 있는데, 그 이유는 기반시설이 충분히 설치된 신도시에서 적용 가능한 정비사업은 대수선과 리모델링이며 재건축은 불가하기 때문이다. 이는 경

---

3   「전통시장 및 상점가 육성을 위한 특별법」으로 개정 시행(2013년 11월).

기도 도시 및 주거환경 정비조례에서 1993년 이후 준공된 제1기 신도시 아파트의 경우, 재건축사업을 위한 경과년수를 40년으로 규정했기 때문이다.

리모델링과 재건축사업의 차이는 리모델링이 기능 향상을 위해 증축·대수선을 수행하는 것에 비해 재건축사업은 건물을 철거 후 신축한다는 것이다. 리모델링사업은 준공 후 15~20년이 경과하고 안전진단을 통해 D등급 이하인 경우에 추진할 수 있다. 반면 주택재건축사업은 준공 후 30~40년이 경과되고 안전등급이 D, E인 경우 추진이 가능하다. 또한 주택재건축사업은 수도권 과밀억제권역에서 증가 용적률의 50%를 임대주택으로 건설하고 소형 평형을 일정 비율이상 확보해야 하지만 리모델링은 이러한 규정이 없다.

재건축사업은 토지등소유자의 2분의 1 이상 동의를 얻어 재건축추진위원회를 구성하고, 각 동별 구분소유자의 3분의 2 이상 및 토지면적의 2분의 1 이상 토지소유자의 동의와 주택단지 안의 전체 구분소유자 및 토지면적의 4분의 3 이상 토지소유자의 동의를 얻어 재건축조합을 설립해야 한다. 리모델링사업은 리모델링조합을 구성해야 하는데, 리모델링조합 설립 요건은 단지 전체를 리모델링하고자 하는 경우에는 주택단지 전체 구분소유자 및 의결권의 각 5분의 4 이상의 동의와 각 동별 구분소유자 및 의결권의 각 3분의 2 이상의 동의를 얻어야 한다. 이와 같이 리모델링에도 조합 결성이 가능하므로 비동의자에 대한 매도청구를 할 수 있다. 다만 재건축사업과 달리 추진위원회의 법적 근거가 없으므로 조합 결성 전까지 사업을 진행할 추진 주체가 없다는 점이 차이가 될 수 있다. 2012년 1월 「주택법」 개정에 따라 전체 가구 수의 10% 이내에서 세대수의 증가와 일반 분양이 허용되고 수평, 별동 증축이 가능해졌다. 하지만 단지 내 여유 공간이 확보되지 않은 아파트단지에 대한 형평성이 제기되면서 층수를 늘리는 수직증축 허용이 큰 이슈가 되었다. 이에 따라 수직증축을 허용하고 세대수 증가 비율을 늘려 사업을 활성화시키려는 「주택법」의 일부개정이 추진

표 3-6 ┃ 성남시 리모델링 추진 현황

구분	단지	동 수	세대수	비율(%)
총단지 수	257	2,473	145,477	-
리모델링 대상 단지	164	1,728	103,912	71.4
리모델링 추진 단지	11	178	13,185	12.7

되었다.

제1기신도시인 분당구가 포함된 성남시는 리모델링이 가장 활발하게 진행 중인데, 전체 275개 단지 중에서 164개 단지가 리모델링 대상이며, 그중 11개 단지 178개 동에서 리모델링사업이 추진 중이다.

2. 저성장이 기존 도시에 미치는 영향

1) 철거 위주의 도시정비사업 부진

전통적인 재개발·재건축사업은 분양성이 좋고, 토지가격이 높은 서울과 일부 대도시에서 추진 가능한 방식으로 알려져 있다. 전국적인 구역 지정 등 재개발사업 시행 현황을 보면 부동산 시장이 활황이었던 2008년에는 사업 추진 구역 수가 231개소였으나, 점차로 구역 수가 감소해 2012년에는 25개소에 불과한 것으로 나타났다.

경기도에서는 정비사업구역의 해제가 활발해 뉴타운사업은 당초 23개 지구였으나 11개 지구는 전면해제 또는 변경되어 12개 지구, 99개 구역에서 추진 중이며(2012년 11월 기준), 뉴타운사업을 제외한 일반 도시정비사업은 22개 시·군, 195개 구역에서 시행(2013년 3월 기준)되고 있다.

2012년 2월에 개정된 도정법에는 정비(예정)구역 지정 후 일정 기간 사업이 진행되지 않을 경우 구역 등의 해제조항을 신설해 사업 추진이 미진한 구역에 대한 해제가 가속화될 것으로 예상된다.

2) 정비사업 방식의 다양화

이와 같이 일률적이었던 도시정비사업 추진 방식은 수도권을 중심으로 입지 여건에 따라 다양하게 이루어지고 있는데, 최근 주목받는 대안적인 사업 방식으로는 가로주택정비사업과 주거환경관리사업 등이 있다.

가로주택정비사업은 기존 주거지의 가로망을 유지하면서 블록 단위의 정비사업을 추진하는 방식으로, 도로폭원을 4m를 초과하는 도로는 사업지에 포함할 수 없으며 기존 세대수는 20세대 이상으로 정하고 있다. 주거환경관리사업은 다세대·다가구주택이 밀집된 주거지역에 추진하는 현지개량 방식으로 공공에서는 정비 기반시설 및 공동이용시설을 설치해주는 방식이다. 이 방식은 해제된 정비(예정)구역, 재정비촉진지구에 적용할 수 있기 때문에 최근 정비사업이 좌초된 지역에 추진되기도 한다.

그림 3-1 ┃ 전국 재개발사업 연도별 구역 지정 등 시행 현황

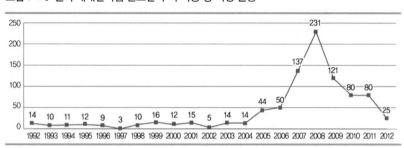

자료: 국토교통통계누리.

표 3-7 | 가로주택정비사업과 주거환경관리사업 특징

구분	내용	대상구역	특례
가로주택 정비사업	기존 도시조직과 저층 주거지의 가로경관을 유지하면서 소규모로 주거환경을 개선하는 방식	• 1만㎡ 미만의 4m 초과 도로가 통과하지 않는 구역 • 기존 세대수 20세대 이상	• 건폐율, 대지 안의 공지, 부대복리시설 기준 완화
주거환경 관리사업	기존 전용·1종·2종 단독·다세대 밀집지역 중 노후 주거지에 대해 공공이 도로 등 정비기반시설을 개선하고, 주민 스스로 주택을 개량하는 현지개량형 정비사업	• 전용·1종·2종 주거지역 중 단독·다세대 주택 밀집지역 • 해제된 정비(예정)구역, 재정비촉진지구	• 정비기반시설 및 공동이용시설을 공공에서 설치

저층 주거지에서 이루어지는 정비사업과는 달리 서울 시내와 1기 신도시의 노후공동주택에서는 리모델링사업이 추진되고 있다. 리모델링사업은 2001년 처음 용어가 사용된 이후 수차례의 「주택법」 개정을 통해 제도 개선이 이루어져 왔다. 특히 2005년에는 주거전용면적의 30% 증축이 가능하도록 개정되었으며, 2012년 1월에는 세대 증가에 따른 일반 분양을 허용했을 뿐 아니라 별동증축, 수평증축과 세대구분형 아파트를 허용했다. 이러한 제도 변화가 있었으나 현장에서는 건축물의 수직증축을 계속 요구하고 있다. 용적률이 일정 수준이상이 되는 단지에서는 공지 확보가 어렵기 때문에 수직적인 증축을 통해 용적률을 상승시키고자 하는 것이다. 2013년 10월 현재 이 안건은 국회 계류 중이며 법안이 통과될 것으로 예상하고 있다.

이와 같이 리모델링사업은 분양성을 갖춘 서울 시내와 수도권 1기 신도시를 중심으로 추진되고 있는데, 사업성이 중요하지만 에너지효율화, 사회계층 혼합(Social Mix) 등 사회경제적 변화에 대응하는 리모델링사업으로 추진하는 노력이 필요할 것이다.

기존의 물리적 환경에 대한 재생 방식은 주택 분양성을 갖춰야 하기 때문에 사업 여건이 우수한 지역에서만 가능한 방식이다. 이러한 물리적인 재생 방식은 역사적으로 발전해 지역의 역사·문화 자원을 활용한 경제개발 프로그램으로 추진되는 것이 세계적인 경향이다.

미국에서는 1940~1950년대 「주택법(Housing Act)」에 기반을 둔 철거형 재개발 방식이 유행했다. 이 방식을 추진하기 위해 1941년 초반 일리노이, 미시건, 뉴욕을 포함한 여러 주정부는 대규모 필지의 합병 어려움과 자금 부족이라는 도심부 재개발(renewal)의 장애물을 제거하기 위한 법령을 통과시켰다. 이는 재개발이 필요한 부동산에 대해 주정부가 시정부에 토지수용 권한을 부여하는 것이었다.

대표적인 사례로는 링컨스퀘어 재개발이다. 맨해튼의 서북측은 17세기 전반 네덜란드 이민자에 의해 농장으로 시작되었다. 1800년대가 되자 인구는 150만 명으로 증가했다. 도시지역의 인구가 계속 증가해 이 지역의 밀도가 늘어났다. 1920년대부터 이미 재개발지역으로 고려되었으나 주식시장의 붕괴로 실현되지는 못했다. 1950년대에는 흑인과 푸에르토리코인의 거주지가 되었고 "산후안힐(San Juan Hill)"이라고 불리며 마약과 범죄율이 높은 곳으로 알려졌다. 이 당시 뉴욕시 공무원이었던 모제스(Robert Moses)는 뉴욕시가 토지를 매입해 민간개발업자에게 매매할 수 있다는 「주택법」 제1조를 적용해 이 지역을 변화시켰다. 1955년 모제스는 산후안힐을 슬럼으로 지정하고 대규모 도시재개발을 위해 정부자금을 지원했다. 1958년에 뉴욕시는 향후 링컨스퀘어 부지인 14에이커(약 5만 6,656m²)를 484만 3,677달러에 매입했고 같은 해에 슬럼지역 주민 1만 6,732명은 이주하게 되었다.

특히 '슬럼청소'를 위한 도시재개발(Urban Renewal)이 뉴욕과 같은 대도시에서 광범위하게 이루어졌다. 하지만 원거주지에서 쫓겨난 저소득층은 다른 곳에서 다시 빈곤층을 형성하게 되는 것이 일반적이다. 이러한 근본적인 빈곤의 해결이 없는 물리적 환경의 재개발에 대한 반성이 나타났고, 커뮤니티 경제개발(Community Economic Development) 정책이 등장했다. 이는 커뮤니티 대표가 운영하며 근린이나 도시 일부에 물리적·경제적 발전을 목적으로 하는 비영리 조직인 커뮤니티 개발회사(Community Development Corporations: CDCs)에 의해 주도되었다. 1974년 「커뮤니티서비스법(Community Services Act)」 6장에 의해 40개의 1세대 CDCs가 설립되었고, 1989년까지 포드재단(Ford Foundation) 등 165개 재단에서 CDCs에 6,500만 달러를 지원했다. 1990년대 초까지 CDCs의 수는 2,000개를 넘을 정도로 미국 전역에서 커뮤니티 경제개발사업이 활발하게 진행되고 있다.

일본의 경우도 비슷하다. 일본에서는 1970년대 후반부터 전면 철거 방식의 주택지구개량사업은 축소되고 마을만들기를 전제로 하는 밀집주택시가지 정비사업이나 소규모 단위의 수복형 재개발이 진행되고 있다. 이와 같이 한국의 도시재생도 대규모 철거형 재개발 방식에서 사회·역사·문화·경제 차원에서의 도시재생이 중시되며 마을만들기 등 주민참여 방식이 활성화될 것이다.

3) 기반시설이 충분하고 교통비용이 저렴한 기존 도시의 가치상승

기존 시가지 정비는 신도시 개발에 비해 인프라 재활용, 녹지 훼손 방지, 기존의 사회적 관계망 유지 등을 고려할 때 효율적인 시가지 개발 수단으로 볼 수 있다. 특히 수도권의 경우 서울 도심과의 거리가 20km 이내로 철도망이 갖춰져 30~60분 내 통근이 가능한 도시는 대중교통중심개발(TOD)을 통해 인구와 산업을 유치할 수 있을 것이다. 반면 교통접근성이 불량하고 주거환경 개선이 이루어지지 않는 도시는 인구·고용 감소 등 쇠퇴가 계속될 것이다.

3. 향후 정책 방향

1) 자력 정비가 어려운 도시쇠퇴 지역에 대한 공공지원 확대

도시쇠퇴가 심각한 지방도시와 과밀하고 기반시설이 부족한 수도권 중소도시는 철거 방식의 재개발사업이 어려울 것으로 판단된다. 이러한 도시들에는 공공지원의 확대가 필요하다. 이 부분은 「도시재생활성화 및 지원에 관한 특별법」의 제정(2013년 4월 30일)에 따라 도시재생사업의 일환으로서 도로·주차장 등의 기반시설을 지원할 수 있을 것이다. 이 법에 따르면 국가 또는 지자체는 일반회계 또는 광역·지역발전 특별회계를 통해 도시재생사업에 필요한 비용(동법 제27조 제1항 제9호)과 기반시설의 설치·정비·운영에 필요한 비용(동법 제27조 제1항 제5호)을 지원할 수 있다. 이를 위해서는 도시재생 활성화지역으로 지정해야 하는데, 인구가 현저히 감소하는 지역, 총사업체 수의 감소 등 산업의 이탈이 발생하는 지역, 노후주택의 증가 등 주거환경이 악화되는 지역 중 2개 요건을 만족해야 해당된다(동법 제13조 제4항).

또한 기반시설과 함께 주민들이 실생활에 가장 불편을 느끼는 주택의 개보수에도 공공지원 확대가 필요할 것이다.[4] 지원 대상도 뉴타운사업 등 기존의 도시정비사업을 추진하다가 해제된 지역에 우선적으로 공공지원을 검토할 필요가 있다.

4 　서울시는 주거환경관리사업구역 내 주택 개량·신축 시 최대 1,750만~8,000만 원까지 1.5~2% 금리를 융자 지원하고 있으나, 재정적 여건이 충분하지 못한 지방도시에서는 추진이 어려운 현실이다.

2) 주택 공급 위주에서 주거환경의 질적 개선과 다양화로 정책 전환

저출산과 고령사회로의 진입, 100%에 근접하는 주택보급률 등 주택 수요 정체로 인해 재개발 아파트의 분양성이 떨어지고 있다. 이에 따라 사업성을 극대화시키기 위해 용적률을 증가시키는 재개발사업이 어려워지고 있다. 이는 주택 수요 감소에 따라 일반 분양이 어려워지기 때문이다. 따라서 용적률을 극대화시키는 고층아파트 건설 방식은 한계에 도달하고 있으며, 질적 고급화와 다양화된 주택이 시장에서 인정받을 것이다.

3) 역세권을 중심으로 기존 도시 토지이용의 고도화

TOD는 접근성이 좋은 지역의 개발밀도를 상승시키는 기법으로 철도 역세권을 개발 또는 정비하는 방식이다. 수도권의 철도역 중에서는 향후 토지의 고도이용이 가능한 곳이 많다. 경기도에는 127개의 철도역이 있으나 녹지지역에 위치한 역세권의 용적률은 20.4%에 지나지 않는 것으로 나타나 개발 여력이 충분하다. 특히 가평군·과천시·양주시·양평군·연천군·의왕시·파주시에 건설된 철도역은 매우 저개발된 상황으로 고밀도 이용이 필요한 실정이다. 역세권의 고밀도 이용을 위해 지구 단위로 계획을 수립해 도시개발사업을 추진할 수 있으며 주변 역사·문화·관광자원과 연계한 도시재생사업으로 발전시켜야 할 것이다.

4) 노후 공동주택 시설 개선 및 리모델링 추진

아파트 위주의 주거환경이 형성되면서 공동주택의 시설 관리와 개선에 많은 노력이 필요하다. 1994년 이전에 건설된 아파트는 대부분 가격이 저렴한 아연도 강관으로 상수관을 설치해 건설했다. 이러한 아연도 강관은 관 부식과 누수가 발생해 건물 수명을 단축시킬 뿐 아니라 녹물 등이 발생하며 수요자가 음용을 기피하고 있다.

또한 지하주차장이 없는 아파트는 차량 소유의 증가에 따라 아파트단지 내 주차난을 가중시키고 있다. 아파트의 경우 세대당 1면 이상의 주차 수요가 있으나 과거 주차장 기준에 따라 세대당 1면 이하로 주차장이 설치된 아파트가 많기 때문이다.[5]

이와 같이 노후화된 아파트에 대해서는 배관교체사업과 리모델링사업이 필요하다. 성남시는 노후 급수관 교체 및 세척·갱생공사를 지원하고 있는데, 2012년의 경우 53개소 75억 1,600만 원 규모이다. 서울시도 세대당 80만 원 선에서 배관교체비용을 지원하고 있다. 이와 같은 공동주택시설 개선사업은 주택의 수명을 연장시키는 도시재생의 사례라고 할 수 있다.

2013년 기준으로 전국 400만 세대가 리모델링의 대상이 되었고, 2020년에는 600만 세대로 추정하고 있어 공동주택의 시설노후화가 심각해지고 있다. 리모델링사업의 활성화를 위해서는 시·군의 적극적인 지원이 필요할 것이다. 특히 제1기 신도시가 행정구역 내에 있는 성남·고양·안양 등은 리모델링 기본계획을 수립해 체계적으로 관리하고 지원해야 한다. 또한 리모델링의 추진 주체가 명확하지 않으므로 전문지식과 행정 절차의 지원이 필요하다. 중앙정부에서는 리모델링사업에 국민주택기금을 저리로 융자 지원하고 세제상의 혜택 부여도 검토해야 할 것이다.

---

5   한국교통연구원(2006)에 따르면 아파트 평균 주차원 단위는 세대당 1.05대이다.

5) 효율적 지원을 위한 융합 행정체계 구축과 광역정부의 역할 강화

도시재생을 효율적으로 지원하기 위해서는 중앙과 지방의 관련 조직을 연계, 통합적으로 운영하고 예산의 효율적인 지원체계 구축이 필요하다. 현재 중앙정부에는 도시지역과 농어촌지역의 재생사업과 관련된 예산과 조직이 분리되어 있어 효과적인 사업 지원이 어려운 실정이다. 특히 저층 주거지에 적용 가능한 주거환경관리사업은 주택정비과, 「도시재생특별법」 제정에 따른 도시재생활성화사업과 도시활력증진지역 개발사업은 도시재생과에서 담당해 예산 확보나 효율적 지원을 위한 긴밀한 연계가 요구되고 있다. 또한 읍면을 대상으로 하는 농어촌은 농촌마을 종합개발사업, 어촌체험마을 조성사업, 산촌생태마을 조성사업 등을 통해 도시재생과는 별도로 추진되고 있다.

이러한 중앙정부 중심의 사업에서 광역정부의 역할은 제한적이다. 특히 도시활력증진지역 개발사업과 농어촌지역사업은 시·군·구 자율편성사업으로 진행되므로 시·군에서 사업계획서를 작성해 시·도에 제출하고, 시·도가 취합해 주관 부처에 제출하면 주관 부처는 지출한도 내에서 적정 소요를 요구해 진행하는 과정을 따르게 되어 있다. 시·도에서 자율성을 갖고 정책적 고려에 따라 재원을 배분하는 사례도 있지만, 충청남도·전라북도·경기도 등은 객관화된 공식으로 배분하고 있다(조기현, 2010).

하지만 도시재생에서 지역 여건을 잘 알고 있는 시·도의 역할이 매우 중요하므로 광특회계사업의 일부를 광역정부가 적극적으로 조정해야 할 것이다. 또한 지방정부는 관련되는 사업을 연계·융합할 수 있는 행정체계를 구축하고, 광역정부는 중간적인 위치에서 사업 조정과 함께 시·군에서 부족한 전문적인 지식을 제공하는 컨설팅을 제공해야 할 것이다.

마을만들기 전담 조직으로는 전북 진안군과 경북 영주시가 유명하다. 진안

그림 3-2 ┃ 영주 관사골 관련 사업 연계 사례

| 문화시설 | 태양광사업 |

군은 2002년 이후 전임 담당자를 배치하고, 2010년 마을만들기 조례를 제정해 마을만들기사업을 적극적으로 추진한 성공적인 사례로 제시되고 있다. 또한 영주시는 주거환경개선사업을 도시재생의 거점으로 활용해, 시의 자체 사업과 중앙정부의 각종 사업을 연계시킨 곳으로 알려져 있다.

참 고 문 헌

국토교통통계누리(http://stat.mltm.go.kr).
국토해양부. 2011. 「정비사업 추진실태조사 및 개선 방안 연구」.
도시재생사업단 홈페이지(http://www.kourc.or.kr).
장윤배·봉인식. 2013. 「경기도 주거환경관리사업 개선 방안」. 정책연구 2013-15. 경기개발연구원.
장윤배. 2010. 「도시재생기법의 적용 사례와 도입방안 연구」. 정책연구 2010-59. 경기개발연구원.
장윤배·옥진아·김준. 2012. 「경기도 용적률 현황과 관리방안. 정책연구 2012-61. 경기개발연구원.
장윤배·이성룡·채명진. 2011. 「제1기 신도시의 도시재생과 관리방안 연구」. 정책연구 2011-39. 경기개발연구원.
조기현. 2012. 「포괄보조금제도의 운용실태와 발전 방향」. ≪한국지방재정논집≫, 17권 1호.

통계청. 각 연도. 「전국사업체조사」.
_____. 각 연도. 「주택총조사」.
_____. 각 연도. 「총조사인구」.
한국교통연구원. 2006. 「주차원단위 수요분석 등 연구」. 건설교통부.

GSAPP. 2007. "Lincoln Square: Preserving the Modern Architecture of Slum Clearance, Urban Renewal, and their Architectural Aftermath," Columbia University.
Landis, John D. and Kirk McClure. 2010. "Rethinking Federal Housing Policy," *Journal of the American Planning Association*. Vol.76, No.3.

제**4**장
개발에서 정비와 관리정책으로

1. 성장시대 교외지역의 개발과 농촌지역의 쇠퇴

1) 주택 건설용지의 주 공급처, 신도시

1960년대 이후 고도성장기의 도시 및 주택정책은 인구의 도시 집중에 따른 주거 및 상업·산업용 토지를 공급하는 데 초점을 두었다. 특히 1970년 78.2% 이던 주택보급률이 1980년 71.2%, 1990년 72.4%까지[1] 하락한 데에서 알 수 있듯이 심각한 주택 부족 문제를 해결하기 위한 주택 건설이 중심을 이루고 있다. 이 기간의 도시정책은 모자라는 주택을 공급하기 위해 신도시 건설과 택지 개발사업으로 점철되어 있다고 해도 과언이 아니다. 1980년대에 목동·상계동 등의 도시 내 신도시 건설을 시작으로 1977~1986년의 안산·과천·창원의 신도시개발이 공업단지의 배후도시, 수도권 과밀 해소를 목적으로 이루어졌다. 1990년대 초에는 주택가격 폭등과 주택난 해소를 위한 목적으로 주택 200만

---

[1] 구 주택보급률 기준.

호 공급계획이 추진되었는데, 그 일환으로 수도권 지역에 분당, 일산, 부천 상동, 군포 산본, 안양 평촌의 5개 신도시가 불과 5~6년 사이에 개발되었다.

1990년대에 건설된 1기 신도시는 상업·업무·공공시설의 배치, 충분한 공원녹지·체육시설 등을 갖춘 종합계획으로 실행되어 새로운 주거문화를 보여주었으며 서울의 주택난을 해소하는 등, 서울 근교의 대규모 택지 개발은 짧은 기간 많은 주택 공급에 기여한 바가 컸다. 그러나 건설의 주목적이 주택 공급에 있었기 때문에 자족성을 제대로 갖추지 못한 상태로 계획되었다. 서울의 침상도시로 통근·통행거리와 시간 증대 및 환경부하에 따른 사회적비용 증가, 기존 도시와의 연계 부족 등의 문제를 가져왔다. 이러한 대규모 신도시의 일시 개발에 대한 비판에 따라 소규모 분산적 택지 개발과 준농림지 개발 허용으로 정책 방향을 선회했으나, 주로 1기 신도시 주변에 무임승차식의 개발이 이루어지면서 기반시설 부족 등 심각한 난개발을 초래했다. 2000년대 와서는 과거 신도시에 대한 부정적 이미지를 전환하고 소규모 분산적 개발을 대체하는 '계획도시' 개념의 2기 신도시를 건설하게 되었다.

2기 신도시는 서울에서 20~55km 거리에 위치함으로써, 20~25km 거리에 위치했던 1기 신도시보다 높은 자족성을 추구했으며, 삶의 질 증대에 대한 사람들의 욕구와 '지속가능한 개발'이라는 도시개발 패러다임의 변화를 반영하는 방향으로 계획되었다. 건설 기간도 단기간에 집중되었던 1기 신도시와 달리 약 10년이라는 비교적 긴 기간에 걸쳐 건설이 추진되고 있다.

참여정부에서는 개발제한구역을 해제해 국민임대주택단지[2]를 건설함으로

---

2 국민임대주택단지는 「국민임대주택 건설 등에 관한 특별조치법」에 따라 개발·공급되는 주택 건설용지 및 공공시설용지로서 전체 주택 중 국민임대주택이 50% 이상이고, 대통령령이 정하는 비율 이상인 주택단지(200만 m² 미만에 한하며, 자족 기능을 확보하기 위해 불가피하게 업무시설 등을 설치하는 경우 그 지역을 포함한다)를 말한다. 단 100만 m² 이

써 그간 지속되어왔던 임대주택 공급을 크게 확대했다. 분양 및 중대형 위주였던 기존 주택정책을 임대와 소형주택의 공급으로 전환하기 시작한 것으로, 2003년부터 5년간 50만 호, 2012년까지 10년간 150만 호를 공급하는 계획을 추진했다. 이명박 정부는 2009~2018년 10년간 연 50만 호로 총 500만 호 주택 건설을 목표로 하고 이 중 150만 호는 임대주택으로 계획해 2012년까지 보금자리주택지구[3] 중심으로 공공택지개발사업이 이루어졌다. 그러나 보금자리주택지구는 참여정부 시절의 국민임대주택단지와는 달리 분양 비중이 다소 높으며, 기존 주택가격보다 저렴하게 공급하고자 기반시설을 추가적으로 확보하지 않아도 되도록 서울 근교에 계획함에 따라 2기 신도시 이전 침상도시화와 교외화를 촉진시켰던 신도시의 형태로 회귀한 것으로 평가받고 있다. 더욱이 경기침체의 여파로 인한 부동산 경기 하락과 인구구조 변화에 따라 주택 수요가 변화하면서 참여정부에서 계획한 택지개발사업, 2기 신도시사업의 일부와 더불어 대부분의 지구가 2013년 현재 착공조차 못 했으며, 보금자리주택도 2013년에 들어와서 더는 지구지정을 하지 않는 것으로 조정되었다.

한국에서 신도시와 같은 대규모 택지지구 개발을 통한 주택 공급은 주택보급률을 높이는 데 기여한 바가 크다. 하지만 도시의 인구 집중을 해결하기 위한

상인 국민임대주택단지는 100만 m² 초과분에 대해 전체 주택 중 국민임대주택의 비율을 40% 이상으로 할 수 있다. 국민임대주택은 국가 또는 지자체의 재정 및 「주택법」 제60조의 규정에 의한 국민주택기금을 지원받아 30년 이상 임대할 목적으로 건설 또는 매입되는 주택이다.

3　보금자리주택지구는 「보금자리주택 건설 등에 관한 특별법」에 따라 주거·산업·교육·문화시설 등이 복합적으로 어우러져 살기 좋은 정주환경을 갖추도록 하여 보금자리주택이 전체 주택 중 50% 이상인 주택단지를 말한다. 보금자리주택지구 내 보금자리주택 중 임대용 주택은 주택지구 전체 주택 호수의 35% 이상, 분양용 주택은 주택지구 전체 주택 호수의 25% 이상이다(2013년 9월 30일에 입법 예고된 내용에서는 분양주택 비율을 지구 전체 주택의 15% 이하로 개정할 예정이다).

표 4-1 ┃ 유형별 택지 공급 현황

(단위: 호)

구분	계	수도권				지방
		계	경기	서울	인천	
보금자리	482,674	386,802	317,122	39,969	29,711	95,872
신도시	985,201	900,904	804,304	4,600	92,000	84,297
1기 신도시	293,627	293,627	293,627	-	-	-
2기 신도시	691,574	607,277	510,677	4,600	92,000	84,297
일반택지 등	3,049,648	1,358,100	867,942	341,198	148,960	1,691,548
계	4,482,749	2,637,615	1,943,385	423,559	270,671	1,845,134

자료: 국토해양통계누리(2012), 「택지지구리스트」(2012년 12월 기준).

방안으로 대부분의 개발이 짧은 기간 동안 추진되어 기반시설이나, 자족성을
제대로 갖추는 데 상대적으로 부족했다. 특히 직주근접이 이루어지지 않아 침
상도시화되어 신도시와 모도시인 서울 간의 긴 통근거리와 교통비용의 증가를
가져오면서 기반시설의 부하를 초래했다. 도심 인구가 신도시로 이주하면서
도심의 쇠퇴는 가속화되었다. 또한 신도시에 공급된 주택 유형도 다양한 사회
계층 혼합(Social Mix)을 유도하기에 미흡한 측면이 있어 소득에 따른 계층 분화
의 문제를 가져오기도 했다.

2) 대규모 개발지역에 편승한 교외지역의 난개발

기존 시가지의 도시용 토지 부족과 지가상승으로 주택 공급은 주로 신도시
와 택지개발사업을 통해 계속 교외지역으로 확산하는 방식으로 진행되었다.
이에 따라 대도시 주변 지역의 개발도 통제하기 어려운 지경에 이르렀다.

교외 비도시지역의 난개발 문제는 1994년 「국토이용관리법」 개정을 통해
10개의 용도 지역이 5개 지역으로 통합되고 준농림지역과 준도시지역이 도입

그림 4-1 ┃ 용도 지역의 변화

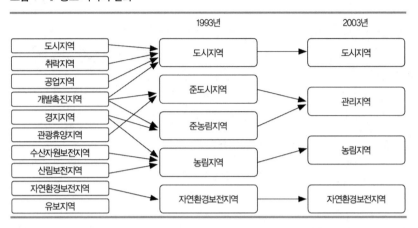

되면서 나타나기 시작했다. 당시 개정의 핵심은 경지지역과 개발촉진지역을 새로 도입된 준농림지역으로 변경하면서 가용토지에 대한 행위제한 방식을 제한행위 열거 방식(네거티브 시스템)으로 전환하는 것이었는데, 택지 및 공장용지로 쉽게 이용할 수 있도록 제도를 바꾸는 것이었다. 준농림지역 도입 이전에는 10개의 용도 지역에 국토의 84.4%가 보전 목적으로 지정되어 있어 만성적인 토지수급 불균형이 초래되었으며, 각종 토지이용 규제로 택지·공장용지로 사용가능한 면적이 4.4%에 불과했다(《동아일보》, 1993년 6월 2일 자). 그런데 준농림지역의 도입으로 개발 가능 면적이 도시지역, 준도시지역, 준농림지역을 모두 포함할 경우 43.6%에 이르게 되었다. 이에 따라 1994~1999년 사이 준농림지역에 3만 2,000개의 공장, 약 30만 호의 주택이 건설되었으며, 2,800여 개의 숙박업소, 1만 8,000여 개의 음식점이 입지했다.[4] 그러나 이들 시설은 개별적 입지 형태를 띠고 있어 기반시설을 제대로 갖추기 어려웠으며, 경관·미관

---

4   건설교통부(2001). 김상조(2013) 재인용.

등에 대한 고려 역시 부족해 난개발이 심화되는 결과를 낳았다(김상조, 2013).

이후 이 같은 난개발을 개선하기 위해 2000년 준농림지역을 준도시 취락지구로 변경할 수 있는 기준을 기존 3만 m²에서 10만 m²로 상향하고, 2010년 준농림지역의 경관지침을 만드는 등의 난개발 방지 대책이 마련되었다. 또 2003년에는 준농림지역이 준도시지역과 같이 관리지역으로 통합되고 관리지역은 지역 특성에 따라 계획관리·생산관리·보전관리지역으로 변경되었으며, 개발행위허가제를 도입해 일정 규모 이상의 개발(3만 m² 이상)에 대해서는 허가를 받도록 했다. 이때 도시지역과 비도시지역을 효율적으로 관리하기 위해 이들을 각각 관리하던 2개의 법률, 즉 「도시계획법」과 「국토이용관리법」을 「국토의 계획 및 이용에 관한 법률」로 통합했다. 그러나 이러한 제도에도 비도시지역의 개발은 지속적으로 이루어져 교외지역을 지나다 보면 2013년 현재도 여전히 공장, 근린생활시설 등이 무분별하게 입지한 것을 볼 수 있다. 2003년 비도시지역 개발행위 허가 건수가 2만여 건이던 것이 2010년 이후 6만여 건으로, 면적은 29km²에서 2012년 332km²로 증가하기에 이르렀다.[5]

3) 쇠퇴하는 농촌지역

도시화의 과정에서 한국의 농촌지역은 급격히 쇠퇴했다. 이촌향도에 따른 젊은 층의 이주가 이어지고, 그에 따른 생산인구 감소, 인구 감소, 노령화의 단계가 차례로 나타났다. 또한 한국의 고도성장기 동안 제조업 중심의 산업화를 진행하는 과정에서 내세운 '세계화'·'개방화'의 기조로 국내시장이 개방되면서 가장 큰 타격을 받은 것은 소규모 영농 중심의 농업이었다. 농산물 가격이

---

5   국토교통부·LH(각 연도), 「도시계획현황」.

하락하면서 농업소득이 감소했고, 이는 결국 전반적인 농업생산조직의 축소와 농업지역의 침체로 이어졌다.

1980~2010년 사이 농촌인구 및 농가의 변화를 살펴보면 농촌지역의 인구가 급격히 감소한 것을 알 수 있다. 총인구는 1985~1995년 사이 5년 단위로 5% 이상 성장한 반면 농촌인구는 같은 기간 매 5년 기준 12~20% 이상의 감소율을 나타냈고 농가인구는 20%가 넘는 감소율을 보였다. 농촌인구는 1980년 1,600만 2,000명에서 2010년 875만 8,000명으로 절반 가까이 감소했고, 농가인구 역시 1980년 1,082만 7,000명에서 2010년 306만 3,000명으로 3분의 1 수준으로 줄어들었다.[6] 최근 농촌인구의 감소폭이 둔화되는 것은 베이비부머의 귀농·귀촌 인구 유입에 따른 영향도 있지만, 한편으로 사실상 농촌지역에서 도시지역으로의 인구이동이 완료되었음을 의미하는 것으로도 볼 수 있다(박세훈 외, 2012: 43쪽).

인구와 마찬가지로 농촌지역의 가구도 크게 감소했다. 전국 가구 수는 1980년 796만 9,000호에서 2010년 1,757만 4,000호로 증가했으나, 농가구는 오히려 1980년 215만 5,000호에서 2010년 절반 수준인 117만 7,000호로 감소했다(농림수산식품부, 2010). 농촌지역 쇠퇴에서 더욱더 심각한 문제는 인구고령화에 있다. 1980년 5.6%이던 농촌지역의 65세 이상 고령인구 비율은 이때부터 가파르게 상승하기 시작해 2010년 초고령화사회에 해당하는 20.9%로 증가했다. 반면 도시지역은 2010년 9.2%로 농촌지역과 큰 차이를 보인다. 농촌지역의 생산가능인구도 1995년 68.1%에서 2010년 64.2%로 감소했다. 그러나 도시지역은 생산가능인구 비율이 꾸준히 상승하고 있다. 이 같은 현실로 새로운

---

6   농가인구는 농업에 종사하는 인구, 농촌인구는 농촌지역(읍면지역)에 거주하는 인구로 추산했다(농림수산식품부, 2010).

그림 4-2 ┃ 농촌지역의 고령인구와 생산가능인구

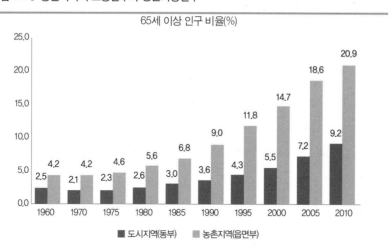

65세 이상 인구 비율(%)

■ 도시지역(동부)　■ 농촌지역(읍면부)

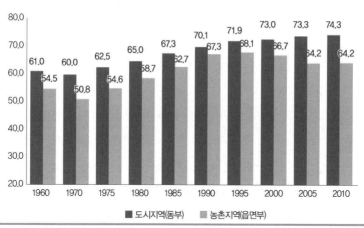

생산가능인구(15~64세) 비율(%)

■ 도시지역(동부)　■ 농촌지역(읍면부)

자료: 통계청(각 연도), 「인구주택총조사」.

인구의 유입이나 외부의 지원 없이 이른바 '내발적 발전'을 통해 농촌지역의
활력을 회복하는 일은 점점 어려워지고 있으며, 기존 농촌 공동체사회의 해체
마저 우려해야 할 상황이다.

2. 여건 변화: 이동감소와 탈도시화 증가

1) 이동의 감소로 지역사회의 중요성 증대

도시화의 성숙기에 접어들면 인구이동은 감소하는 추세를 보이는 것이 일반적이다. 한국도 도시화율이 정체되기 시작한 2000년대 이후 인구이동이 꾸준히 감소하는 추세에 있다. 고도성장기에는 연간 20%를 넘는 이동률을 나타냈지만 2002년 19.9%를 기록한 이후 지속적으로 낮아져 2012년에는 14.9%까지 하락했다.[7] 특히 지역별로 살펴보면 인구이동을 주도하던 수도권으로의 순유입인구가 감소하는 것이 눈에 띈다. 일본의 경우 1970년 이동률이 8.0%에서 2011년 4.0%로 감소했고, 미국은 1970년 18.7%에서 2011년 12.0%로 감소했다.[8]

인구의 이동은 주로 주택 구입에 따른 이주, 취업 등 고용상황, 교육 여건, 부동산 경기 등에 의해 영향을 받는데, 한국의 경우 대규모 택지 개발 등 주택 공급에 의한 영향이 상대적으로 높게 나타난다. 그러나 주택보급률이 2008년을 기점으로 100%를 넘어서는 등 이미 충분한 주택 공급이 이루어져 있고, 자가 점유율도 높아지고 있어 주택 구입에 따른 이주 필요성은 과거에 비해 낮아지는 추세에 있다. 또한 2008년 글로벌 경기침체 이후 부동산 경기 악화로 미분양이 속출하는 등 신규주택의 공급이 원활하지 않은 점, 실업자가 증가하는 등 고용상황이 좋지 않은 점 역시 인구이동 감소의 주된 요인이 되고 있다. 인구증가율의 감소, 주택 부족의 완화, 일자리 감소, 소득 감소로 인한 주거이전 비용

---

7   e-나라지표(각 연도), 「국내인구 이동통계」.

8   일본 자료: 政府統計の總合窓口(e-Stat), 미국 자료: U.S. Census Bureau(2012).

마련의 어려움 등이 복합적으로 인구이동 감소로 나타나고 있는 것이다. 이는 저성장시대에 나타나는 필연적인 현상의 일부로 볼 수 있다.

이동인구가 감소하고, 인구이동 패턴이 과거에 비해 근거리 위주로 변화하면서 과거와 같은 급속한 공동체 해체는 다소 완화될 것으로 판단된다. 부동산 경기 악화로 신규주택 공급이 줄어들고, 도심에서 철거형 주택재개발 등이 이제 어려워지고 수복형 재개발로 패러다임이 전환하면서 기존 공동체사회의 유지 가능성이 그만큼 높아진 것이다. 그러나 다른 측면에서는 지역공동체가 이미 상당 부분 와해되었으며, 사람들이 그 부재를 절감한 시점에 도달했다고도 볼 수 있다. 기존 도심의 전면 철거 방식의 재개발은 지역공동체를 거의 완전히 해체했으며, 농촌지역은 인구 유출로 기존 공동체를 유지하는 것이 힘들어지고 있다. 또한 1인가구의 증가와 지역사회의 해체로 범죄에 노출될 우려가 높아졌으며, 고령인구의 급증으로 복지 수혜계층은 늘어나지만 공공은 그 속도를 따라가지 못하고 있다. 결국 지역사회가 주민의 안전을 보장하고 공공이 제공하지 못하는 복지·문화 서비스를 담당해야 할 필요성이 증대된 것이다.

최근 호혜경제·마을기업·사회적기업의 출현은 이 같은 변화와 무관하지 않다. 마을만들기나 마을기업, 사회적기업의 출현은 넓은 의미에서 공동체 복원을 위한 노력의 범주에 들어간다. 공공이 제공하지 못하는 일자리를 지역에 부여하고 문화공간을 창출하고 환경을 개선해 지역 범죄를 예방하는 데 기여하고 있다. 성장에 따른 혜택이 미치지 못하는 영역에서 이른바 자급자족적 경제로의 변화를 이끌어내는 것으로 인식되고 있기도 하다. 그야말로 저성장시대에 적응해가는 과정을 지역사회 스스로 만들어내는 셈이다.

이런 변화는 지방자치제의 성숙과도 연관이 있다. 과거 중앙정부가 추진해온 여러 지역정책의 성과가 미미했던 이유는 대부분 지역 특성을 간과하고, 주민의 의사를 충분히 반영하지 못했기 때문이었다. 반면 지자체가 지역주민과의 협의를 통해 추진하는 사업은 비교적 좋은 성과를 내고 있고, 지역에 꼭 필요한 사업을 시행하는 경우가 많다. 또한 지역사회, 혹은 지역 민간단체와의 협력을 통해 사업의 성과를 높이고 있기도 하다.

2) 탈아파트, 귀농·귀촌 현상과 비도시지역 정비 필요

한국은 '아파트 공화국'이라 일컬어질 만큼 아파트 위주의 주택 공급이 이루어졌다. 이에 국내 총주택 중 아파트 재고는 1990년 22.7%에서 2010년에는 59.0%까지 증가한 반면 1990년 66.0%를 차지하던 단독주택은 2010년 27.3%까지 비중이 줄었다.[9] 아파트가 이토록 짧은 기간에 주된 주거 유형으로 자리잡게 된 배경에는 고도성장기에 도시로 이주하는 사람들의 주택 부족 문제를 시급히 해결해야 할 필요성 외에도, 부동산 투기 열풍에 힘입어 '아파트=재산 증식의 수단'으로 인식된 면도 크다고 할 수 있다. 그러나 아파트 가격이 계속 상승해 사람들은 더 높은 주거비용을 부담해야 하는 처지에 놓인 반면 '리먼 사태'에 이은 글로벌 경기침체가 한국 경제에도 영향을 미치면서 높은 가계 소득 증가를 기대하기가 어려워졌다. 더욱이 높은 주거비용은 가계의 가처분소득 감소로까지 이어지는 등 주택 소유에 대한 선호가 크게 낮아지는 결과를 가져왔다. 이 같은 수요 감소는 이제 아파트를 통한 투자이익을 기대하기 어려운 상황을 낳고 있고, 이는 다시 부동산경기 악화와 소비 감소로 이어져 아파트의 경제적 가치를 더욱 떨어뜨렸다.

저출산과 고령화시대의 도래로 인한 가족구성원의 변화도 주요한 요인이 되었다. 1·2인가구가 급증하면서 소형주택 수요가 점차 증가하는 등 다양한 형

---

9   e-나라지표(각 연도), 「유형별 재고주택 현황」.

태의 주거가 요구되는데도 아파트 위주의 공급이 이를 수용하지 못한 측면도 있다. 수익성에 기반을 두다 보니 중대형 아파트의 공급이 많았던 것이다. 그러나 고도성장기를 거쳐 사람들의 소득이 일정 수준에 도달하면서 주택에 대한 선호도는 달라졌다. 국토해양부의 2010년 주거실태조사에 의하면 사람들이 미래에 거처하길 원하는 주택 유형으로 단독주택이 54.7%로 가장 높게 나타나는 반면, 아파트는 겨우 1%에 지나지 않는다.

삶의 질에 대한 욕구와 환경에 대한 관심이 증대되면서 은퇴 후 도시적 삶보다는 전원생활을 희망하는 사람들도 많아지고 있다. 2010년도 주거실태조사에서는 전원생활을 희망하는 사람은 45.2%로 도시 생활의 33.8%보다 높게 나타나고 있다. 도시농업에 대한 사회적 관심과 농촌지역 관광 수요도 증가하는 등 농촌생활에 대한 기대도 높아지고 있는 걸 알 수 있다. 이 같은 변화는 최근 탈아파트를 넘어 탈도시화로 이어지는 양상이다. 2000년대에 와서 꾸준히 늘어나는 추세이던 귀농·귀촌 가구는 2012년에는 2만 7,000가구로 2011년에 비해 2배 이상 급증했다. 비도시지역 인구도 2012년 처음으로 1.4% 증가한 것으로 나타난다.

물론 귀농·귀촌 증가의 직접적인 원인은 저성장에 따른 일자리 부족과 베이비부머의 은퇴시기가 맞물려 일어나는 것으로 분석되고 있다. IMF 직후에도 귀농·귀촌 인구가 급증한 사례가 있으며, 최근 경기침체 이후 다시 증가 폭이 커지고 있는 것이 이를 반증한다. 그리고 이 같은 추세는 지속될 가능성이 높다. 이미 한국 사회가 저성장시대에 들어섰다는 평가를 받고 있어 도시지역의 일자리 부족 문제는 계속될 전망인 반면, 농촌지역의 이주는 새로운 대안으로서 가능성을 보여주기 때문이다. 농촌경제연구원에서는 도시민 1인이 농어촌 지역으로 이주할 경우 발생하는 사회 전체의 순편익을 1인당 169만 원으로 추정하기도 했다.[10]

또한 젊은 세대에서 주택에 대한 개념은 '사는 것(buy)'에서 '사는 곳(live)'으로 달라지고 있다. 스스로가 원하는 삶을 구현할 수 있는 장소를 주거로 선택하는 경향이 부쩍 높아진 것이다. 도시지역의 높은 주거비용을 대신해 생태적 환경을 경험할 수 있는 교외지역 및 농촌지역의 전원주택, 땅콩주택, 한옥 등에 눈을 돌리기 시작한 것도 같은 맥락이다. 더욱이 교통이 발달하면서 도시와 농촌의 삶의 양식이 점점 유사해지고 있는 점도 영향을 미치고 있다. 일명 도비화(都鄙化, Rurbanization)[11]의 도래라 할 수 있는데, 이로 인해 도시적 생활을 완전히 포기하지 않고도 전원생활을 누리는 게 가능해졌다. 향후 유연근무제 등이 정착되면 도시와 농촌을 오가는 일이 더욱 수월해질 수도 있다. 최근 이런 현상을 반영하듯 도시근교 농업화는 오히려 증가했다는 연구결과도 있다.[12]

한편 탈도시화로 교외지역에 정착하는 인구가 늘어나고 농촌지역에 전원주택단지를 조성해 입주하는 사례가 많아지면서 비도시지역의 정비 필요성도 높아지고 있다. 향후 늘어날 것으로 예상되는 주택을 비롯해 펜션·게스트하우스 등 숙박업소와 카페 등 음식점의 입지가 새로운 난개발로 이어지지 않도록 주의할 필요가 있다. 이를 위해 계획적인 입지를 유도하고, 주변 지역의 경관·미관 등에 대한 고려가 있어야 한다. 일부 지자체의 경우 이미 빈집에 대한 정보를 제공하고, 새로운 건축물의 건조보다는 빈집의 리모델링, 창고 등 유휴공간

---

10 김경덕 외(2012)에서는 GRDP의 사회적 순증가 106만 9,000원, 교통혼잡비용의 도시지역 감소분 59만 원, 하수처리비용의 사회적 순편익 6,000원, 대기오염물질 처리비용의 사회적 순편익 2만 4,000원으로 추산했다.

11 도비화는 농촌(rural)과 도시(urban)의 합성어로, 도시적 환경과 농촌적 자연환경이 혼재하고 도시민과 농촌지역민이 뒤섞여 살고 있는 상황을 말한다.

12 김경덕 외(2012)에서는 2010년 도시지역(동 지역) 농가호수는 출입경작 및 겸업가구 증가로 2000년 대비 41.1%, 2005년 대비 5.1% 증가했음을 지적하고, 이를 도시근교 농업화가 가속화되는 것으로 분석했다.

을 활용하는 사례가 있어 좋은 대안이 되고 있다. 난립한 기존 공장 등을 산업단지 등으로 집적화해 비도시지역의 경관과 환경문제를 함께 개선하고, 도로의 정비, 환경정화시설의 설치, 의료·복지 공간의 마련 등 기반시설이 함께 조성될 수 있도록 하는 것도 중요하다. 도시적 삶에 익숙한 귀농·귀촌 인구의 유입을 유도하기 위해서는 이처럼 양호한 주거환경을 구축할 필요가 있다. 또한 농촌 이주민과 현지인 간의 갈등을 조정하는 지자체의 역할도 필요하다. 도시민의 농촌지역 정착을 유도하기에 앞서, 도시민의 유입이 기존 농촌지역에 활력을 부여하고 거주민의 정주환경을 높이는 방향으로 전개될 것인지에 대한 면밀한 검토가 선행되어야 한다.

3. 저성장시대의 교외지역과 농촌지역의 관리

1) 교외지역 개발축소와 관리

(1) 교외지역의 개발 축소

한국의 도시화율은 1970년 50.2%에서 1990년 82.7%, 2010년 90.7%로 증가했다. 동·읍 이상의 도시지역에 거주하는 인구는 1970년 1,577만 9,000명에서 1990년 3,589만 3,000명, 2010년에는 4,351만 3,000명으로 증가한 반면 농촌지역에 거주하는 인구는 1970년 1,565만 6,000명에서 2010년 447만 8,000명으로 크게 감소했다. 도시지역 면적도 도시인구 증가와 더불어 늘어나는데, 1980년 1만 2,592km²에서 2010년 1만 7,492km²로 확대되었다. 시가화지역은 같은 기간 1,934km²에서 2010년에 3,853km²로 증가했다.[13]

도시로의 인구 집중은 시가화지역의 확대와 교외화 현상으로 나타나고 있

그림 4-3 ▌수도권의 교외화 사례

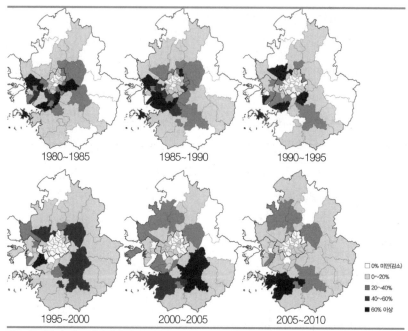

1980~1985	1985~1990	1990~1995
1995~2000	2000~2005	2005~2010

□ 0% 미만(감소)
▨ 0~20%
▤ 20~40%
■ 40~60%
■ 60% 이상

자료: 통계청(각 연도), 「시계열 인구」.

다. 일자리가 있는 도심에서 주택을 구하기 힘들어 점점 도심 외곽지역으로 이주하고 있으며, 도심 외곽지역은 도심의 주거기능으로 침상도시화되고 있다. 그 반경도 점점 커지고 있다. 수도권의 예로 보면 1기 신도시가 건설되던 1990~1995년 사이에는 서울과 인접한 성남시·고양시·안양시·시흥시·군포시·의정부시·구리시 등 서울 반경 30km 내의 인구증가율이 높게 나타나는데, 1995년 이후에는 남양주·용인·수원·광주·김포 등으로 확대되고, 2000년대에

---

13   도시지역 인구는 동·읍부 지역 인구 기준, 도시지역 면적은 주거·상업·공업·녹지지역의 면적을 말하며, 시가화지역은 도시지역 중 주거·상업·공업지역을 말한다[통계청(각 연도). 「인구주택총조사」].

표 4-2 ▐ 도시규모별 인구 변화(2000~2010)

구분	총계	감소			증가		
		계	시	군	계	시	군
3만 미만	20	20	-	20	-	-	-
3~5만	33	31	-	31	2	1	1
5~10만	39	32	13	19	7	1	6
10~20만	24	9	9	-	15	11	4
20~50만	27	10	10	-	17	17	-
50만 이상	20	5	5	-	15	15	-
계	163	107	37	70	56	45	11

주: 2010년 기준 시·군
자료: 통계청(각 연도), 「시계열 인구」.

는 화성·파주·용인 등 서울 반경 50km로 더욱 확장되는 양상을 보이고 있다.

이러한 외연적 확산은 인구증가율이 감소하면서 점차 둔화되고 인구가 감소하는 시점에 이르면 도심과 먼 지역부터 쇠퇴하게 된다. 저출산·고령화로 인한 인구 감소와 도시쇠퇴의 직접적인 영향을 받는 지역은 대도시보다는 저밀도의 도시 외곽지역과 농촌지역이다. 2003년을 정점으로 인구 감소가 진행되고 있는 독일의 사례에서도 대도시권보다 중소도시 및 농촌지역에서 인구 감소문제가 심각하게 발생하고 있다(김진범 외, 2010). 한국의 경우 2000~2010년 사이 전국 163개 시·군 중 인구가 감소한 것으로 나타나는 지역은 107개 시·군인데, 이 중 50만 이상 대도시는 서울시·대구시·부산시·포항시·부산시의 5개 지역으로 부산의 감소율이 6.8%로 가장 낮으며 나머지 시는 5% 미만의 감소율을 보인다. 그러나 인구 10만 미만인 92개 시·군 중에서는 무려 83개 지역에서 인구가 감소하고 있는 것을 알 수 있으며 10% 이상의 감소율을 보이는 지역이 많다. 특히 20% 이상 인구가 감소한 지역은 시지역에서는 나주시·문경시로 2개소이나, 군지역 중에서는 33개소에 달하는 것으로 나타난다.

선진국에서도 인구 감소와 도시 외곽지역의 쇠퇴가 큰 문제로 인식되고 있다. 이러한 문제에 대응하기 위해 축소도시계획 개념을 적용하고 있다. 축소도시의 계획 내용은 목표인구 축소, 도시기능의 감소에 따른 용도 지역 면적의 축소, 주택의 수 및 교통시설 등의 기반시설의 축소 조정을 들 수 있다.

인구 감소에 대응하는 해외 중소도시들의 축소도시계획 적용 사례를 보면[14] 독일 동부 프랑크푸르트 주의 아이젠휴텐슈타트(Eizenhuttenstadt) 시는 ① 주택형태의 개선, ② 도심지역의 강화, ③ 불필요한 건설자산의 재이용, ④ 콤팩트한 도시형성과 도심의 문화시설 집중 등을 목표로 한 도시갱신프로그램을 계획했다. 인구가 감소하고 있는 아이젠휴텐슈타트 시는 이미 빈집이 과다하게 발생한 경우 철거까지 하고 있는데, 도심에서 가장 먼 단지를 대상으로 공가율(空家率)이 30% 이상인 공동주택을 그 대상으로 삼고 있다.

또, 미국 오하이오 주 동북부의 영스타운(Youngstown)은 2005년 축소지향의 도시, 콤팩트한 도시를 위한 '영스타운2010(Youngstown 2010)'을 계획했다. 계획의 주요 내용은 ① 주거계 용도 지역의 30%를 축소해 장래 개발유보지로 사용, ② 상업계 용도 지역의 16% 감소, ③ TOD 개념 도입, ④ 산재한 녹지의 그린 네트워크(green network) 연결 등을 도입해 목표에 부합하도록 하는 것이다.

일본의 사례를 보면 홋카이도 중앙부 서측에 위치한 다키카와 시는 인구 감소, 소자고령화(小子高齡化)를 대비한 '다키카와 시 도시계획마스터플랜(2011~2030)'의 장기비전 도시계획을 수립했는데, 이 계획은 콤팩트시티 개념의 도입, 교외지의 시가지 개발 억제, 중심부의 도시기능 집적, TOD를 적용한 거주지역 재편, 자연환경 보전 등의 내용을 담은 것이 특징이다.

이러한 예와 같이 인구가 감소한 지역의 도시계획을 보면 도시 중심부의 기

---

14   해외 사례는 박종철(2011)의 연구결과를 요약·정리해 작성했다.

능을 집적시키고, 교통 결절점 중심으로 주거기능을 강화하며, 주거지역 및 상업지역을 축소하거나 교외지역의 시가지 개발을 억제하고 있다. 또한 단순히 목표인구나 시가지 면적을 줄이는 것만이 아닌, 이와 연계된 도시 공간구조를 개편하고 있다.

(2) 교외지역의 정비와 관리

한국의 대도시 주변 교외지역은 공장과 근린생활시설 등으로 몸살을 앓고 있다. 개발행위허가제도가 도입된 2003년 이후 용도·지역별 개발행위허가를 살펴보면 도시지역보다 비도시지역의 개발행위허가 건수 및 면적이 더 많은 것을 알 수 있다.

경기도 화성시의 사례로 개발된 용도를 살펴보면, 화성시 비도시지역 건축물은 총 2만 5,906개소로 이 중 단독주택이 44.1%, 근린생활시설 22.6%, 공장 17.2%, 동식물 관련 시설 6.5%, 창고시설 5.0%로 5개 유형이 95.4%를 차지하고 있다.[15] 건축물의 총연면적은 1,341만 8,000m²로 공장이 51.5%, 주택이 12.4%, 근린생활시설이 14.5%, 동식물 관련 시설이 7.3%, 창고시설이 4.0%로 공장과 근린생활시설이 65% 이상을 차지하는 것을 알 수 있다. 즉, 건수는 주택과 근린생활시설이 많으나 면적은 공장이 많이 차지해 시각적으로는 공장이 더 문제가 되는 것을 알 수 있다. 특히 도로변 100m 내에 총건물 수의 34.9%, 총연면적의 44.2%에 해당되는 건축물이 입지해 도로변에서 보이는 경관이 어떠한지 짐작할 수 있다. 공장의 사례를 구체적으로 살펴보면, 전국 공장 수의 68.2%가 개별입지하고 있으며, 개별입지 공장의 약 절반인 49.9%가 비도시지역에 입지하고 있다. 특히 비도시지역에 입지한 공장은 90% 이상이 개

---

15   화성시 AIS, KLIS(이외희, 2012).

별입지하고 있어 비도시지역의 개발 양상을 알 수 있다.[16]

따라서 시·군에서는 입지별 정비 방안을 구체화한 정비·관리계획의 수립이 필요하다. 개발행위허가 운영지침이 시행된 2002년부터 건축물의 입지유형별 경관 관리 방안을 제시하고 있으나 효과가 없으므로, 시·군에서 바로 사용할 수 있도록 구체화할 필요가 있다. 산지·구릉지, 하천·호수변, 해안변, 도로변, 농촌지역 등 지역 특성에 따른 정비·관리계획을 수립하거나, 시·군의 경관관리계획 수립 시 지침을 제시해 관련 부서의 협조를 통해 업무가 연계될 수 있도록 해야 한다.

그러나 무엇보다도 비도시지역에 개별입지를 막고 계획입지를 유도하려면 개별입지가 가능한 허용 용도를 현행보다 대폭 축소해야 한다. 계획입지를 하기 위해서는 시·군 등 누군가 토지를 매입해 단지를 조성하고 분양 혹은 임대해야 하므로 개인이 지가가 저렴한 곳을 택해 공장을 설립하는 것보다 대개 비용이 더 소요된다. 따라서 중소 규모의 공장은 개별입지를 선호하는 것이 당연하므로 이에 대한 적극적인 대응이 없는 한 해결하기 어려운 문제이다.

2) 주거형 신도시의 관리

(1) 직주근접 유도와 고령화에 대응

서울의 재생, 도심재개발 등으로 경기도 외곽지역의 인구가 도심으로 회귀할 경우 서울과 거리가 비교적 먼 주거형 2기 신도시, 주거환경이 상대적으로 좋지 않은 소규모 택지지구 및 주거지역의 인구 유출 가능성이 높다. 특히 고령인구와 여성 경제활동인구는 더 짧은 통근시간을 요구하므로 향후 고령화로

---

16 한국산업단지공단 공장설립 온라인 지원시스템(2013년 6월 기준).

인한 고령인구의 증가와 여성 경제활동인구의 증가 시 직장 근처로의 이동 가능성이 증대된다. 일례로 2010년 경기도 여성 통근자의 혼인상태별 통근소요시간을 비교하면 30분 이내 통근자 비율이 기혼여성은 57.5%, 미혼여성은 42.4%로 기혼이 더 짧게 나타났다. 또한 고령인구의 경우도 66.5%가 통근소요시간이 30분 이내인 것으로 나타난다(이외희, 2013).

인구 감소 추세에도 오히려 인구가 증가하는 지역 유형을 일본의 사례를 통해 살펴보면(Watase et al., 2003), 대도시지역 및 주변의 도시 중 1995~2000년 5년간 7% 이상 인구가 증가한 도시는 ① 도쿄·오사카·후쿠오카 대도시의 도심, ② 도쿄와 오사카 대도시지역의 중심 지역에서 1시간 내에 위치한 도시, 또는 다른 대도시지역의 30분 내 위치한 도시 중 비교적 지가가 낮은 주거지역으로 신도시 개발과 토지재개발사업으로 도시개발이 이루어진 지역, ③ 철도 혹은 지하철의 접근성이 좋은 지역으로 나타나고 있다. 대도시지역 주변이 아닌 지역 중 1995~2000년 5년간 5% 이상 인구 증가 도시를 보면 ① 도쿄 대도시지역의 경우 신칸센 통근자를 잘 수용할 수 있는 도시, ② 잘 계획된 첨단산업지역, ③ 상업용 공항 주변 지역으로 고속도로가 잘 갖추어진 도시, ④ 모도시의 유출인구를 수용할 수 있는 농촌지역으로 분석되었다.

이는 교외지역의 경우 모도시와 통근이 용이하며 잘 정비된 지역, 일자리가 있는 지역, 모도시와 가까운 농촌지역 등으로 요약할 수 있다. 수도권 1기 신도시의 경우 서울 반경 20~25km 범위이나 계획 및 건설 중인 2기 신도시는 20~55km까지 다양하다. 따라서 주거 중심의 2기 신도시 등은 광역교통체계를 구축하거나 주변에 일자리를 제공해 직주근접이 될 수 있도록 유도하는 것이 필요하다.

신도시의 관리 차원에서 관심을 기울여야 하는 또 다른 문제는 고령화에 대한 대응이다. 신도시 입주세대의 자녀들이 결혼·취직 등으로 독립하면 신도시

표 4-3 ┃ 신도시 65세 이상 인구비와 노령화지수

(단위: %)

구분	65세 이상 인구비				노령화지수			
	1995년	2000년	2005년	2010년	1995년	2000년	2005년	2010년
경기도	4.8	5.8	7.3	8.9	18.8	24.2	33.8	49.1
분당 신도시	4.2	5.4	6.7	8.7	15.9	23.4	32.4	51.9
일산 신도시	4.2	5.6	7.1	9.3	14.4	21.1	31.1	52.8
평촌 신도시	3.6	4.6	5.3	6.3	12.4	18.5	23.0	31.8
산본 신도시	3.5	4.8	6.6	8.3	12.6	19.4	30.5	46.6
중동 신도시	3.2	4.0	5.0	6.4	10.9	15.9	25.2	40.9

주: 노령화지수는 15세 미만 유년층 인구 대비 65세 이상 노년층 인구 비율.
자료: 윤정중 외(2012).

는 부모세대의 고령자 위주로 거주할 가능성이 높다. 수도권 1기 신도시들의 65세 이상 인구 점유율은 급격한 상승 추세를 보인다. 분당과 일산 신도시의 경우 1995년은 경기도보다 고령인구 비율이 낮았으나 2010년 분당은 경기도 수준과 유사해지고 일산은 9.0%로 경기도 평균 8.9%보다 높은 양상을 보였다. 노령화지수 역시 빠른 증가세를 보인다. 1기 신도시의 평균 노령화지수는 1995년 13.2로 경기도의 18.8보다 낮았으나 2000년 19.7, 2005년 28.4, 2010년 44.8로 증가했다. 특히 2010년의 분당과 일산은 각각 51.9, 52.8로 경기도의 노령화지수인 49.1보다 높게 나타나고 있다.

한국보다 고령화가 더 진전된 일본 다마 신도시의 사례를 보면 잘 알 수 있다. 다마 신도시 중 다마 시 지역에 거주하는 초기 입주가구의 자녀세대는 결혼·취직 등을 계기로 독립해 신도시를 떠나며, 경제력이 있는 50세 전후의 예비 고령자들은 노후 준비 및 주거 수준 향상을 위해 전출한다(北浪健太郞 外, 2003: 85~90). 1971년 최초 입주가 이루어진 수와·나가야마 지구의 고령화율은 2009년 기준 24~25%로 일본 평균 22.1%를 상회한다. 그러나 다마 신도시의

30년 이상 경과한 주택 대부분이 노후화되었고 노인들의 주거생활 및 이동에 불편하도록 설계되어 있어 (예비)고령자들의 도심 회귀를 재촉하는 이유가 되고 있다. 예를 들면 노후 공동주택의 대부분은 5층 규모의 중층으로 엘리베이터가 설치되지 않았으며, 다마 신도시가 구릉지에 건설되어 고저차(高低差)가 심하기 때문에 노인들은 이동에 불편을 겪고 있다. 다마 시와 도쿄 도는 신도시의 재생을 위해 이러한 문제점을 조사해 검토보고서를 작성하고 오래된 대규모 주택단지에 대한 재생 가이드라인을 제시하고 있다(多摩市, 2012; 東京都, 2012).

이 같은 사례를 볼 때 분당 등 1기 신도시지역의 주택 역시 무장애주택으로의 전환을 위한 지원과 리모델링 등의 대안 마련이 필요하며, 공동주택 건설 시 무장애주택 요건을 강화하는 방안이 요구된다. 무장애형 주택과 주거단지의 조성은 이미 진행되고 있는 고령화에 대한 대응 방식이 될 것이다. 아울러 세대구분형의 도입을 통해 사회적 혼합을 유도하는 것은 고령화의 방지 및 세대 간 커뮤니티 형성에 기여할 수 있다. 또한 에너지효율형 주택으로 전환을 유도해 저성장시대에 부응하는 주거환경의 조성도 필요하다.

(2) 적절한 사회적 혼합의 지역커뮤니티 형성

국민임대주택단지인 시흥능곡지구[17]의 주민은 서울·안산·부천 등 수도권의 다양한 지역에서 이주했고 평균적으로 30~40대 고학력계층, 정규직, 화이트칼라 직종, 월평균소득 250만 원대라는 중산층적인 특성을 보이고 있다. 그러나 가구주의 직업이 무직이거나 불안정한 고용 형태와 직업 유형을 보이는

---

17 시흥능곡 국민임대주택단지 1단계 2008년, 2단계 2009년 준공, 3단계 2013년 준공, 5,755호, 1만 7,265명, 국민임대주택 비율 총호수 대비 52.4%.

저소득가구 비율이 3분의 1 이상을 차지하고 있다(≪시흥저널≫, 2011.9.16). 임대주택가구가 전체 가구의 52.4%를 차지하는 지구 특성상 국민기초생활보장 수급자의 비율, 노인인구 비율, 중증장애인 비율도 다른 지역에 비해 상대적으로 높게 나타나 능곡지역 전체 주민의 계층적 특징이 양극화되는 경향을 보이며, 이로 인해 복지 수요가 높고 주민 간 갈등이 예상된다.

이렇듯 임대주택과 분양주택의 비율이 유사하면 공간에 대한 분리압력이 높으며 임대주택 비율이 높을 경우 낙인화의 원인이 되므로, 임대주택이 일반 주거지 내에서 구분되지 않으려면 분양주택 비율보다 낮은 비율로 건설하는 것이 바람직하다. 계층 간 갈등을 유발하지 않는 범위 내에서 임대주택의 혼합 방식을 적용해 사회적 통합을 유도하는 것이 필요한데, 지구 내 전체 주택 중 임대주택 비율은 40% 정도가 최대인 것으로 조사되었다.[18]

국민임대주택단지는 국민임대주택을 40~50% 이상 건설하도록 되어 있었으나, 이후 보금자리주택지구로 정책이 바뀌면서 임대를 목적으로 공급하는 보금자리주택[19]이 주택지구 전체 주택 호수의 35% 이상으로 하향 조정되었다. 그러나 보금자리주택지구가 특정 시·군을 중심으로 대규모 단지로 조성됨에 따라 임대주택이 주택재고의 20% 이상을 차지하는 것으로 나타나고 있다. 예를 들어 하남시는 2010년 기준 주택재고 4만 4,000호 중 임대주택 비율이 6.9%이나, 하남 미사, 하남 감일·감북 등에 보금자리주택사업이 집중되어 있어 이 사업이 계획대로 이루어진다면 총주택재고 11만 5,000호 중 임대주택이

---

18 천현숙 외(2009)의 설문조사에 따르면 혼합 비율은 주민은 27.9%, 전문가는 37.7~40.0%가 적절하다고 생각한다.

19 보금자리주택은 국가 또는 지자체, 한국토지주택공사, 지방공사가 국가 또는 지자체의 재정이나 국민주택기금을 지원받아 건설 또는 매입해 공급하는 주택으로서, 「보금자리주택 건설 등에 관한 특별법」에 의해 임대를 목적으로 매입해 공급하는 주택 및 분양을 목적으로 공급하는 국민주택 규모 이하의 주택을 말한다.

표 4-4 ┃ 택지개발사업 유형별 임대주택 비율

구분	지구명	지구면적 (천 m²)	건설호수 (호)	공동주택		
				계	분양(공공)	임대
1기 신도시	산본	4,203	41,974	98.6	80.0	20.0
	중동	5,456	41,435	97.7	82.9	17.1
국민임대	시흥 능곡	962	17,265	93.1	40.6	52.5
	안산 신길	813	4,566	97.3	43.8	53.5
	부천 범박	466	2,307	93.0	29.1	63.8
보금자리	고양 원흥	1,287	8,601	97.5	62.4(39.2)	35.2
	하남 미사	5,463	35,138	98.3	61.9(33.8)	36.4
	남양주 진건	2,490	16,632	97.5	60.7(35.6)	36.9
	시흥 은계	2,011	12,890	98.3	61.9(37.3)	36.3

자료: 각 지구별 고시자료 재작성.

24.4%를 차지할 것으로 예상된다. 이로 인해 향후 하남시는 저소득층 지원을 위한 재정 부담의 가중이 우려되며, 또한 지역갈등과 각종 사회문제의 발생을 예상해볼 수 있다.

일례로 다마 신도시의 주택 공급은 공단의 분양과 임대, 공사의 분양과 임대, 그리고 도영주택의 공급이 대부분을 차지한다. 주구 한 개에 도영과 공단 임대와 분양, 공사 임대와 분양이 혼재하고 있는 것이 표준적인 배치이다. 그러나 실제로는 공영주택 지구, 공단임대주택 지구, 분양아파트 지구 등이 편향되어 있다. 그중에서도 도영주택이나 도시가구의 임대가 집중하는 지구에서는 고령화율이 전체적으로 높아지고, 커뮤니티의 구성에도 영향을 미치고 있다. 다마 시 도요가오카 5정목(丁目) 지구에서는 공단의 임대주택이 집중되고 있다. 이 지구의 고령화율은 2000년 기준 19%로 일본의 17.2%보다 높게 나타난다. 이와 반대 양상을 보이는 지역은 1998년에 시작된 와카바다이의 민간분양 아파트 개발 지역으로, 세대 중심은 30대 후반의 매우 젊은 세대로 구성되어 있

그림 4-4 ┃ 다마 신도시 지구 특성에 따른 인구구조 차이

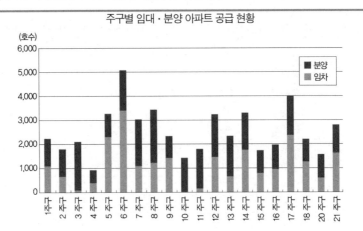

주구별 임대 · 분양 아파트 공급 현황

지구별 연령 특성(2000년 국세조사)

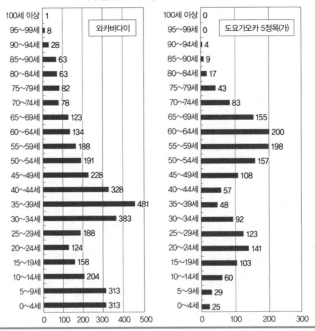

다. 이와 같이 다마 신도시의 인구 구성은 개발 시기나 사회적인 배경에 따라 그 성격의 차이가 크며, 시가지의 형태와 커뮤니티의 모습도 다른 모습을 보이고 있다.

지구 및 지역 내 임대주택단지의 비중도 중요한 문제이지만, 지구 내에서 임대주택단지의 구분된 배치는 커뮤니티 형성에도 문제를 야기한다. 국민임대주택단지의 저소득층 집단화에 따른 문제를 해소하기 위한 방안으로 보금자리주택 업무처리지침에서는 동일 단지 내 서로 다른 주택 유형을 혼합해 배치하도록 하는 등 자연스러운 교류를 유도하기 위한 사회적 통합 방안을 제시하고 있다. 그러나 과거 국민임대주택단지에서 나타나던 것과 마찬가지로 보금자리주택지구에서도 여전히 주택 유형별로 물리적 구분에 따른 배치가 이루어지고 있다. 주택 규모의 혼합은 임대·분양 유형별 구분 내에서 일부 이루어지고 있으나 임대와 분양주택의 구분은 여전하다.

다음 사례에서 보는 바와 같이 고양 원흥 보금자리주택지구의 경우 주택 규모는 60m² 이하 주택과 60~85m² 주택을 단지별로 혼합 배치했으나 주택 유형별로는 영구·국민임대단지, 분양주택단지, 장기전세·분납임대·10년임대단지를 모두 분리해 배치하고 있다.

해외 사례에서는 민간사업자의 신개발 시 일정 비율의 임대주택 건설을 유도하고 이에 대해 인센티브를 적용하고 있다. 미국은 사회통합을 위해 개발자들이 시장가격 이하의 주택을 일정 부분 포함하도록 하는 내용의 계층혼합형 지역제[20]를 운용하고 있고, 저소득층을 위한 MTO(Moving to Opportunities)[21]를

---

20 계층혼합형지역제는 개발자들이 시장가격 이하의 주택을 일정 부분 의무적으로 포함하도록 하는 것으로, 최소 개발 규모가 50호 이상이며 이 중 저렴한 주택의 의무 비율이 6.25~15.0%이고 의무 기간은 10~20년이다. 계층혼합형지역제 프로그램의 주요 구성 요소는 최소 의무 비율, 목표집단, 저렴한 주택 의무 기간, 비용상쇄장치/개발자에 대한 인센티브,

그림 4-5 ┃ 국민임대주택단지와 보금자리주택지구의 물리적 구분 사례

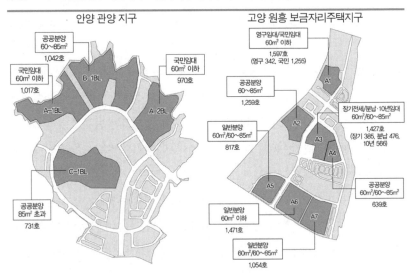

안양 관양 지구

고양 원흥 보금자리주택지구

- 국민임대주택단지사례: 안양 관양 지구(총 3,919호/국민임대 1,987호)
  - 임대주택(국민임대) 단지와 분양주택(공공분양) 단지의 분리 배치
  - 공공분양의 경우 규모별 구분 배치
- 보금자리주택지구사례: 고양 원흥 보금자리주택지구(총 8,601호/영구·국민임대 1,597호)
  - 영구·국민임대단지, 분양주택단지, 장기전세·분납임대·10년임대단지가 모두 분리 배치
  - 주택 규모는 혼합 배치

자료: 이외희(2011).

통해 주거지 내 사회적 혼합을 유도하고 있다. 또한 영국도 광역정부에서 주택 혼합을 위한 지역 방향을 설정하고 지방정부에서 이를 고려해 계획을 수립토 록 하고 있다.[22]

상업용지 개발과 연계 제도, 대체비용 지불 방안(사업지역 내 저렴한 주택의 공급이 불가 능한 경우) 등이 있다(천현숙 외, 2009).

21 미국은 1964년 이후 MUD(Development of Housing and Urban Development)가 MTO 운 동을 전개하며 저소득층 집단거주지에 대해 일반거주지로의 이주를 촉진하고, 최하위 소 득계층에는 임대료 보조를 통해 주거지 내의 사회적 혼합을 유도하고 있다(박신영 외, 2009).

저소득층이 지구 내에서 분리되어 나타나는 문제를 해소하기 위해서는 더욱 적극적인 물리적 혼합 방안이 필요한데, 단지보다는 블록 내에서 주택 유형, 주택 규모별 혼합이 가능하도록 유도하는 방안을 고려할 수 있으며, 유형·규모별 영역이 명확히 구분되지 않도록 배치해 설계하는 것이 바람직하다. 또한 주민 간 교류가 원활할 수 있도록 단지의 부대복리시설을 단지 내부 또는 동선 상에 계획·배치하는 등 좀 더 효과적인 설계지침을 제시하는 것이 필요하다. 물리적 혼합 외에도 여러 소득계층이 거주할 수 있도록 입주자격 다양화, 세대 간 통합 도모, 공동체 육성 프로그램 창출, 혼합단지 관리 규약 마련 및 법 개정을 통한 프로그램 개발 유도 등 다양한 사회통합 프로그램이 필요하다.

소득 기준 외에 다양한 입주자격 기준을 마련하면 여러 계층이 혼합될 수 있어 자연스러운 계층 간 통합을 유도할 수 있을 것으로 사료된다. 그뿐만 아니라, 그동안 지속되어왔던 '소형주택=저소득층 주택'이라는 부정적 인식을 전환할 수 있을 것으로 기대된다. 영유아, 장애인, 고령자 및 1·2인가구의 젊은 세대를 위한 보육시설·편의시설 확대, 단지 내 복지시설을 활용한 주민커뮤니티 활성화 방안을 마련하는 것 역시 계층 간 통합에 기여할 수 있을 것이다. 그 외에도 혼합단지에서 입주 후 나타나는 관리 문제나 주민 간 갈등을 해소하기 위

---

22 사회혼합 커뮤니티의 특성은 임대·가격·가구특성(1인가구, 노인가구, 자녀가 있는 가구) 등을 수용할 수 있는 다양한 주택의 유형을 제공하는 것이다. 지방정부는 LDD(Local Development Districts)에 저렴한 주택의 비중, 가구특성별 비중, 저렴한 주택의 규모와 유형을 제시하고, 사업자는 가구특성을 반영한 일반주택(market housing) 건설계획서와 저렴한 주택에 대한 계획은 규모와 유형을 포함해야 한다. 단지(site) 단위에서는 일반 주택과 저렴한 주택의 비율을 적용하며, 임대·가격·가구특성에 따른 혼합이 이루어져야 한다. 저렴한 주택을 포함해야 하는 주택 건설 규모의 전국적 기준은 15호 이상이나 지역 특성에 따라 최소 기준 변경이 가능하다. 사업자가 저렴한 주택의 공급을 용이하게 할 수 있도록 오프사이트(off-site) 건설이나 부담금으로 대체 가능하다(Dept. of Communities and Local Governments, 2011.6).

한 방편으로 관리규약 및 법규와 같은 제도적 장치를 마련하는 것도 필요하다.

3) 농촌지역의 다양성 제고

(1) 농촌지역 특화를 통한 지역의 활력 증대

한국이 저성장 추세에 진입하고 있으나 기본적으로 소득 상승, 평균수명 증가, 주5일제 도입, 웰빙과 건강에 대한 관심 증대로 여가생활과 먹을거리에 대한 수요가 증대하고 있다. 더욱이 베이비부머 세대의 퇴직이 시작되고 도로교통망과 인터넷 등의 통신망이 확장되면서 여유롭고 건강한 노후를 원하는 전원생활 수요도 다양해지고 있다. 이러한 도시민의 수요에 대응할 수 있는 곳으로 부상하는 곳이 농촌지역이다. 농촌지역의 자연환경은 도시민이 경험하기 어려운 경관적 가치를 내포하고 있으며, 농촌의 다양한 생태자원은 체험공간과 최근 주목받는 로컬푸드로서 활용 가치가 높다. 또한 도시지역에서 점점 사라져가는 공동체적 가치가 비교적 잘 보존된 지역이기도 하다. 새로운 지역개발 패러다임으로 자리 잡은 '지속가능성'과 관련된 요소들을 두루 보유한 것이다.

이 같은 자원을 바탕으로 최근 농어촌지역은 산업 및 휴가공간으로 자리 잡아가는 추세이다. 관광자원으로서 각종 체험마을을 비롯해 슬로푸드마을 등의 특화마을이 조성되고 있으며, 주말농장의 경우 최근 주목받는 도시농업을 도시 근교의 교외지역에서 적용하는 형태로 활용할 수 있다. 또한 로컬푸드에 대한 수요는 지역의 특화산업으로 육성할 경우 높은 수익 창출을 기대할 수 있는 부문이기도 하다.

실제로 농촌관광 총량을 살펴보면, 2003년 984만 일에서 2012년 1,505만 일로 증가했고, 농촌관광 경험횟수도 증가하는 추세이다. 농촌관광 시장 규모

표 4-5 ┃ 농촌관광 이동총량 및 경험횟수 변화

(단위: 천 일, 천 회, %)

구분		2003	2004	2009	2011	2012
이동총량	농촌관광	9,844	7,523	13,024	14,003	15,052
	국내여행	-	-	375,341	286,948	264,423
	농촌관광 비율	-	-	3.5	4.9	5.7
경험횟수	농촌관광	2,442	2,512	4,009	4,419	5,950
	국내여행	-	-	219,586	156,594	141,621
	농촌관광 비율	-	-	1.8	2.8	4.2

주: 2011년까지 자료는 농촌진흥청 조사 결과. 2012년은 예측치.
자료: 김용렬·박시현(2013).

역시 2011년 2,884억 원에서 2012년 2,953억 원으로 늘었으며, 2012년 농촌관광 경험자의 53.8%는 농촌관광의 목적과 동기를 주로 휴식과 휴양으로 인식했다.

농촌지역을 예술·문화공간으로 활용하는 사례도 늘고 있다. 농촌지역의 유휴공간, 예컨대 창고·빈집·폐교 등을 리모델링해 창작 공간으로 전환하는 방식이 대표적인데, 폐교를 활용한 평창 감자꽃스튜디오, 양곡창고를 활용한 완주 삼례 문화예술촌 등이 그 사례이다. 창작 스튜디오 같은 경우 예술인들이 장기간 머물 수 있는 거주공간을 함께 마련하기도 하는데, 이를 통해 농촌지역의 상주인구와 인적 네트워크를 함께 확보할 수 있다는 장점도 기대할 수 있다.

이 같은 농촌지역의 특화 및 사회서비스 확보는 최근 몇 년간 농촌지역에 사회적기업이 자리 잡기 시작하면서 더욱 활발해지고 있다. 사회적기업은 취약계층에 대한 일자리를 비롯한 각종 사회서비스를 제공하고, 지역주민의 삶의 질 향상 등을 목적으로 하는 기업[23]으로 인적·물적 자원이 부족하고 복지 전달 체계가 미흡한 농촌지역에서 더 높은 효용성을 발휘할 수 있다. 농촌지역의 사

■ 양평군 농촌체험마을 사례
- 도곡리 질울고래마을, 신론리 외갓집체험마을, 양수리 과수마을, 동오리 산천마을, 고송리 마들가리마을, 내리 산수유마을, 수능리 생태건강마을 등 20여 개의 체험마을 운영
- (사)양평농촌나드리 사이트를 통해 관련 정보 제공

도곡리 질울고래마을-물놀이　　양수리 과수마을-농작물 수확　　동오리 산천마을-민물고기 잡기

자료: (사)양평농촌나드리 홈페이지.

■ 폐교활용 창작공간 조성 사례
- 감자꽃 스튜디오
 - 폐교된 평창 동부오리마을 노산분교 건물을 리노베이션해 2004년 복합문화공간으로 조성
 - 전시관·스튜디오·도서관 등을 갖추고 있으며, 음악회, 국악·클래식·밴드 교육 등 문화예술 교육프로그램을 운영, 마을축제 개최

자료: (좌2면)감자꽃스튜디오 홈페이지; (우1면)일, 청년을 만나다 블로그.

회적기업은 지역을 기반으로 기업 활동과 관련한 네트워크를 구축하고 있으며, 상품·서비스의 생산에 필요한 원재료의 공급, 생산한 상품·서비스의 판매에서 지역과의 전후방 연계 효과가 크고, 지역의 일자리 창출에도 기여하는 것으로 평가받고 있다(오대원 외, 2010).

23　「사회적기업육성법」에서는 사회적기업을 취약계층에게 사회서비스(교육, 보건·복지, 보육, 환경, 문화·예술·관광 등의 서비스) 또는 일자리를 제공하거나 지역사회에 공헌함으로써 지역주민의 삶의 질을 높이는 등 사회적 목적을 추구하면서 재화 및 서비스의 생산·판매 등 영업 활동을 하는 기업으로 규정한다.

그러나 아직까지는 농촌지역 재생을 위한 정부와 지자체의 지원정책에 사회적기업의 생성과 활동을 의존하는 경우가 많아 지속가능성을 확보하기 위한 노력이 필요하다. 기업인과 참여 주민에 대한 교육, 컨설팅을 통해 조직 운영의 전문성을 갖추도록 지원해야 하며, 더욱더 안정적인 생산과 수요, 그리고 효과적인 복지 전달 체계를 확보하기 위한 지역 간 네트워크의 구축도 필요하다. 무엇보다 지역 특성에 맞고, 지역 자원을 효과적으로 활용할 수 있으며, 해당 지역이 지속적으로 필요로 하는 서비스를 제공할 수 있는 사업모델을 채택하는 것이 중요할 것이다.

(2) 귀농 · 귀촌 인구의 유입으로 농촌 정주 기반 확대

한국의 인구이동률은 상대적으로 높아 태어난 곳에서 거주하는 사람의 비율이 7.8%이며 20세 이상은 4.2%에 지나지 않는다. 특히 베이비부머 세대인 50대는 3.8%이며, 30~40대는 3.4%로 더 낮은 것을 알 수 있다.[24] 자녀가 결혼, 직업 등의 이유로 독립해 부부세대만 거주하고 있거나 은퇴한 부부인 경우 이주의 가능성이 높은 편이다. 대부분 혈연이 없는 지역에 거주하고 있어 정주의식이 희박하기 때문에 다른 살기 좋은 곳이 있다면, 이주는 비교적 쉽게 이루어질 수 있을 것이다. 박기출(≪한국경제≫, 2013년 10월 7일 자)에 의하면 서울 및 광역시 거주자의 44%가 은퇴 후 옮기고 싶은 지역으로 현재 거주지 근처의 중소도시를, 22%는 현재 거주지 근처의 농어촌을 선택했다. 전원생활을 희망하는 사람의 상당수가 50대 베이비부머이다.[25] 베이비부머의 약 80%는 농촌 출생이기에 유년의 기억으로 은퇴 후 시골에서 생활하기를 원한다. 2009년을

---

24   통계청(2010), 「국내인구 이동통계」.
25   삼성생명은퇴연구소에서 서울과 광역시 거주자 2,000명을 대상으로 조사(2011년 기준).

그림 4-6 ┃ 연도별 귀농가구 수 추이 변화

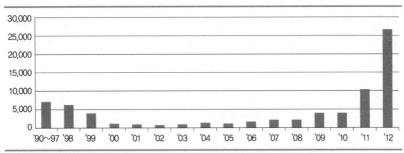

자료: 농림축산식품부(각 연도), 「행정조사」.

전후해 1955년생 베이비부머 은퇴가 시작되고 있으며, 도시에 비해 낮은 은퇴
자금 소요 등의 이유로 귀농·귀촌을 선택하고 있다(최윤지 외, 2012: 4에서 재인
용).[26] 특히 이러한 베이비부머 수는 2010년 기준 712만 5,000명으로 전국 인
구 4,941만 명의 14.4%에 해당된다.[27] 실제 귀농·귀촌 인구수는 매년 증가하
고 있다. 귀농·귀촌 가구는 외환위기가 있던 1998년 6,409가구로 전년 대비
2.5배 증가했고, 그 후 감소세를 나타내다가 최근 경제위기와 베이비부머 은
퇴 등에 따라 2011년 1만 503가구로 전년 대비 1.6배 증가했다.[28]

선진국에서도 베이비부머 은퇴시기에 귀농·귀촌이 증가한 것으로 나타나
는데 일본, 미국, 영국 등에서는 1990년 이후 트렌드로 자리 잡았다(최윤지 외,
2012: 2). 일본은 단카이세대(1945~1947년생, 베이비부머 세대)를 중심으로 한 귀
농 열풍으로 2000년 이후 연간 6만 명이 꾸준히 귀농했으며, 현재 도시민 중
42.5%가 퇴직 후 농촌 이주를 희망하고 있다. 미국은 1990~2000년 사이 베이

---

26 도시에서 은퇴자금은 약 2억~2억 5,000만 원, 농촌은 1억~1억 5,000만 원 필요(연금소
    득 월 80만 원 기준).
27 통계청(2010), 「장래인구추계」 기준 산정.
28 농림축산식품부(각 연도), 「행정조사」.

비붐 세대의 농촌지역 거주인구가 110만 명 증가했고, 2020년까지는 160만 명이 더 증가할 것으로 전망되며, 고학력 젊은 세대를 중심으로 각박한 도시생활을 벗어나고자 농업을 선택하는 경우가 많은 것이 특징이다.

한국의 귀농·귀촌은 2001년 880가구를 시작으로 2011년 1만 503가구, 2012년 2만 7,008가구로 해마다 꾸준히 증가하고 있다. 따라서 귀농·귀촌 활성화를 위한 제도 정착 및 귀농·귀촌 가구 수의 확대를 위한 노력이 필요하다. 농림축산식품부는 2017년까지 매년 귀농·귀촌 3만 호 달성을 목표로 귀농·귀촌종합센터 설치, 직업별 특성에 맞는 맞춤형 귀농·귀촌 교육 확대, 정착을 위한 재정 및 세제 지원 확대, 법적 지원 근거 및 지자체 행정체계 정비 등 제도 개선을 추진하고 있다. 이와 함께 2013년에는 귀농창업실습형 16개 과정, 귀촌창업실습형 16개 과정, 귀농창업합숙형 4개 과정 등 29개 기관에서 36개 과정을 통해 총 3,000명을 목표로 수요자 맞춤형 창업교육을 추진할 계획이다. 하지만 귀농·귀촌 가구가 2012년 2만 7,008가구 4만 7,322명임을 고려하면 여전히 부족한 실정이다.

특히 농촌의 고령화를 완화하고 농업 기반을 유지하기 위해서는 젊은 층에 대한 지원을 더 늘릴 필요가 있다. 40~50대가 귀농·귀촌 인구의 주류를 이루고 있지만, IMF 외환위기 이후 30대 이하의 비중이 크게 높아진 사례가 있으며, 글로벌 금융위기 직후인 2009년에도 30대가 58.9%, 40대가 26.2%로 30~40대가 80% 이상을 차지했다(이수행 외, 2012). 경기침체가 이어지고 있는 최근에도 다시 30대 비중이 높아지고 있다. 앞으로 저성장시대가 지속되어 도시지역의 일자리가 줄어들고 농업이 새로운 고부가가치산업으로 대두되면, 농촌지역을 찾는 20~30대는 더욱 늘어날 것으로 예상되어 이에 대한 대비가 필요할 것으로 사료된다.

선진국들 역시 최근 농업 노동의 세대교체를 위해 40세 혹은 45세 이하의 귀

그림 4-7 | 귀농·귀촌 가구 연령별 비율 현황

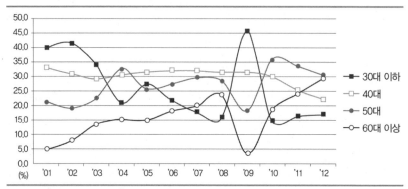

자료: 농림축산식품부(2013), 「귀농·귀촌인통계」.

농인을 유입할 수 있도록 지원을 확대하고 있다. 일례로 일본은 젊은 층의 귀농
을 유도하기 위해 '신규취농종합지원사업'과 같이 40세 이하의 귀농인에게 준
비기간과 독립기간을 정해 매년 급여 형태의 보조금을 지원하고 최소 일정 기
간(보조받은 기간의 1.5배) 동안 자영농으로 종사 의무를 부여하고 있다(김윤성,
2012). 따라서 한국에서도 젊은 층의 농촌 유입을 통해 농촌의 고령화에 대응하
고 농촌에 활력을 유지할 수 있도록 지원이 필요하다.

4) 농촌 쇠퇴지역의 정비

(1) 마을 기능의 재분배

농촌지역의 고령화는 더욱 빠르게 진전되고 있다. 그 예로 2010년 면부의
고령인구 비율은 27.8%로 읍부의 13.5%, 동부의 9.2%보다 높게 나타나고 있
다. 이러한 추세는 시간이 지날수록 더 크게 벌어질 것이다. 그리고 농촌지역의
인구도 계속 감소하고 있으며, 농촌지역의 빈집 역시 2000년 24만 3,000호에

표 4-6 **행정리별 농가 수 현황**

(단위: 호)

구분		총행정리 수	농가 있는 행정리 수	1~9	10~19	20~29	30~39	40~49	50 이상
2005	전국	-	35,534	3,044	8,002	9,345	6,726	4,002	4,415
	읍부	-	7,491	1,111	1,553	1,733	1,191	822	1,081
	면부	-	28,043	1,933	6,449	7,612	5,535	3,180	3,334
2010	전국	36,498	36,027	4,099	10,361	9,499	5,807	3,096	3,165
	읍부	8,212	8,020	1,359	2,142	1,847	1,114	670	888
	면부	28,286	28,007	2,740	8,219	7,652	4,693	2,426	2,277

자료: 통계청(각 연도), 「농림어업총조사」.

서 2010년 33만 7,000호로 39.0% 증가했다. 특히 20호 미만의 과소 마을도 점 차 늘어나는 등 인구 감소에 따라 농촌지역의 마을 규모가 축소되는 현상이 지 속되고 있다. 2005년 읍면지역의 행정리 중 20호 미만의 과소 마을은 2005년 1 만 1,046개소에서 2010년 1만 4,460개소로 늘어났다. 10호 미만의 과소 마을 도 2005년 3,044개소에서 2010년 4,099개소로 증가했으며 면부에서 급증한 것을 알 수 있다.

농어촌인구의 감소와 고령화는 지역의 활력 감소와 지역공동체 붕괴를 가 져올 수 있다. 또한 주민의 이동성이 낮아져 의료·복지 등 공공서비스의 혜택 을 받기가 점점 더 어려워질 수 있다. 공공의 입장에서도 공공서비스의 효율을 고려할 때 적정한 공급량을 산정하기가 쉽지 않다.

따라서 농촌지역은 마을 특성에 따라 선택적인 정비가 필요하며, 지역 내부 의 기능을 집중시킬 필요가 있다. 기존의 기반시설과 커뮤니티 시설 등의 복합 과 연계, 축소, 조정 등이 고려될 수 있다. 예를 들면 농촌의 마을 단위 마을회관 과 경로당이 기초적인 복지서비스를 담당하고, 문화복지회관 등 더 많은 배후 인구를 필요로 하는 시설은 읍면 단위의 주요 거점을 통해 복지·문화·교육 서비스를 담당하는 것이다. 지역 특성에 따라 기능의 복합화도 유도할 필요가 있다. 또한 배후마을 주민이 거점에 해당하는 읍면 소재지로 더욱더 원활하게 접근할 수 있도록 '커뮤니티 버스'와 같은 프로그램을 운영하는 방안 등도 모색해야 한다. 배후마을 주민의 인적 구성에 고령층이 많아 이동성이 떨어지는 점을 감안하면 접근성을 제고할 수 있는 방안과 적절한 공공시설의 배치가 매우 중요하다.

읍면 소재지는 도시적 생활양식이 사실상 정착되어 있는 지역으로, 도시지역과 농촌지역을 연결하는 결절지로서의 기능을 담당하기에 적합하다. 따라서 읍면 소재지에 여러 기능을 집적시켜 농촌 정주생활권의 거점으로 육성하고 장기적으로 도시 - 읍면 소재지 - 배후마을로 이어지는 체계를 구축하는 것이 바람직하다. 생활서비스 배치는 시설 종류에 따라 중심지 위계별로 적절히 배분하는 것이 필요하다.

마을의 규모를 유지할 수 있는 방안으로 다양한 직업군의 도시민 유입을 유도해 특화마을을 조성하거나, 문화·예술과 같은 새로운 요소를 마을에 부여해 활력을 띠도록 하는 방안도 가능할 것이다. 빈집을 활용해 귀농·귀촌을 위한 임시 장소 제공 등 상주인구를 높이는 노력도 필요하다. 최근 행정안전부를 비롯해 각 지자체별로 농촌지역의 빈집 정보를 제공하고 귀농·귀촌 인구로 하여금 활용하게 하는 정책을 운영 중이다.

(2) 농촌공동체 활성화

만혼과 이혼이 증가하면서 1인가구가 최근 몇 년 사이 크게 증가하고 있다. 2005~2010년 사이 약 30% 이상 증가한 것으로 나타나는데, 이러한 추세는 앞으로 더욱 가속화될 전망이다. 더욱이 개인주의 성향 강화와 인적 네트워크의 약화 등으로 점점 다른 사람과 단절된 생활양식이 사회에 보편화되고 있다.

이 같은 상황에서 1인가구의 증가는 최근 일본에서 사회문제로 제기되는 이른 바 '무연사회(無緣社會)'의 도래를 예고하고 있다. 무연사회란 혈연 및 지연관계와 단절되어 홀로 생활하는 것을 말하며 모든 1인가구가 잠재적인 대상이 될수 있다. 특히 고령 1인가구의 경우 고독사와 같은 형태로 문제가 더욱 심각하게 나타날 수 있다. 한국의 경우 65세 이상 노인 1인가구 수가 2010년 현재 약 100만 명으로 이 중 읍면지역에 거주하는 농촌 고령 1인가구는 44만 명인 것으로 나타나고 있다.[29] 특히 도시지역 1인가구 중 고령 1인가구 비율은 19.3%인 반면 읍부는 34.8%, 면부는 58.0%로 농촌지역에서 고령 1인가구가 매우 높은 비중을 차지하고 있다. 때문에 이에 대한 대책으로 농촌지역사회 공동체의 유지·복원이 필요한 실정이다.

한국의 중고령자 의식조사에 따르면 친구·이웃 등 비가족적 관계가 가족관계보다 노인 건강에 더 긍정적인 영향을 주는 것으로 조사되었다(김민혜, 2010). 따라서 가족의 해체가 점차 보편화되고 있는 현 시점에서 향후 취약계층의 지역사회 네트워크를 강화하는 정책은 가족 해체에 따른 문제점을 보완하는 하나의 대안이 될 수 있다.

농촌지역의 경우 방치되는 빈집을 독거노인의 주거 안정과 고독사 방지를 위해 그룹홈[30]으로 활용하거나 매입·전세임대주택 공급 물량 중 일부를 그룹홈 물량으로 농어촌지역에 배정하는 방안 등을 모색해볼 수 있다. 또한 비영리 조직에 빈집 구입자금 또는 개보수 비용을 융자하는 방안도 고려할 수 있다. 2010년 인구주택총조사에 따르면 전국 농어촌지역(읍면지역)의 빈집은 33만

---

29 통계청(2010), 「인구주택총조사」.

30 그룹홈은 소규모 시설 또는 장애인이 공동으로 생활하는 가정이다. 사회생활에 적응하기 어려운 아동·청소년·노인 들을 각각 소수의 그룹으로 묶어 가족적인 보호를 통해 지역사회에 적응할 수 있도록 도와주는 프로그램이나 제도를 말한다.

7,000호이며, 이 중 15만 4,000호가 1년 이상 방치되고 있는 실정이다.

농촌 노인을 위한 그룹홈은 코하우징(Co-Housing)[31]의 일종이라 볼 수 있다. 코하우징은 고립된 노인세대, 독신자, 한부모가족에 더 나은 주거환경을 제공하고 극단적인 개인주의화의 보완과 맞벌이 부부의 일상적인 가사노동을 경감하고자 1970년대 북유럽을 중심으로 형성되었던 것으로, 현재 유럽·미국·일본 등에서 활성화되고 있는 새로운 주거 형태이다. 최근 영국에서도 고령자를 위한 주택을 지역사회 내에 조성하는 코하우징사업이 이루어지고 있다(손은경, 2012). 한국의 한부모가족, 맞벌이 부부, 노년층을 상대로 이루어진 조사에서 코하우징 형태의 주거양식이 도입된다면 거주하고 싶다는 응답 역시 높게 나타났다(한주희 외, 2005; 최정신, 2007).

또한 최근 농촌지역의 공동거주제가 농어촌의 홀로 사는 노인을 위한 새로운 복지 대안으로 이용되고 있다. 공동거주제는 독거노인을 대상으로 공동취사 및 생활이 가능한 노인공동주거시설을 제공하는 것으로 노인의 심리적인 안정뿐 아니라 생활비·난방비·안전 문제 등에서도 현실적인 대안으로 주목받고 있다. 일례로 금산군의 경우 2012년 경로당 및 개인주택 등을 활용한 '공동보금자리'를 마련했으며, 김제시·의령군 등 여러 지자체에서 이와 같은 제도를 활용하고 있다.

---

31 코하우징은 다양한 계획공동체 중에서 현대사회의 고립된 가족생활의 단점을 보완하고 가족친화적 주생활을 추구하고 있다. 개인 사생활은 보호되며 공동생활을 함께 영위해가는 주거단지로, 주민이 개발계획부터 적극적으로 참여하며 공동체의식을 촉진시키는 설계와 개별주택을 보완하는 커먼하우스(common house) 시설을 갖추면서 공동경제는 없는 것이 특징이다(최정신, 2009).

참 고 문 헌

감자꽃스튜디오 홈페이지(http://www.potatoflower.org/).

건설교통부. 2001. 『국토이용 및 계획에 관한 법률안 입법참고자료집2』.

국토교통부 · LH. 2012. 「도시계획현황」.

국토해양부. 2010. 「2010년도 주거실태조사」.

국토해양통계누리. 2012. 「택지지구리스트」.

김경덕 외. 2012. 「농업 생산 · 경영 구조의 변화와 전망」. 한국농촌경제연구원.

김경덕 · 홍준표 · 임지은. 2012. 「귀농 · 귀촌 사회적 편익 분석 연구」. 한국농촌경제연구원.

김민혜. 2010. 「한국 중고령자의 사회적 연결망이 건강에 미치는 영향」. 서울대학교 석사학위논문.

김상조. 2013. 「비도시지역의 체계적 관리방안에 대한 소고」. ≪부동산포커스≫, 61호.

김용렬 · 박시현. 2013. 「2012년 농촌관광 수요와 시장 규모」. ≪KRH 농정포커스≫, 47호. 한국농촌
경제연구원.

김윤성. 2012. 「최근 귀농 · 귀촌 현황과 지원 방향」. ≪NHERI 리포트≫, 제177호. 농업경제연구소.

김진범 외. 2010. 「인구 감소에 대응한 바람직한 도시정책 방향」. 국토연구원.

김현수 외. 2009. 「2기 신도시 건설의 중간평가와 개선 방안」. ≪도시정보≫, 통권 332호. 대한국토 ·
도시계획학회.

농림수산식품부. 2010. 「농림수산식품 주요통계」.

농림축산식품부. 각 연도. 「행정조사」.

_____. 2013. 「귀농 · 귀촌인통계」.

≪동아일보≫, 1993.6.2.

박세훈 외. 2012. 「인구구조 변화에 따른 국토 · 도시공간의 재편과 정책 방향」. 국토연구원.

박신영 외. 2009. 「보금자리 영구임대주택의 공급 및 관리 운영방안」. 주택도시연구원.

박종철. 2011. 「인구 감소시대의 축소도시계획 수립 방안」. ≪한국지역개발학회지≫, 23권 4호.

손은경. 2012. 「고령화시대, 주요국 사례를 통해본 주택시장 변화점검」. ≪CEO REPORT≫. KB금융
지주경영연구소.

≪시흥저널≫. 2011.9.16. "능곡지구 사회복지 욕구 어떻게 해결할까?".

양평농촌나드리 홈페이지(http://www.ypnadri.com/).

오내원 외. 2010. 「농촌지역 활성화와 일자리 창출을 위한 사회적기업 육성방안 연구」. 한국농촌경제
연구원.

윤정중 외. 2012. 「수도권 1기 신도시 도시성 분석을 위한 데이터베이스 구축 및 지표개발」. 토지주택
연구원.

e-나라지표(http://www.index.go.kr). 「국내인구이동통계」.

_____. 「유형별 재고주택 현황」.

이수행 외. 2012. 「한국 농업의 새로운 트렌드-귀농 · 귀촌」. ≪이슈&진단≫, 42호, 경기개발연구원.

이외희. 2011. 「보금자리주택사업 정책 전환에 따른 경기도 대응방안」. 경기개발연구원.

_____. 2012. 「경기도 비도시지역의 관리와 정비 방안」. 경기개발연구원.

_____. 2013. 「경기도 인구구조별 사회경제적 특성과 도시정책 과제」. 경기개발연구원.

일, 청년을 만나다 블로그(http://hiddenwork100.tistory.com/entry/).

천현숙 외. 2009. 「보금자리주택단지의 사회적 혼합 방안 연구」. 국토연구원.

최윤지 외. 2012. 「귀농 손자병법」. ≪RDA Interrobang≫, 53호, RDA 농촌진흥청.

최정신. 2007. 「한국인 50대 노인용 코하우징 고유공간과 공동활동에 대한 선호」. ≪한국주거학과 논
    문집≫, 18권 1호.

_____. 2009. 「가족친화적 생활커뮤니티의 실현」. 한국가정관리학회 추계학술대회.

통계청. 2010. 「장래인구추계」.

_____. 각 연도. 「시계열 인구」.

_____. 각 연도. 「인구주택총조사」.

_____. 각 연도. 「농림어업총조사」.

≪한국경제≫. 2013.10.7. "'고령자 친화'디자인으로 내집 리모델링부터".

한국산업단지공단 공장설립 온라인 지원시스템(http://www.femis.go.kr/femispo/main.jsp).

한주희 외. 2005. 「맞벌이 가족을 위한 코하우징의 제안」. ≪대한가정학회지≫, 43권 11호.

多摩市. 2012. 「多摩ニュータウン再生に係る調査・検討報告書」.

東京都. 2012. 「多摩ニュータウン等大規模住宅団地再生ガイドライン」.

北浪健太郎 外. 2003. 「多摩ニュータウン第2世代の居住地移動に関する研究」. ≪都市計劃論文集≫,
    Vol.38 No.3.

政府統計の總合窓口(http://www.e-stat.go.jp).

Dept. of Communities and Local Governments. 2011.6. PPS3(Housing).

U.S. Census Bureau. 2012. Current Population Survey, 2012 Annual Social and Economic
    Supplement.

Watabe et al. 2003. Analysis on the Recent Population Change of Japanese Cities. EAROPH
    Nagasaki Seminar on September 9, 2003.

제5장

수요자 대응형 주택정책으로

1. 성장시대의 주택정책

지난 반세기 동안 한국의 주택정책은 '공급 확대'를 위해 존재했다고 해도 과언이 아닐 것이다. 사실 지난 시절 한국은 심각한 주택난을 겪었다. 주택은 절대적으로 부족했고 수요는 넘쳐 집값은 하루가 다르게 뛰었다. 그 당시 주거 수준 또한 매우 열악해, 1980년대만 해도 목욕시설이 있는 집이 전체의 10%에 지나지 않았다. 이 같은 문제를 해소하기 위해 당시 정부는 새로운 주택을 더 많이, 그리고 빨리 공급하는 것을 최우선 과제로 여겼다. 즉, 정부의 주택정책은 주택의 절대부족 해소를 최우선 목표로 설정하고 주택 공급 확대를 가장 중요한 방법으로 사용했다는 것이다. 공급 확대와 더불어 신규주택 공급 확대를 통해 중산층 이상 계층에 자가주택 거주 기회를 늘리는 자가촉진정책을 추진했다. 선분양제·국민주택기금·「택지개발촉진법」과 같은 정책 수단이 만들어져 공급을 촉진시켰고 토지공사와 주택공사의 역량을 키워 공급 확대의 첨병으로 삼았다. 이 같은 공급 확대를 통해 주택시장과 가격 안정을 도모하고 간접적으로 주거환경 향상을 기대했으며 신규주택 공급에 따른 필터링 효과를 통

그림 5-1 ┃ 기존 주택정책의 기조와 결과

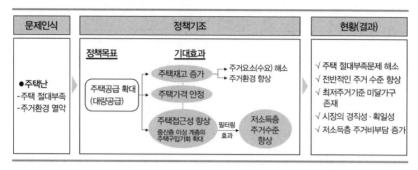

해 저소득층의 주거 수준을 향상시키고자 하는 기조를 가지고 있었다.

그 결과 2010년 현재 주택보급률은 100%를 넘어서, 양적인 안정세를 보이고 있으며 주거 수준도 전반적으로 향상되었다. 현재 국민 대다수가 따뜻한 물로 목욕하며 추위 걱정 없이 겨울을 날 수 있게 된 것도 이 같은 노력 덕분이다. 하지만 이런 긍정적 효과 뒤에는 저소득층의 주거불안정 심화와 주택시장의 경직성 등의 문제가 여전히 존재한다. 이 문제들은 기존 방식으로는 해결하기 어려워 정책의 대전환이 필요하다.

2. 여건 변화

1) 주택 수요 감소와 다양화

(1) 양적 안정과 인구 증가 둔화

40년간 지속된 공급확대정책으로 1995년 86%이던 전국 주택보급률은 2010년 101.9%로 증가해 양적 안정세를 유지하고 있는 반면, 주택 수요에 큰

110   제2부 저성장시대의 도시

그림 5-2 ┃ 연평균 인구증가율 추이

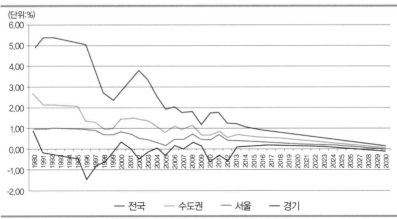

자료: 통계청(2012), 「장래인구추계」.

영향을 미치는 인구는 크게 증가하지 않았다. 전국의 인구증가율은 1990~2000
년대까지 9.7%를 유지했으나, 2000~2010년 5.1%로 감소했으며, 2010~2020
년 4.1%, 2020~2030년 1.4%로 감소[1]할 것으로 전망된다. 또한 합계출산율[2]
은 1980년 2.82에서 2010년 1.23으로 감소했다. 특히 2009년 합계출산율은
1.15로 OECD 국가 중 최저 수준을 기록했다. 이는 뉴질랜드(2.14), 미국(2.01),
프랑스(1.99), 영국(1.94), 노르웨이(1.94)에 비해 반 정도의 수준에 지나지 않는
다(OECD, 2011). 이 같은 출산율은 2030년에도 1.41[3]로 추정되어 출산율이 증
가하지 않는 한 인구 증가는 둔화할 것으로 전망된다.

이 같은 수요 감소에도 불구하고 공급확대정책의 관성은 과잉공급의 우려
를 불러오고 있다. 이미 수도권은 2000년대 초반부터 택지지구 등이 과다하게

---

1   통계청(2012), 「장래인구추계」.
2   15~49세 여성 1,000명당 출산율.
3   통계청(2012), 「장래인구추계」.

지정되어 수급에 미스매치가 발생하고 있다. 경기도의 경우 2012년부터 2020
년까지 주택 수요는 83만 7,000호로 전망되지만 같은 기간 택지 개발에서만
100만 호의 계획물량이 있어 수요 초과가 예상된다. 이러한 과잉공급 기조는
미분양 증가 등 이미 여러 가지 부작용을 가져오고 있다. 향후 과다하게 계획된
택지개발사업들이 실행된다면 매년 수요를 초과하는 공급과잉 현상은 지속될
것으로 우려된다. 따라서 공급확대 정책을 전환해 감소하는 수요에 대응하는
주택공급정책을 마련해야 할 시점이다.

(2) 소득계층, 세대별로 다양화되는 주택 수요

최근 변화하고 있는 소득 및 가구구성 등으로 인해 새로운 주택 유형이나 주
택 교체에 대한 요구가 증가하고 있다. 하지만 공급되는 주택 대부분이 고층아
파트로 획일화되고 있어 변화하는 수요에 대한 대응 방안 마련이 필요하다. 경
기도의 경우, 지난 5년간 공급된 주택의 76%가 아파트로, 이 같은 결과를 변화
시키기 위해서는 수요자의 선택권을 제한하는 공급 구조를 우선적으로 바꿔야
한다고 본다. 이는 신도시, 중대형 아파트 위주의 공급정책의 전환이 필요하다는
것을 의미한다. 이제부터 1·2인가구 증가, 고령화에 따른 도심 내 중소 규모 공동주
택 공급을 확대하고 교외 단지형 단독주택, 타운하우스 등 새로운 주택 유형에 관심
을 가질 필요가 있다.

한편으로 고용불안정, 유럽발 재정위기, 가구구조 변화, 보보(BoBo)족[4] 증가
등 경제적·사회적 변화로 구매보다 임대 선호 계층이 확대될 것으로 전망된다.
경기도의 경우, 자가점유율과 자가보유율의 격차가 2005년 5.8%에서 2010년

---

4   보헤미안 부르주아(Bohemian Bouregeois)는 물질적 실리와 정신적 풍요를 동시에 누리는
     신흥 소비계층을 가리키는 용어로 부르주아(Bouregeois)와 보헤미안(Bohemian)의 합성어
     이며 약자로 보보(BoBo)라 칭한다.

그림 5-3 ┃ 경기도 주택 유형 및 점유형태

주택 유형별 공급 비율(2007~2011)

- 일반단독
- 다가구단독
- 아파트
- 연립주택
- 다세대주택

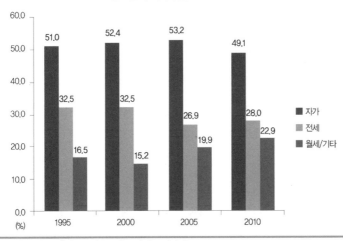

연도별 주택의 점유 형태 변화

- 자가
- 전세
- 월세/기타

자료: 통계청(각 연도), 「인구주택총조사」; 경기도 내부자료.

9.4%로 증가해 임차가구, 특히 월세가구의 증가가 두드러지게 나타나고 있다.

이 같은 임대시장의 변화는 주택시장의 안정세로 가속화될 것이라 전망된다. 최근 전세가격 상승세는 과거처럼 주택이 절대적으로 부족하거나 IMF시기와 같이 단기적 시장회복 차원에서 나타난 현상이 아니다. 오랫동안 지속된 전세가격 상승세는 매매차익이 사라지며 금리가 내려가는 상황에서 나타난 당연한 결과로, 시장침체가 시작된 2007년 이후 주택을 구입한 전세공급자가 견인차 역할을 했다고 추정된다. 향후 매매가격이 크게 오르지 않는다면, 전세가격이 저렴하게 유지되기는 어려울 것이다. 한편으로 상승하는 전세가격이 매매가의 80%에 접근할수록 세입자의 매매 전환과 집주인의 월세 전환은 가속화될 것이다. 이는 전세제도가 더는 유지되기 어렵다는 것을 의미한다. 이제부터 전세에서 매매로의 전환이 증가하고, 이미 진행되고 있는 월세 주택의 증가 속도 역시 더욱 빨라질 것으로 보인다. 쇠퇴하는 전세제도를 인위적으로 유지시키기보다는 자가와 월세로 이원화된 새로운 주택시장에 관심을 둬야 할 시점이라고 판단된다.

(3) 공공임대주택 정책의 한계

공공임대주택이 전반적으로 저소득층의 주거 수준을 향상시키고 주거 안정을 가져왔음을 부인하기 어렵다. 하지만 현재 추진되는 공공임대주택정책은 지역적 편중 현상을 심화시키고 수요자의 접근성에 한계를 나타내고 있다.

2012년 말 기준, 수도권에 공급된 국민임대주택은 21만 9,000호로 이는 전국 재고(45만 5,000호)의 48.0% 수준이다. 이 가운데 74.5%인 16만 3,000호가 경기도에 집중되어 있는 반면, 서울시와 인천시는 각각 13.5%(2만 9,000호)와 12.0%(2만 6,000호)를 보유하는 데 그쳐 지역적 편중이 심각함을 알 수 있다. 이 같은 문제는 저소득층의 이주와 이로 인한 지역 간 수급 불균형 및 비용 전가 문제로 이어질 수 있다. 향후에도 건설이 용이한 지역을 중심으로 공공임대주택이 공급된다면 이 문제는 더욱 심각하게 나타날 것으로 예견된다.

한편 상당수 저소득층에게 공공임대주택은 여전히 그림의 떡일 수밖에 없다. 이는 한정된 재고 때문이기도 하지만 적지 않은 임대료의 문제이기도 하다. <그림 5-4>에서 보는 것과 같이 수도권 1권역[5]에 공급되는 국민임대주택에

그림 5-4 ┃ 수도권 국민임대주택 입주가능 소득 추정

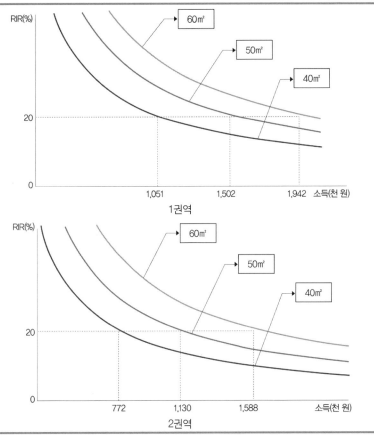

주: 경기도 428개 사례를 대상으로 권역별, 면적별 m²당 전환임대료를 산출해 유형별 임대료 및 입주가
   능소득 추정
   — m²당 전환임대료=(임대보증금×전월세전환율/12+월임대료)/전용면적
   — 전월세전환율=근로자서민전세자금대출 이율 4.0%
   — 면적유형별 임대료=m²당 전환임대료×전용면적
   — 입주가능소득=면적유형별 임대료/20%
자료: 봉인식 외(2013).

---

5   1권역: 수도권 지역 중 과밀억제권역 및 인구 50만 명 이상 도시.
     2권역: 1권역 이외의 수도권 지역(국토해양부고시 제2005-367호).

부담 없이 입주하기 위해서는 최소 100만 원 이상의 소득이 필요하며, 50m² 이상 주택에 입주하기 위해서는 150만 원 이상 필요하다고 추정된다. 다시 말해 이보다 적은 소득을 버는 가구는 사실상 입주가 어렵다는 것이다. 특히 비닐하우스·고시원 등 비주택에 거주하는 주거 취약계층에는 공공이 제공하는 임대주택이 더 멀게만 느껴질 것이다.

따라서 기존 공공임대주택 위주의 주거지원정책의 한계를 인식하고 이를 보완할 수 있는 새로운 정책 마련이 필요하며, 지불 능력이 매우 낮은 주거 취약계층을 위한 별도의 주거 대책 마련이 요구된다.

2) 주택시장 침체 장기화

2008년 이후 주택시장은 침체 국면에 있으며, 향후에도 단기간 내 시장회복을 기대하기 어려울 것으로 전망된다.

경기도의 경우, 2008년 6월 3.3m²당 주택가격은 1,021만 원에서 2012년 6월 937만 원으로 7.4% 하락했으며 2012년 10월 기준 주택거래는 전년 대비 36.7% 감소했다. 또한 민간 분양주택의 평균 입주 기간이 지속적으로 늘어나고 있으며 입주율도 하락하고 있다. 민간 분양주택의 평균 입주 완료 기간은 2005년 7.8개월에서 2011년 9.0개월로 지속적인 증가세를 보이는 한편, 2005년 90%선을 나타내던 평균 입주율은 지속적으로 감소해 2011년에는 70%선으로 하락하고 있다는 것이다.

또한 과거와는 다르게 미분양주택이 크게 증가하고 있다. 특히 택지 개발 등 주택 공급이 많은 수도권 미분양주택 비율이 크게 증가하고 있으며 이들의 대부분이 경기도에 위치한다. 준공 후 미분양주택은 쉽게 소진되기 어려운 악성 미분양으로서 경기도의 경우, 2007년 1,300호 정도에서 2011년 8,200호로 7

그림 5-5 ┃ 경기도 분양주택 입주 기간과 입주율 변화

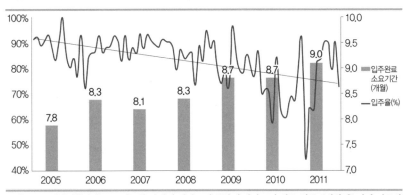

주: 1) 2004년 6월부터 2012년 3월 사이에 경기도에 분양된 아파트의 최초 입주 6개월 후 시점 기준의
    입주율.
  2) 2011년 입주소요 기간은 2012년 8월 현재 입주 중인 주택도 포함해 산정.
자료: 봉인식 외(2012).

배 증가했으며 2007년 1.7%뿐이던 준공 후 미분양주택 비율은 2011년 8.9%
로 급상승했다. 비수도권 지역을 중심으로 미분양주택이 소진되고 있으나 수
도권 지역의 미분양주택 감소는 더디게 진행되고 있다. 이 같은 결과는 어찌 보
면 당연하다고 볼 수 있다. 시장이 수요와 공급에 의해 결정된다면 최근의 시장
상황은 과거의 관성으로 줄어들지 않는 공급에 비해 수요는 지속적으로 감소
하기 때문에 나타난 현상으로 볼 수 있기 때문이다.

한편, 크게 나아지지 않는 가계경제는 향후 주택경기에 악영향을 미칠 것으
로 보인다. 2008년 금융위기 이후 소득 증가는 둔화된 반면, 물가는 지속적으
로 상승해 실질소득 증가는 미미했다. 가계대출이 증가하며 소득은 크게 늘지
않는 상황에서 주택과 같은 고가의 자산구매력은 저하될 것으로 보인다. 특히
저출산과 고령사회 진입으로 인한 생산가능인구의 감소로 한국은 2030년 이
후 경제성장률이 OECD 최하위권인 1%에 그칠 것으로 전망되며(OECD, 2012)

이는 주택 수요 감소와 부동산 시장 침체를 장기화시킬 것으로 예상된다.

3) 주택정책에서 중앙정부 역할 감소

주택이 절대적으로 부족하던 시기에는 중앙정부 주도의 강력한 추진이 불가피했지만 현재는 주거공간의 지역성과 다양성이 좀 더 중요한 시기라고 보인다. 주택정책, 특히 공급정책은 크게 여섯 가지 질문을 통해 그 내용적 사항을 도출할 수 있다. 즉, 누가(공급주체), 어디(주택 공급 또는 정비에 대한 공간적 범위), 어떤(주택 유형, 점유 형태 등), 얼마나(공급 또는 정비 물량), 누구에게(공급대상), 어떻게 (법제적·재정적·기술적 수단)이다. 이 같은 내용을 만드는 데 중요한 역할을 하는 주체는 크게 중앙과 지방정부로 구분할 수 있는데, 현재 국내 주택정책은 중앙정부 중심으로 추진되고 있다. 지방정부도 계획을 수립하고 사업을 추진할 수는 있으나 실제적으로 매우 제한적인 것이 현실이다. 하지만 향후에는 다음과 같은 이유에서 지방정부가 주도적으로 수립하고 추진하는 것이 바람직하다고 판단된다.

첫째는 주택문제가 이제 양적인 문제가 아니며 과거와 달리 지방정부의 능력도 향상되었다는 것이다. 주택문제가 심각하게 나타나기 시작한 1960년대 후반에는 행정력, 재정력, 기획 및 집행능력 등을 감안해 중앙정부가 주택을 건설하고 공급한다는 데 큰 이견이 없었다. 즉, 주택정책은 중앙정부의 고유 권한처럼 인식되었으며 이 같은 기조는 지방자치화가 된 1990년대 이후에도 이어지고 있다. 이로 인해 지방에 대한 불신과 지방이 주택 부문의 계획 및 집행 능력을 키울 수 없는 구조 - 중앙정부 정책에 순응하며 인허가 등 단순업무처리에 집중된 - 가 고착화되었다고 보인다. 하지만 주택이 양적으로 안정된 현재, 과거와 같이 중앙정부가 주도적으로 대량의 주택을 건설하고 공급할 시급성이 사라지고 있으며 지방도 정책 수립, 집행 및 관리 능력, 재원 마련 능력 등과 관련된 업무 수행 능력이 향상되었다. 따라서 부족하더라도 지방의 능력을 향상시킬 수 있도록 국가정책이 지원되는 것이 바람직하다.

둘째는 주택의 근본적인 특성과 관련된다. 다시 말해 주택시장은 지역성과 하위시장의 특성을 띠고 있으며 주택이라는 상품은 근본적으로 불교환성(non-tradable), 지역성이 있다는 것이다. 따라서 효과적인 주택정책은 이 같은 특성을 잘 반영해야 한다. 하지만 중앙집권적인 주택정책은 지역성과 하위시장의 특성을 반영하는 데 한계가 있을 수밖에 없다. 또한 주택시장의 특성을 무시한 중앙집권적 주택정책은 주택 유형, 주거공간의 획일화 현상을 유발할 가능성이 매우 높다. 따라서 지자체가 각 지역적 특성을 고려한 다양한 계획과 기준을 마련하는 것이 바람직하다.

셋째는 도시계획을 수립하는 지자체에 주택계획에 대한 모든 권한을 부여해 도시경쟁력을 강화해야 한다는 것이다. 주택은 도시를 구성하는 매우 중요한 요소이며 주거공간은 도시공간의 질을 좌우한다. 이는 곧 지자체의 경쟁력을 결정하는 중요한 부분이다. 다시 말해 지자체의 도시정책 성공 여부는 주택정책과 밀접한 연관이 있으며, 지자체가 도시계획 및 정책을 수립하고 운영한다면 주택계획 및 정책 또한 지자체에 의해 수립되고 운영되어야 한다. 따라서 도시공간에 대한 전반적인 정책과 계획 권한을 지자체에서 행사한다면 도시공간의 일부분인 주거공간에 대한 권한도 지자체가 가지는 것이 자연스럽고 효율적이다.

넷째는 경제정책으로서 주택정책의 역할이 축소되고 있다는 것이다. 지금까지 주택정책은 국가 거시경제정책의 수단으로 활용되었으며 이로 인해 주택수급 문제가 중앙정부의 중요한 경제정책 이슈로 자리 잡고 있었다. 이는 경제 규모와 구조가 취약했던 시절에는 가능했다고 보인다. 하지만 경제가 고도화되고 선진화될수록 금융업·첨단산업 등 고부가가치 산업으로 무게중심이 이동하며 주택과 같은 건설업 비중은 점차 낮아질 수밖에 없다. 현실적으로도 경제 고도화와 선진화에 따라 국민총생산(GNP)에서 건설업 비중은 지속적으로 감소해 GDP 대비 건설투자율은 1990년 25.1%에서 2011년 13.5%로 감소했으며 GDP 대비 주택건설투자율도 같은 기간 9%에서 3%로 급감했다. 따라서 주택산업을 통해 경기를 부양하려는 정책기조는 지양해야 하며 주택이 거시경제정책의 수단으로 사용되는 것도 바람직하지 않다고 판단된다.

다섯째는 대부분의 선진국에서도 지방정부 중심의 주택정책 추진체계를 운영하고 있다는 것이다. 일본은 지방분권추진 일괄 법으로 대부분 도시주택정책 권한을 지방으로 이양했으며 중앙집권적 국가인 프랑스도 주택정책은 지자체 주도로 추진하는 구조이다. 캐나다는 연방정부에 주택과 관련된 부처를 두지 않고 주정부와 시정부가 정책을 수립하고 운영하고 있다.

결론적으로 현재와 같이 중앙정부가 물량 위주의 계획을 수립하고 지역별로 배분하는 방식은 바람직하지 않으며 중앙정부는 방향 제시와 재정적 부분에 중심을 두고 지방정부는 지역적 시장을 고려한 구체적인 공급 및 관리계획을 수립하는 체계로 전환하는 것이 필요하다.

3. 향후 정책 방향

1) 수요자 중심 공급체계 마련

수요자 중심의 공급체계 마련을 위해 우선적으로 「택지개발촉진법」, 「보금자리주택 건설 등에 관한 특별법」, 「도시개발법」 등 신규 개발 관련 제도를 일원화해 중앙집권적 공급 중심의 하향식이 아닌 지역 중심의 계획체계로 전환시킬 필요가 있다. 특별법에 의한 중앙정부 주도의 대규모 택지개발사업은 미분양주택의 증가, 특정 지역에 과잉공급, LH의 자금 문제, 기존 주민과의 갈등, 지자체와의 마찰 등으로 향후 제도적 체계의 대전환이 필요하다. 개발과 관련된 여러 제도적 장치의 단순화, 즉 공공개발과 민간개발 장치를 각각 한 가지로 단일화하며 국가 혹은 상위계획의 대규모 사업과 민간개발사업이 시·군의 계획에 따라 개발이 이루어질 수 있도록 제도적 연계 정비가 따라야 할 것이다. 단기적으로는 과잉공급 문제를 해소하기 위해 공공의 택지 개발과 보금자리사업 등에 대한 구조조정 추진을 고려해볼 수 있다.

분양제도 역시 대대적인 개편이 필요하다고 보인다. 선분양제도는 주택이 절대적으로 부족하고 건설금융시장이 취약하며 주택가격이 상승하던 시기, 건설업체의 자금 확보에 유리했던 제도이다. 즉, 주택재고가 충분하고 수요가 감소하는 등 시장의 근본적인 변화를 감안하면, 후분양제 도입과 같은 분양제도 전반에 대한 재검토가 가능한 시점이라고 보인다. 후분양제가 도입된다면 건설업체는 2~3년 후의 주택 수요를 예측해 건설물량을 결정하게 되어 미분양 등 사업리스크를 최소화할 수 있을 것이다. 그리고 수요자는 건설 기간 동안 발생할 수 있는 각종 위험 부담을 책임지는 구조에서 탈피하고 양질의 주택을 직접 보고 선택할 수 있을 것이다.

2) 저소득 임차가구 등에 대한 맞춤형 주거복지정책 추진

저소득층을 위한 공공임대주택은 건설 방식을 축소하고 매입 방식을 확대하는 방향으로 추진하는 것이 바람직하다. 왜냐하면 매입 방식은 건설 방식에 비해 비용 효과적이며 수요자의 기존 생활권 유지도 가능하기 때문이다. 따라서 신규 공공임대주택 건설 감소분에 따른 국민주택기금 여유분으로 기존 주택을 매입해 공공임대주택으로 활용하는 것이 필요하다고 보인다. 보금자리주택 공급 시행 이후 최근 3개년 평균 융자·출자금은 약 8조 원으로, 이 중 25%인 2조 원 규모의 기금을 활용한다면 연간 1만 호 정도의 매입이 가능하다고 판단된다. 즉, 37조 원(2012년)의 국민주택기금을 활용해 연 1만 호 이상 기존 주택(미분양·미입주 주택, 하우스푸어 주택 포함)을 매입할 수 있다는 것이다.

이와 더불어 일정 자격 기준을 만족하는 가구에는 임대료의 일정 부분을 지원하는 방식인 주거급여제도를 확대해 임대료 부담 완화와 공공지원의 형평성 향상을 유도할 필요가 있다. 주거급여 방식은 공공임대주택과 달리 가구 또는 개인이 부담 가능한 주택을 일자리·교육·대중교통 등을 고려해 자유롭게 선택할 수 있다는 장점이 있다. 또한 이를 통해 시장기제적 접근으로 민간임대주택 산업 활성화 역시 기대할 수 있을 것이다.

한편, 안정적인 민간임대 공급과 관리를 위해 민간임대 관리회사를 육성해 증가하는 임대수요에 대응할 필요가 있다. 민간임대회사가 임대주택의 건설 또는 매입을 위해 기금 지원, 조세 감면 등 공공의 재정적 혜택을 받는다면 이 주택에 대해서는 공정임대료를 적용하는 방안도 가능하다.

3) 수요 변화에 대응하는 새로운 주택계획

향후 주민들이 전면 철거식 개발보다 현 상태를 유지하고 일부 주택을 개량하는 점진적 개선을 선호한다면 기반시설과 공동이용시설의 확충, 주택 개량과 신·증축 지원 등 중앙정부의 지원프로그램을 패키지화시켜 생활환경을 개선하는 방식을 생각해볼 수 있다. 또한 철도 역세권 등 대중교통 집결지의 개발밀도를 상향시키는 토지를 더욱 효율적으로 이용하는 정책 추진도 필요하다.

기존 시가지의 역세권은 도시정비사업, 지구단위계획, 국공유지 효율화사업 등을 통해 토지이용의 고도화를 유도하며 공용주차장 등 국공유지에 대해서는 공공임대주택, 노인복지시설, 아동양육시설을 공급해 효율적으로 토지를 이용하는 방안을 고려해볼 수 있다. 이를 통해 1·2인가구를 위해 도심 내 중소형 주택 공급을 확대하고 고령자와 장애인 등을 위한 무장애주택과 복지서비스가 연계된 주택 공급도 가능하다고 보인다. 또한 기반시설은 양호하나 건물이 노후화되고 있는 신도시 등에서 아파트 리모델링사업을 통해 교체 수요에 대응하며 토지를 효율적으로 사용하는 방식도 생각해볼 수 있다.

한편으로 단독주택과 타운하우스 등 새로운 주택 유형에 대한 수요가 늘어나고 있는 점을 감안하면, 주택 유형을 다양화시킬 수 있는 방안 마련이 절실하다. 이를 위해 기존 아파트 위주의 택지 개발 대신 단독주택, 타운하우스, 중층 (7층) 유럽식 아파트 등으로 구성된 주거단지를 대도시 인근에서 시범적으로 추진하는 것을 고려해볼 수 있다.

4) 신(新)재원 발굴을 통해 새로운 주택정책을 위한 재정 확충

새로운 주택정책을 추진하려면 신재원의 발굴은 매우 중요하다. 우선 고려해볼 수 있는 재원은 국민연금금이다. 2001년 말 국민연금금의 운용금액은 349조 원으로 국내 GDP의 29.2%에 해당되며 68.2%를 채권에 투자하고 있다. 국민연금금은 사회적 공공자본의 성격을 띠고 있어 주거복지 재원으로 활용 가능하다고 보인다. 즉, 지방정부 또는 공공시행자가 채권을 발행해 임대주택 공급, 노후주거지 재생 등 주택정책 재원으로 활용하거나 중앙정부나 지방정부가 추진하는 주거복지사업과 같은 특수목적사업에 직접 또는 위탁 투자하는 형식도 가능하다는 것이다.

공공임대주택 공급의 불균형과 이에 따른 지자체 간 재정적 불균형 해소를 위한 국가의 공공임대주택 균형기금 마련도 필요하다. 즉, 국가는 타 지자체로부터 이주한 입주자 수에 해당하는 세수 손실을 타 지자체에 징수하고 이를 기금으로 조성해 공공임대주택 소재 지자체에 배분한다는 것이다.

한편으로 취득세를 국세로 전환하고 지방소득세·법인세 등을 신설해 지방재정 건전성을 확보할 필요도 있다.

참 고 문 헌

국민연금관리공단 홈페이지(http://www.nps.or.kr/).
국토해양부. 2012. 「국민주택기금 업무 편람」.
국토해양통계누리 홈페이지(http://stat.mltm.go.kr).
보금자리주택 홈페이지(http://portal.newplus.go.kr/).
봉인식 외. 2012. 「주택거래 정상화, 미입주 미분양 해소에서 해법을 찾자」, ≪이슈&진단≫, 67호.
봉인식 외. 2013. 「새로운 주택정책의 패러다임: 양에서 질로, 공급에서 수요로, 하드에서 소프트로」. ≪이슈&진단≫, 83호.
부동산114 통계솔루션(REPS) 원자료 분석.
온나라부동산정보(http://www.onnara.go.kr/).
통계청. 2012. 「장래인구추계」..
_____. 각 연도. 「인구주택총조사」.

OECD. 2011. "Economic, Environmental and Social Statistics", *OECD Factbook*.
_____. 2012. "Looking to 2060: A global vision of Long-Term Growth. Economics Department."

제6장
교통시설 투자의 합리성 확보

1. 교통시설의 투자 추이

1) 교통시설의 투자 현황

도로 및 철도와 같은 사회간접자본(SOC)은 여객과 물류의 원활한 이동을 통해 경제성장과 국민후생을 증대시키는 매우 중요한 요소로 인식되어왔다. 특히 고속도로와 고속철도는 국가의 중추적인 교통망으로 경제성장과 지역균형 발전을 이룩하는 데 선도적인 역할을 수행한다. 그러나 고속도로의 쾌적성과 신속성 덕분에 고속도로 교통 수요는 계속 증가해왔지만, 자동차의 급증으로 인한 고속도로와 국도의 정체는 더욱 심각해졌다. 이와 같은 도로의 정체는 통행시간을 증가시킴으로써 제조업 부문의 경쟁력을 약화시킬 뿐만 아니라 국민 생활에 커다란 불편을 초래했다. 이에 따라 역대 정부는 교통시설 확충을 최우선 과제로 인식하고 고속도로와 고속철도, 공항, 항만시설 확충을 위해 노력해 왔다.

고속도로와 고속철도의 건설은 지역 간 통행에 소요되는 비용을 감소시켜 사람과 화물의 이동을 용이하게 만든다. 이러한 통행비용의 감소는 일정 지역의 토지이용과 산업구조 변화를 야기하며, 이에 따른 공간구조·경제구조의 변화를 유발한다. 지역 공간구조 및 경제구조의 변화는 새로운 교통 수요를 유발하고, 이에 따라 지속적인 지역발전을 유지하기 위한 새로운 교통시설의 개선이 이루어지는 순환과정을 거친다. 1990년대 중반까지는 부족한 재원을 효율적으로 이용하기 위해 교통정체가 심각한 지역을 중심으로 투자가 이루어졌으나 경제성장 중심축에 대한 투자가 어느 정도 이루어진 1990년대 후반부터는 낙후지역개발을 유도하기 위해 지역개발 차원에서 도로투자사업이 이루어졌다.

교통시설에 대한 투자는 통행시간과 통행비용을 절감하고 생산성을 향상시키는 효과가 있기 때문에 투자를 적극 추진해왔다. 그러나 교통시설은 건설에 장기간이 소요될 뿐만 아니라 초기 투자비중이 높고, 투자비 회수 기간이 길어 투자에 따른 불확실성과 리스크가 높은 특성이 있다. 최근 복지에 대한 수요 증대와 국가재정 여건의 악화에 따라 장기간 많은 예산이 투입되는 교통시설 건설에 대한 투자가 줄어드는 실정이다. 정부예산은 제약되어 있어 투자 효율을 극대화시킬 수 있는 교통시설사업을 추진하려면 적정 투자 규모 산정, 효율적인 투자사업의 선정이 중요하다.

한국은 1962년부터 추진된 경제개발계획에 따라 국도와 지방도, 시군도를 지속적으로 확충해왔다. 1968년 경인고속도로를 시작으로 1970년 경부고속도로 등 전국을 고속도로로 연결하는 사업이 추진되었는데, 1971년 655km뿐이었던 고속도로 연장이 2011년에는 3,913km로 6.0배 증가했다. 전체 도로 연장은 1971년 4만 635km에서 2011년 10만 5,931km로 2.6배 증가했다.

1971년의 경우 전체 도로에서 고속도로가 차지하는 비율이 1.6%였는데 2011년에는 3.7%로 증가했다. 도로포장률도 1971년에 14.2%에서 2011년에는 80.4%로 증가해 도로의 양적 공급뿐만 아니라 질적 수준도 크게 개선되었

표 6-1 ▎ 도로 유형별 연장 추이

(단위: km)

연도	고속도로	국도	지방도	광역시도	시·군도	총계	포장률(%)
1962	-	5,743	10,542	-	10,884	27,169	4.1
1971	655	8,146	10,760	5,661	15,413	40,635	14.2
1981	1,245	12,247	10,013	9,043	17,428	50,336	34.1
1991	1,597	12,114	10,643	12,717	21,016	58,088	76.4
1999	2,040	12,418	17,145	17,892	38,039	87,534	74.7
2006	3,103	14,224	17,677	17,738	49,319	102,061	76.8
2011	3,913	13,797	18,196	19,073	50,952	105,931	80.4

자료: 국토교통부(2012), 「도로업무편람」.

그림 6-1 ▎ 고속도로망의 변화

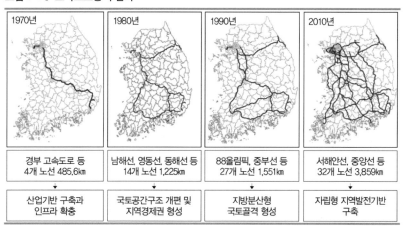

자료: 김종학(2013).

음을 알 수 있다.

철도는 도로에 비해 연장은 크게 증가하지 않았으나 2004년에 경부고속철도가 개통된 이후 전국이 반나절 생활권으로 개선되는 효과를 가져다주었다. 고속철도는 2005년 240.4km에서 2010년에는 368.5km로 1.5배 증가했으며,

표 6-2 | 철도 유형별 연장 및 복선화, 전철화율 추이

연도	고속철도 (km)	지역 간 일반철도			수도권 전철(km)	총계 (km)
		연장(km)	복선화율(%)	전철화율(%)		
1970	-	3,193.2	16.0	-	-	3,193.2
1975	-	3,144.0	17.9	13.2	-	3,144.0
1980	-	3,181.6	22.6	13.5	-	3,181.6
1985	-	3,120.6	24.5	11.8	-	3,120.6
1990	-	3,091.3	27.4	16.9	167.7	3,259.0
1995	-	3,101.2	28.4	17.9	219.7	3,320.9
2000	-	3,123.0	30.1	21.4	393.4	3,516.4
2005	240.4	3,151.6	35.4	45.2	469.7	3,861.7
2010	368.5	3,188.8	43.7	55.8	537.0	4,094.3

자료: 국토교통부(2011). 「철도업무편람」.

전체 철도 연장은 1970년 3,193.2km에서 2010년에는 4,094.3km로 1.3배 증가했다. 지역 간 철도의 복선화율은 1970년 16.0%에서 2010년 43.7%로 증가했으며, 전철화율은 1975년 13.2%에서 2010년에는 55.8%로 증가해 질적 수준이 크게 개선되었음을 알 수 있다. 수도권 전철은 2010년 537km로 전국 철도 연장의 13.1%를 차지한다.

교통시설 투자 규모를 살펴보면 중앙정부와 지방정부 예산, 공기업 자체 투자 및 민간투자를 모두 합했을 때 2004년에 28조 4,000억 원 수준에서 2012년에는 35조 3,000억 원 규모로 증가했다. 2009~2010년에는 4대강 사업 및 금융위기 극복을 위한 공공 부문 투자예산 확대로 인해 일시적으로 41조 2,000억~41조 7,000억 원으로 늘었다. GDP 대비 교통시설 투자 규모 비율은 2004~2012년 동안 3.19~4.20% 수준을 나타냈는데, 2009년에는 4.2%까지 투자비율이 증가했으나 2012년에는 3.19%로 낮아졌다.

그동안 중앙정부의 SOC 투자정책은 지역 간 교통시설 확충에 중점을 두어

표 6-3 ▎ 2004~2012년의 SOC 투자비율

(단위: 조 원, %)

연도	SOC(A)	GDP(B)	비율(A/B)
2004	28.4	832.3	3.41
2005	31.5	865.2	3.64
2006	32.3	910.0	3.55
2007	31.7	956.5	3.32
2008	34.5	978.5	3.53
2009	41.2	981.6	4.20
2010	41.7	1043.7	4.00
2011	39.7	1081.6	3.67
2012	35.3	1104.2	3.19

주: 1) SOC 투자 및 GDP는 2005년 기준 불변가격임.
  2) SOC=중앙정부 예산+지방정부 예산+공기업 자체 투자+민간투자(BTO/BTL).
자료: 국가재정운용계획 SOC(교통)분야 작업반(2013).

왔다. 2017년까지 호남선 고속철도 건설이 완료되면 지역 간 고속도로망과 고속철도망은 어느 정도 갖추어졌다고 할 수 있다. 수도권을 비롯한 부산·울산권, 대구권, 광주권, 대전권 등 5개 대도시권에 거주하는 인구가 2010년 기준 4,052만 명으로 전국 인구 4,799만 명의 84.4%를 차지하고 있다. 전국 간선교통망이 완료된 이후에는 대도시권 교통문제를 해결하기 위한 방안이 적극적으로 모색되어야 할 것이다.

2) 교통시설의 투자 효과

과거 교통시설이 제대로 갖춰지지 않았을 때에는 고속도로·철도 건설을 통한 통행시간 절감 효과가 매우 컸다. 고속도로 건설에 따라 지역 간 평균 이동시간이 5시간에서 3시간으로 40% 단축되는 효과를 나타내기도 했다(김종학,

표 6-4 ▌ 부문별 SOC 여객수송인원 추이

(단위: 천 인, %)

구분		2004(A)	2006	2008	2009	2010	2011(B)	B/A
수송 인원	공로	9,169,559	9,108,648	9,798,410	9,588,133	9,646,404	9,907,168	108.0
	철도, 지하철	2,954,634	3,049,106	3,160,849	3,202,665	3,334,012	3,477,379	117.7
	해운	10,648	11,574	14,162	14,868	14,312	14,266	134.0
	항공	18,893	17,181	16,990	18,061	20,216	20,981	111.1
	계	12,153,734	12,186,509	12,990,411	12,823,727	13,014,944	13,419,794	110.4
분 담 률	공로	75.4	74.7	75.4	74.8	74.1	73.8	97.9
	철도, 지하철	24.3	25.1	24.3	25.0	25.6	25.9	106.6
	해운	0.1	0.1	0.1	0.1	0.1	0.1	100.0
	항공	0.2	0.1	0.1	0.1	0.2	0.2	100.0

자료: 통계청(각 연도), 「교통부문수송실적보고」.

표 6-5 ▌ 부문별 SOC 여객수송인거리 추이

(단위: 100만 인km, %)

구분		2004(A)	2006	2008	2009	2010	2011(B)	B/A
수송인 거리	공로	83,216	97,854	104,152	100,617	79,440	112,910	135.7
	철도, 지하철	52,150	56,067	56,799	55,489	58,381	63,044	120.9
	해운	657	709	873	867	883	981	149.3
	항공	7,151	6,651	6,643	7,015	8,011	8,395	117.4
	계	143,174	161,281	168,467	163,988	146,715	185,330	129.4
분담률 (%)	공로	58.1	60.7	61.8	61.4	54.1	60.9	104.8
	철도, 지하철	36.4	34.8	33.7	33.8	39.8	34.0	93.4
	해운	0.5	0.4	0.5	0.5	0.6	0.5	100.0
	항공	5.0	4.1	3.9	4.3	5.5	4.5	90.0

자료: 통계청(각 연도), 「교통부문수송실적보고」.

2013). 교통망이 어느 정도 갖춰진 이후에는 개별 사업을 통해 통행시간 단축
효과를 나타내기가 매우 힘들다. 전국 여객수송인원을 살펴보면 2011년에

표 6-6 | OECD 국가별 도로현황

국가별 (자료기준 년도)	도로연장(km)		인구수 (천 명)	국토면적 (천 km²)	자동차대수 (천 대)	도로 전체 연장			고속도로 연장		
	총도로	고속도로				인구 1인당 (m/인)	국토 면적당 (m/km²)	차량 1대당 (m/대)	인구 1인당 (m/인)	국토 면적당 (m/km²)	차량 1대당 (m/대)
한국	104,983	3,776	48,747	99.83	17,325	2.15 (33위)	1,051.62 (19위)	6.06 (22위)	0.08 (22위)	37.82 (5위)	0.22 (19위)
일본	1,207,867	7,642	126,552	377.94	75,176	9.54	3,195.92	16.07	0.06	20.22	0.10
미국	6,545,839	75,643	307,687	9,831.51	246,283	21.27	665.80	26.58	0.25	7.69	0.31
영국	419,665	3,674	62,652	243.61	32,361	6.81	1,722.69	12.97	0.06	15.08	0.11
프랑스	951,260	11,240	62,445	549.19	37,435	15.23	1,732.11	25.41	0.18	20.47	0.30
독일	643,969	12,813	82,405	357.11	46,159	7.81	1,803.28	13.95	0.16	35.88	0.28
이탈리아	487,700	6,700	60,249	301.34	40,475	8.09	1,618.44	12.05	0.11	22.23	0.17
스페인	667,064	13,014	45,638	505.37	27,389	14.62	1,319.95	24.36	0.29	25.75	0.48
네덜란드	136,827	2,613	16,559	41.54	8,580	8.26	3,293.86	15.95	0.16	63.34	0.31

주: 1) 도로연장, 자동차 대수: IPF(world road statistic 2011, 2004~2009 자료),
　　인구수, 국토면적: 통계청(『국제통계연감』 2011 자료),
　　2011년 한국 자료: 국토해양부(『통계연보』 2011 자료)
　2) 독일의 경우 IRF와 국제통계연감 자료 간 차이가 많아 2011년 작성 시 독일통계청 자료를 활용
　　했으나, 2012년에는 차이가 없어 IRF 자료를 기준으로 작성함.
자료: 국토해양부(2012), 「도로업무편람」.

134억 1,979만 명이었으며, 이 중 공로(도로)가 99억 717만 명으로 73.8%, 철
도·지하철이 34억 7,738만 명으로 25.9%를 차지했다.

　여객수송인거리는 2011년에 1,853억 3,000만 인km였으며, 이 중 도로가
60.9%, 철도·지하철이 34.0%를 차지했다. 평균 통행거리는 도로가 11.4km,
철도·지하철이 18.1km를 차지해 철도·지하철이 도로에 비해 장거리 통행이
많은 것을 알 수 있다.

　3) OECD 국가의 교통시설 비교

　한국의 도로시설 공급 수준을 OECD 33개국과 비교해보면 인구 1인당 도로

표 6-7 ┃ OECD 국가의 철도 관련 지표

구분	기준 연도	전철영업거리 /총영업거리	국토면적당 총영업거리 (km/1,000㎢)	경작가능지면적당 총영업거리 (km/1,000㎢)	인구당 총영업거리 (km/천 명)
한국	2007	0.535(13)	34.0(16)	177.0(10)	0.07(27)
프랑스	2007	0.486	53.4	99.1	0.48
독일	2007	0.577	94.9	194.6	0.41
이탈리아	2007	0.704	55.4	109.2	0.28
일본	2006	0.609	53.0	411.2	0.16
네덜란드	2007	0.731	66.1	116.4	0.17
영국	2007	0.328	66.7	95.0	0.27
미국	2006	0.158('03)	23.5	52.0	0.75

자료: 국토교통부(2011), 「철도업무편람」.

연장 비율 및 차량 1대당 도로 연장 비율이 33위로 최하위를 차지하며, 국토면적당 도로 연장 비율은 19위를 차지하고 있다. 고속도로는 인구 1인당 도로 연장 비율이 22위, 국토면적당 고속도로 비율은 5위, 차량 1대당 도로 연장 비율은 19위로 고규격의 도로가 상대적으로 잘 갖춰져 있음을 알 수 있다.

철도의 경우 국토면적당 총영업거리는 33개 OECD 국가 중 16위 수준이며, 경작가능지 면적당 총영업거리는 10위, 인구당 총영업거리는 27위 수준을 나타내고 있다. 도로에 비해 철도시설의 공급 수준은 양호한 것으로 파악된다.

2. 교통시설 투자 여건의 변화

1) 교통시설 투자에 대한 패러다임 변화

교통시설의 지속적인 확충에도 자동차 이용이 급증해 교통혼잡비용은 계속

표 6-8 | 연도별 교통혼잡비용

(단위: 조 원)

구분		2003	2004	2005	2006	2007	2008	2009
혼잡비용	계(A)	22.8	23.1	23.7	24.6	26.5	26.9	27.9
	지역	9.1	9.1	9.1	9.1	9.7	9.9	10.3
	도시부	13.7	14.0	14.6	15.4	16.8	17.0	17.6
GDP(B)		767.5	826.9	865.5	908.7	975.0	1,027	1,065
GDP 대비(A/B, %)		2.97	2.80	2.74	2.71	2.72	2.62	2.62

자료: 국토해양부(2012), 「도로업무편람」.

늘어났다. 혼잡비용은 2003년 22조 8,000억 원에서 2009년 27조 9,000억 원으로 증가했다. 7대 도시지역(서울·부산·대구·인천·광주·대전·울산)은 17조 6,000억 원으로 63.1%를 차지하고, 기타 지역은 10조 3,000억 원으로 36.9%를 차지했다. 수도권의 교통혼잡비용은 2003년에 11조 8,000억 원으로 전국 교통혼잡비용의 51.8%를 차지했는데, 2007년에는 14조 3,000억 원으로 55.9%를 차지해 교통혼잡 증가를 알 수 있다.

GDP 대비 교통혼잡비용이 차지하는 비율은 2003년 3.14%에서 2009년 2.62%로 줄어들기는 했지만 미국보다 5배나 많은 상태이다. 그동안 교통혼잡비용이 GDP에 대비해 과도하게 높은 사실은 도로시설 확충 필요성의 근거를 제공해왔다. 그러나 기후변화 대응 등으로 인해 자동차를 위한 도로시설 확충보다는 철도시설 확충의 필요성이 증대되고 있다.

수도권 대중교통 이용객의 통행횟수는 일일 1,436만 통행이며, 시·도 경계를 넘나드는 통행은 294만 통행으로 20.5%를 차지하는 것으로 파악되었다. 대중교통 이용객의 평균 통행시간은 33.7분으로 파악되었는데, 이를 시간가치로 환산하면 일일 403억 원, 연간 12조 1,050억 원에 이르는 것으로 나타났다. 대중교통 이용객의 평균 통행시간을 30분으로 10%만 단축시켜도 연간 1조

2,105억 원의 통행 비용을 절감할 수 있는 것이다. 과거에는 고속도로 건설을 위한 논리로 도로 정체에 따른 교통혼잡비용을 많이 거론했는데, 이제는 대중교통 시설 확충을 위해 대중교통 이용자의 통행시간 단축을 통해 얻는 통행비용 절감 효과에 관심을 가져야 할 때이다.

대중교통 통행시간 단축을 위해서는 통행거리가 긴 대도시권 광역교통 이용객의 통행시간 단축이 필수적이다. 이를 위해서는 광역급행철도 건설뿐만 아니라 일반철도·광역철도의 급행 운행을 위한 시설 개선이 필요하다. 기존에 운영 중인 철도의 급행 운행은 사실상 많은 제약을 받으므로 건설 중인 철도의 급행 운행을 위한 대피선 확보를 적극 추진해야 한다. 환승시간을 줄이기 위해 광역버스의 편리한 환승체계 구축도 필요하다. 주요 환승지점에서 빠르고, 편리한 환승을 위한 시설 개선이 필요하다. 도심까지 진입하는 타 지역 광역버스를 부도심지역의 지하철역에서 환승시키면 차량 진입을 줄일 수 있으며, 광역버스의 배차 간격도 늘릴 수 있다. 대중교통 통행시간 단축을 위한 시설 개선 투자가 시급한 실정이다.

과거 교통시설은 경제발전을 견인하는 기반시설로 인식되었으나 최근 복지에 대한 예산지출 증가에 따라 교통시설에 대한 투자를 줄이고자 하는 것이 전반적인 추세이다. 미래 성장산업을 견인하는 교통시설의 역할은 지금도 유효하지만 앞으로의 교통시설 투자정책은 저출산·고령화와 같은 시대 변화와 저탄소 녹색성장이라는 새로운 패러다임에 맞게 추진될 필요가 있다. 선진국들 대부분은 최근 건설은 줄이고 유지관리는 늘리고 있으며, 이용자에게 편리한 대중교통시스템을 구축하기 위해 노력하고 있다.

노면전차는 유럽 등에서 현재까지 많이 운행되지만 한국에서는 서울에서 1960년대 말까지 운행되다가 자동차에 밀려 사라졌다. 해외에서 주요 교통수단으로 자리 잡고 있지만 도시 미관을 해치는 전기선 및 자동차 신호운영체제와의 상충 등을 이유로 그동안 도입이 늦어졌다. 국토교통부는 전기선 없이 운행되는 노면전차를 개발해 시험 운행을 하고 있다. 기존 노면전차의 전기선이 도시 미관을 해치는 단점을 해결한 무가선 저상 트램은 최고속도가 시속 70km이며, 배터리로 운영되어 친환경 대중교통 수단으로 기대된다. 배터리 1회 충전으로 운행할 수 있는 거리가 25km 정도라 장거리 운행에는 제한을 받지만, 간선버스를 대체하는 도시철도시스템으로는 적절할 것이라 예상된다. 노면전차 환승의 편리함은 지금의 전철·지하철과는 비교가 되지 않는다. 노면전차는 보도에서 계단 없이 바로 탑승이 가능하기 때문에 노약자나 휠체어 이용자 등 교통약자의 이용이 편리하다. 노면전차 개찰구를 나와서 버스와 바로 환승할 수 있는 형태는 초고령사회를 맞이하는 한국 사회가 지향해야 할 교통체계이다. 초기 건설비가 일반 전철에 비해 8분의 1, 경전철에 비해 3분의 1 수준으로 저렴하고 운영비도 적게 들어 향후 도시철도 시스템에 획기적인 변화를 가져올 것으로 예상된다. 이제는 자동차에 내주었던 도로를 노면전차와 함께 쓰는 방안을 고민할 때가 되었다. 에너지 소비를 최소화하면서 초고령사회에 맞는 이용자 중심의 저비용·고효율 교통시설을 공급하는 방향으로 교통시설 투자 패러다임이 전환되어야 할 시점이다.

최근 국민 개개인에게 맞춤형 정책을 추진한다는 정부 3.0 개념이 많이 논의되고 있다. 교통시설 분야에서도 마찬가지로 과거 공급자 중심의 교통정책에서 수요자 중심으로 전환해 사람들의 구체적인 의식구조 변화에 따라 사회가 어떻게 달라질지 예측한 후 정책 방향을 설정할 때이다. 최근 조사자료에 활동 범위가 좁은 10대는 버스를, 활동 반경이 넓은 20대는 전철을 주로 이용하는 것으로 파악되었다(류시균 외, 2013). 가정을 이루고 각종 활동이 많은 30~50대는 승용차 이용률이 55~65%로 높다가 60대가 되면서 다시 절반 이상이 대중교통을 이용하는 것으로 나타났다. 65세 이상은 전철 무임승차 혜택 등으로 인해 63%가 대중교통을 이용하는 것으로 파악되었다. 연령별로 선호하는 교통수단이 다른 만큼 인구구조 변화와 통행 목적 등을 면밀히 검토해 이용자 맞춤형 교통시설 투자정책을 마련해야 한다. 향후 노인인구가 증가해 초고령사회가 되면 대중교통의 중요성은 더욱 커질 것이므로 이동의 편의성 확보를 위한 철도망이 조기에 구축될 필요가 있다.

2) 투자 여건 변화에 따른 기본 방향 정립

(1) 승용차 중심에서 대중교통 중심으로 전환

지난 10년간 전국 수송에너지 소비량을 비교해보면 경기도가 61.6% 증가해 전국 최고를 기록한 반면 서울은 3.4% 감소한 것으로 나타났다(빈미영 외, 2012). 지하철·전철 분담률은 서울이 20.9%로 경기도의 6.9%에 비해 3배 높고, 승용차 이용률은 경기도가 38.1%로 서울의 22.6%에 비해 1.7배 높아 경기도의 철도시설이 매우 부족함을 알 수 있다. 경기도의 철도시설 확충을 위해 중앙정부와 경기도는 많은 예산을 투자해왔지만 수천억 원의 건설비가 들어가는 철도사업을 빠른 속도로 진행하기가 쉽지 않았다. 그동안 중앙정부는 간선망 투자에 집중하고 도시 내 교통문제에 대해서는 상대적으로 소홀했는데, 대도시지역의 출퇴근 불편 해소를 위해 중앙정부의 지원을 확대할 필요가 있다.

2010년 통계청 인구주택총조사 자료를 분석한 결과에 따르면 경기도 지역의 통근·통학 인구는 664만 명으로 전체 인구 1,207만 명의 55.0%로 파악되었다. 이 중 22.3%에 해당하는 148만 명이 다른 시·도로 통근·통학하는 것으로 조사되었으며 서울로는 125만 명이 통근·통학하고 있었다. 통근·통학 인구의 22.9%에 해당하는 152만 명은 매일 1시간 이상을 통근·통학에 사용하며, 2시간 이상을 사용하는 인구도 17만 명을 넘는다고 한다. 통근·통학 시간이 길더라도 편안하게 이동하면 다행이지만 혼잡한 버스·철도 안에서 2시간씩 부대끼다 보면 심신이 지치기 마련이다. 하루 24시간 중 통근·통학에만 4시간 이상을 써야 한다면 삶의 질을 높이기 위해서라도 광역급행전철의 건설 등 통행시간을 줄이기 위한 개선 방안을 적극 찾아야 할 것이다.

(2) 교통시설 확충이 복지정책[6]

교통시설은 예산도 많이 소요될 뿐만 아니라 장기간에 걸쳐 공사가 이루어지기 때문에 단기적인 사업을 위주로 성과를 내고자 하는 정책결정자는 교통시설사업을 적극적으로 추진하기가 어렵다. 2008년에 유가가 배럴당 140달러까지 올라가자 이명박 정부는 '고유가 극복 민생종합대책'의 일환으로 10월에 연소득 수준 3,600만 원 이하의 근로자에게 소득금액에 따라 6만 원에서 최대 24만 원까지 유가환급금을 나눠줬다. 현금으로 나눠 준 돈이 2조 6,520억 원 규모였는데 지금은 그런 일이 있었는지 기억하는 사람이 거의 없다. 그 정도 예산이면 사업비가 없어서 지연되던 대도시권의 광역철도사업 몇 개를 완공시킬 수 있는 비용이다. 당시에도 이러한 예산집행의 적절성에 대한 이견이 있었지만 결국은 시행되었다. 국민의 장기적인 복지를 위해서 어떠한 선택을 해야 했는지 돌이켜보면 아쉬움이 남는다.

유가환급금 사례에서 보듯이 단기적으로 국민에게 호응을 얻을 수 있는 정책보다 장기적인 관점에서 교통시설사업에 투자하는 것이 더 바람직하다는 것을 국민 스스로가 깨달을 수 있는 여건을 만들어줘야 한다. 또한 교통시설사업은 많은 예산이 소요되는 만큼 사업의 효과를 극대화시킬 수 있도록 최적의 대

---

6   조응래(2012), 「토목사업이 진정한 복지임을 깨닫게 노력해야」, ≪대한토목학회지≫, 60권 8호 통권 389호, 6~8쪽 재작성.

안을 제시하고, 이를 모니터링할 수 있는 시스템이 필요하다. 막대한 정부예산을 투입하고도 별다른 효과를 거두지 못한다면 국민 입장에서는 그런 투자를 왜 했는지 불만을 느낄 수밖에 없다. 정부예산을 내 돈같이 생각하고 과연 이 사업을 해야 할지 타당성을 제대로 판단할 때 공공정책이 올바른 방향으로 나아갈 수 있다.

이명박 정부의 4대강 사업 때문에 SOC사업에 대한 국민의 신뢰가 많이 떨어졌지만 도로·철도·공항·항만·상하수도 등 SOC를 건설하는 사업은 국민 생활의 편의를 도모하기 위한 것으로 복지와 반대되는 개념이 아니다. 오히려 국민이 편리하게 통행하고, 물을 마시고, 전기를 이용할 수 있도록 해주는 생활밀착형 복지사업이므로 철도건설 등 대중교통 이용 활성화를 위한 투자는 계속되어야 할 것이다.

3. 교통시설 투자정책 방향

1) 투자계획의 합리성 확보

교통시설은 교통망을 제대로 갖추기 전에는 건설 효과가 크지만 일정 수준 이상 갖추면 개선 효과가 줄어든다. 보상비 증가, 환경의 중요성, 주민참여 등으로 인한 사회비용 증가에 따라 단위 연장당 비용은 증가하지만 통행시간 감소 효과는 줄어드는 것이다. 어느 정도 공급해야 적정한지 판단할 수 있는 기준이 불명확하다 보니 정부의 시설투자계획에 따라, 때로는 표를 의식한 정치인의 공약에 의해, 또는 지역주민의 요구 등 다양한 과정을 통해 교통시설사업이 추진된다.

대규모 공적자금이 투입되는 대형 투자사업의 실패는 국가 및 지방재정의 건전성을 저해한다. 이러한 문제를 사전에 방지하고 합리적인 투자를 유도하기 위해 타당성조사제도가 도입되었다. 타당성조사 시에는 경제적 타당성을 가장 중요한 기준으로 판단하지만 그 외에도 정책적 분석, 지역균형발전 분석 내용을 종합해 사업 추진 여부를 결정한다. 예비타당성조사제도가 도입된 1999년 이후 2011년까지 조사 대상 SOC사업 330건 중 사업 타당성이 없어 중단된 사업이 127건(38%)에 이르는 것으로 파악됐다(조응래 외, 2013). 반면 경제성은 없지만 종합평가결과에 따라 사업을 추진하기로 판단된 사업은 59건(18%)이다. 예비타당성조사는 경제성 분석, 정책적 분석, 지역균형발전 분석을 종합한 다판단 평가 기준에 따라 사업 추진 여부를 결정하는데 정책적 판단, 지역균형발전 항목에 많은 비중을 두어 사업이 추진된 경우가 적지 않았던 것이다.

예비타당성조사 운용지침에 의하면 기획재정부 장관은 재정사업평가 자문회의의 자문을 받아 예비타당성조사 면제 여부를 결정하도록 규정되어 있다. 지난 5년간 68개 사업, 5조 8,000억 원의 사업이 예비타당성조사를 면제받아 추진되었는데, 대통령 관심사업은 예비타당성조사 없이 임의적으로 추진할 수 있던 것을 알 수 있다. 최근 대통령 공약사업 추진과 관련해 정치권과 지역 언론에서 예비타당성조사를 면제시키기 위한 법령 개정이 지속적으로 언급되는 이유이기도 하다. 경제성이 없더라도 지역균형발전 측면에서 필요한 사업이라면 추진이 가능하도록 유연한 평가체계를 갖추되 명확한 평가 기준의 정립은 필요하다. 앞으로 지침을 정비해 예비타당성조사 면제 기준을 구체화하고 면제 절차를 투명화하는 등 타당성 평가 과정을 체계화하는 것이 바람직하다.

최근 의정부, 용인 경전철 개통 이후 실제 교통량이 예측 교통량에 비해 턱없이 낮은 것으로 나타나 교통 수요예측에 대한 국민 불신이 높다. 민자 사업으로 추진된 경전철은 수도권 대중교통 통합 환승할인 혜택도 받지 못할 뿐만 아니라, 경전철과 경쟁관계에 있는 버스의 잘 갖춰진 노선망, 기존 광역철도역과의 환승 불편 등의 이유가 복합적으로 작용해 이용승객이 적다고 판단된다. 그중에서 가장 큰 이유는, 개별 사업별로 교통 분석 데이터를 추정해 타당성을 평가하는 데다 새로운 교통수단이다 보니 교통 수요를 과다 예측한 것이다. 정부는 이러한 문제를 개선하기 위해 교통자료(DB)를 체계적으로 관리하는 기구를 설립하고 지속적으로 예산을 투자해 공신력 있는 교통-DB의 구축과 교통 수요예측의 정교화를 추진해나가고 있는데, 향후에는 교통 수요예측이 과거보다 더욱 정확해질 것으로 보인다.

효율적인 교통시설사업을 추진하려면 개별 노선의 경제적 타당성, 지역균형발전 효과 등을 파악하는 것도 중요하지만 전체 교통시스템에서 개별 노선의 건설 효과를 파악하고 사업의 우선순위를 정하는 일도 중요하다. 외국도 타당성조사를 시행하고 있지만 경제적 타당성에만 근거해서 사업을 추진하는 것은 아니다. 국가적·지역적으로 필요한 사업은 경제적 타당성이 없더라도 추진한다. 대신에 합의를 거쳐 추진하기 때문에 나중에 교통 수요가 없더라도 그 책임은 함께 공유한다. 한국에도 국가예산이 한정된 것을 알면서 해당 지역 사업만 모두 추진해달라고 요청하는 국회의원이나 단체장은 없을 것이다. 각 지역에서 추진하는 사업 중 그 필요성에 대해 상호 공감하는 사업을 중심으로 추진하는 체계를 마련하는 것이 바람직하다. 한정된 예산 범위 내에서 지역공약 교통시설사업의 우선순위를 검토하고, 그 결과를 전국시도지사협의회 등 관계기관과 협의해 사업 추진에 대한 시·도 간 공감대를 형성할 필요가 있다. 타당성 분석과 관련해서는 현재의 공간구조뿐만 아니라 미래의 공간구조 변화까지 예측한 편익이 고려될 수 있는 시나리오 분석 방법을 도입하고, 지역균형발전지표 등도 객관화해 타당성 제도가 국가와 지역발전을 선도할 수 있도록 개선해야 한다.

2) 사업비의 최소화

최근 철도시설공단은 기존의 철도 설계 기준을 대폭 손질해 철도 투자의 효율성을 극대화하겠다고 밝혔다. 시설 투자와 열차 운영 계획이 연계되지 않아 불필요한 시설이 늘어나는 문제를 개선하고 역사 승강장 길이 축소 등 건설 기준과 규정의 개정을 통해 저비용·고효율의 경제적 설계를 추진하겠다는 것이다. 그동안 철도 건설은 철도시설공단에서, 철도 운영은 철도공사에서 독자적으로 진행하다 보니 계획 간 연계성이 부족해 시설이 과다 투자된 사례들이 있었다. 하루 500명이 이용하는 철도역 승강장과 5만~10만 명이 이용하는 철도역에 동일한 기준을 적용하는 것은 문제이다. 이러한 문제를 해소하기 위해 최근 8량 편성으로 줄이는 방안을 도입하기도 했지만 이용승객 수요에 따라 2~4량으로 편성, 운영하는 방안도 검토할 필요가 있다. 일본의 경우 수요가 많지 않은 지역에서는 1~3량 등 다양한 편성으로 운영하고 있다. 또한 급행차량과 완행차량의 편성을 달리 하는 것도 한 방법이다.

복선전철화 사업이 진행되고 있는 중앙선의 경우 하루 승하차 인원이 600명 미만인 철도역이 2개소이며 2,000명 미만인 역이 7개로 경기도 구간 15개 역의 절반 수준이다. 500가구 정도가 살고 있는 지역에 철도역이 건설되는 이유는 무엇일까? 과거 저속의 열차가 운행되던 시절에 설치된 역에 시속 160km의 속도를 낼 수 있는 열차가 매번 서야 한다면 고속도로를 건설해놓고 신호등을 설치해서 고속도로 건설 효과가 반감되는 것과 마찬가지이다. 문제는 지역의 무리한 요구에 대해 주민을 객관적으로 설득시키고 이해시키는 방안이 마련되지 않았다는 것이다. 주민설명회라는 절차가 있지만 지역주민의 이해가 첨예하게 대립할 경우 별다른 조정 역할을 하지 못한다. 열차가 급행화될수록 역사이 간격은 늘어나야 하는데, 지역에서는 지역발전에 도움이 될 것이라는 생각에 이용객이 많지 않을 것으로 예상되는 곳에도 역을 설치해달라고 지속적으로 민원을 제기한다. 지역주민의 요구에 귀 기울이되 국가 전체의 효율적인 예산집행 차원에서 지역주민을 설득할 수 있는 체계를 갖추고 원칙에 따라 주민 민원에 대응하는 것이 바람직하다. 지역주민의 과도한 요구에 따른 사업비 및 보상비 증가를 막기 위한 절차를 마련하는 것이 저성장시대에 효율적으로 교통시설을 건설해나가는 방법이다.

신규 철도 건설 시 지역의 교통 수요를 효율적으로 처리하기 위한 방안을 사전에 마련하는 것도 중요하다. 수요가 없는 지역에는 철도역을 건설하기보다는 버스 체계를 개선하는 것도 하나의 방안이다. 철도역에서 먼 지역에 거주하는 주민을 위해 철도역을 만들기보다 차라리 한국철도공사에서 버스를 운영해 승객을 실어 나르는 것이 경제적일 수 있다. 다만 철도 기관이 버스를 운영하는 것은 기관의 역할과 맞지 않다는 입장이 있어 검토가 어려운 실정인데, 이 부분도 전향적으로 생각해볼 필요가 있다.

3) 운영 효율의 극대화

정부는 한정된 예산을 효율적으로 이용하기 위해 수익이 예상되는 SOC사업에 민간자본을 적극 유치해왔다. SOC 건설 방식은 정부가 사업비 전액을 부담하는 재정사업 방식과 민간이 건설하고 장기간에 걸쳐 요금 또는 임대료를 징수하는 민간투자 방식이 있다. 민간투자제도 도입 초기에는 사업 활성화를 위해 실제 수요가 예측 수요에 미치지 못하면 정부가 최소한의 운영 수입을 보장해주는 장치를 마련했다. 민간투자사업의 운영 적자가 크게 늘면서 재정 부담이 증가하자 2006년에는 민간제안사업에 대해서, 2009년에는 정부고시사업에 대해서 최소운영수입보장을 폐지했다.

많은 논란에도 불구하고 SOC에 대한 민간투자사업이 계속 추진되는 이유는 정부가 SOC 확충 예산을 최소한으로 투입하기 때문이다. 수도권은 타 지역에 비해서 그나마 수요가 있어 대부분의 SOC사업을 민간투자 방식으로 추진하고 있다. 인천국제공항고속도로, 서울외곽순환고속도로 일산-퇴계원 구간, 서울-춘천 고속도로, 제3경인고속화도로, 인천공항철도, 서울메트로9호선, 신분당선 등의 교통시설뿐 아니라 하수처리, 음식물 폐기처리와 같은 환경기초시설도 민간투자사업으로 추진되었다. 인천공항고속도로와 같이 공항 접근을 위해서 반드시 필요한 사업은 정부 재정으로 추진하는 것이 바람직하나, 이를 민간투자사업으로 추진함에 따라 운영 적자 보전과 같은 문제가 발생하는 것이다.

민간투자사업의 구조에 대해 국민에게 적극적으로 설명해야 할 부분이 요금과 관련된 내용이다. 서울메트로9호선을 운영하는 민간사업자가 요금을 1,050원에서 1,550원으로 인상하겠다고 했지만 서울시는 요금인상을 받아들이지 않았다. 서울메트로9호선은 민간자본을 조달해 건설된 철도이지만 서울도시철도와 동일한 요금체계를 유지하고 있다. 이에 따라 발생하는 적자는 최소운영수입보장을 통해 정부보조를 받아왔다. 반면 국토교통부가 민간투자 철도로 추진해 2011년 10월 개통한 신분당선은 1,750원의 요금을 받고 있다. 서울메트로9호선 운영자 입장에서는 똑같은 민간투자 철도인데 요금의 형평성에 문제가 있다고 느낄 수 있는 부분이다. 철도뿐만 아니라 도로에서도 동일한 문제가 발생한다. 서울외곽순환고속도로의 경우 민간자본으로 운영되는 북부구간은 36.3km 연장에 통행료 4,500원으로 km당 124원 수준이며, 정부 재정사업으로 건설된 남부 구간은 91.7km 연장에 4,600원을 받아 km당 50원 수준으로 2.5배 이상 차이가 난다.

많은 사람들은 이러한 요금 차이가 민간투자 사업자가 엄청난 이익을 취하고 있기 때문에 발생한다고 생각하지만 사실은 민간투자사업 구조가 정부 재정사업 방식과 다르기 때문이다. 일례로 5,000억 원의 사업비가 소요되는 민간투자사업을 추진할 경우 정부예산으로 진행되는 사업은 투입된 예산을 은행에 예금했을 때 발생하는 이자는 고려하지 않는다. 반면 민간투자사업은 기회비용까지 고려해 사업 수익성을 확보해야 한다. 즉 시중은행 대출금리로 연 5%를 가정했을 때 이자비용 250억 원을 더 벌어야 정부 재정사업과 동일한 여건이 되는 것이다. 일일 5만 대의 차량이 민간투자 도로를 이용한다고 가정하면 재정사업으로 추진할 때보다 기본요금을 1,370원 더 높게 받아야 금융비용을 회수할 수 있다. 하지만 정부에서 운영하는 도로·철도요금과 과다한 차이가 발생하면 시민들의 불만이 커지기 때문에 요금을 일정 부분 통제하고 손해나는 부분에 대해서 지원한다. 민간투자사업 시행자가 과도한 요금 수입을 올린다면 정부에서 통제해야 할 것이다. 반면에 국민이 민간투자사업 구조를 정확하게 이해하지 못하고 엄청난 특혜를 받는 것으로 오해하고 있다면 이를 바로잡는 일도 함께 추진해야 할 것이다.

민간투자사업의 최대 장점인 경영 효율화를 위한 민간사업자의 노력은 무엇보다 중요하다. 서울메트로9호선은 서울시의 다른 노선과 달리 역당 직원 수 60%, 총운영비 58% 절감을 통해 운영 효율을 도모하고 있다. 신분당선도 무인운행 등을 통해 고정비용을 줄이는 노력을 하고 있다. 경영 개선을 통한 효율적 운영 외에 정부의 제도적 지원도 필요하다. 정부에서 재정사업으로 추진하는 고속도로와 유료도로의 통행요금은 부가가치세가 면제되는 반면, 동일한 공공서비스를 제공하는 민간투자 도로에는 10%의 부가가치세가 부과되고 있어 이를 면제하는 법령 개정도 검토될 필요가 있다. 제도적 보완을 통해 민간투자 도로와 철도의 요금체계가 합리성을 띠면, SOC에 대한 민간 참여를 통해 정부의 예산 소요도 줄이고 민간의 효율성도 도모하고자 했던 민간투자사업의 본래

취지를 달성할 수 있을 것이다.

교통시설 민간투자사업은 당초 취지에 맞게 민간의 창의성을 활용해 이용 수요를 늘리기 위한 방안이 적극 모색되어야 한다. 용인 경전철과 의정부 경전철의 이용 수요를 늘리기 위해 도시 마케팅과 연계한 전략을 마련해야 한다. 서울 주민이 경전철을 타고 의정부 부대찌개를 먹으러 가고, 용인 경전철을 타고 에버랜드에 놀러갈 수 있도록 적극적인 홍보를 통해 수요를 증대시키도록 노력해야 할 것이다. 한국의 철도역은 주변의 상업시설·주거시설과는 아무런 관계없이 외딴 섬처럼 건설되는 경우가 많다. 외국의 경우 철도역은 지하 혹은 지상의 연결 보도를 통해 주변 건물과 연계되고 자연스럽게 지역경제의 중심이 되어 역세권을 이룬다. 역사와 직접 연결되는 통로를 만들기 위해서는 관계 기관 혹은 민간사업자와의 협의가 필수적이다. 이러한 절차가 사업 진행 일정을 늦추기도 하겠지만 이용승객도 늘리고 지역경제도 활성화시킬 수 있는 방안이므로 적극적인 추진이 필요하다. 사전 계획 단계에서부터 기관 간 협의를 통해 건설 효과를 극대화할 수 있는 방안을 찾아내어 적은 예산으로도 교통시설사업을 효율적으로 추진하는 것이 바람직하다.

이와 함께 환승이 편리하도록 계획해 승객 수요를 늘리는 방안도 적극 검토되어야 할 사안이다. 광역급행철도는 보상비도 줄이고 빠르게 운행하기 위해 지하 깊숙이 철도를 건설하는 계획을 초기에 마련했다. 기본설계와 실시설계를 하면서 계획이 어떻게 바뀔지 현재로서는 예측하기 어렵지만 기존의 지하철·전철과는 운영 형태가 매우 다를 것으로 예상된다. 역 간격이 넓기 때문에 지역 간 빠르게 이동할 수 있는 반면, 정차역이 몇 개밖에 없기 때문에 정차 시 승하차 인원이 매우 많을 것이다. 지하 깊은 곳에서 지상으로 이동을 위해서는 도보는 불가능하고, 시간이 많이 소요되는 에스컬레이터보다는 엘리베이터를 주로 이용할 수밖에 없다. 원활한 이동을 위해서는 지하에서부터 방향을 결정하고 엘리베이터를 탈 수 있도록 동선계획이 이루어져야 할 것이다. 특히 지하 정거장에서 곧바로 건물로 연결되는 엘리베이터를 다수 건설해 이용객의 동선을 사전에 분산시키는 것이 중요하다. 이러한 계획 수립을 위해서는 광역급행 철도 역사의 입지 예정지 주변에 상주인구·이용인구가 많은 건물의 배치계획 및 현황을 파악해 주변 건물과의 연계를 고려한 동선계획 수립 등 효과적인 분산 방안을 찾아야 한다. 환승체계가 불편하면 철도의 이용 효과는 급감한다. 급행으로 운행되는 광역철도를 건설하고도 환승체계를 제대로 갖추지 못하면 이용객의 보행시간이 늘어나고 건설 효과도 줄어든다. 따라서 편리한 환승을 통해 승용차 이용객이 급행철도 이용객으로 전환할 수 있도록 설계 시뿐만 아니라 건설 중에도 지속적으로 환승체계 개선을 위한 방안을 찾아 최적의 운영체계를 갖춰야 할 것이다.

　기존에 추진되던 민간투자사업 중 사업성 확보가 어려운 사업은 중도에 사업을 중지할 수 있는 출구전략의 마련도 중요하다. 진행 중인 사업이라도 여건이 바뀌고 지방재정이 악화된다면 사업을 중단시킬 수 있는 체계가 필요한데 그러한 절차가 없다는 것이다. 한국의 행정시스템은 순환보직제도로 인해 전임자의 잘못을 지적하기가 매우 어렵고, 잘못 추진된 사업을 원점으로 돌리기도 어려운 실정이다. 과거 정책 추진 과정과 관계없이 일단 사업이 추진되면 자체 동력으로 굴러가는 행정 속성상 시간이 지날수록 원점으로 되돌리기가 어려워진다. 따라서 제도를 좀 더 유연하게 운영해 사업시행자가 이미 투입한 비용의 일부를 보전해주는 등 사업을 중단시킬 수 있는 출구전략이 필요하다. 민간사업자로부터의 소송 제기 우려, 사업 추진 중단과 관련한 감사 등에 대한 면책 규정을 마련해 무리한 투자계획을 조정할 수 있는 기회를 확보하는 것이 저성장시대의 교통시설사업 추진을 위해 꼭 필요한 전략이다.

4) 사전·사후관리제도의 도입

교통시설을 건설하는 데 선택과 집중은 매우 중요하다. 특히 시간이 정해진 사업을 위해 교통시설이 건설될 때는 더욱 그러하다. 2014년 인천 아시안게임을 위해 추진되던 인천지하철 2호선이 예산 부족 등의 문제로 사업이 지연되어 아시안게임이 끝난 뒤인 2015년에 개통될 예정이라고 한다. 예산의 효율적 이용을 위해 때로는 일부 사업에 대해 집중적인 투자도 이루어질 수 있는 체계가 마련될 필요가 있다.

예비타당성 검토에 시간을 다 보내 예산이 있어도 추진이 어려운 경우도 있다. 여주-원주 간 철도는 2015년 완공예정인 성남-여주 간 철도와 2017년 완공예정인 원주-강릉 간 철도를 연결하는 22km 연장의 철도이다. 2018년 2월 9일 개막되는 평창 동계올림픽에 참가하는 선수들과 대회 관계자, 일반 관람객의 원활한 수송 및 평창 주변의 부족한 숙박시설 문제를 해결하기 위해서는 반드시 필요한 시설이다. 여주-원주 간 철도가 수도권 광역철도망과 연결되면 평창과 서울 강남 및 경기도 남부지역이 1시간 내 통행이 가능해진다. 관람객이 수도권에 위치한 숙박시설에서 잠자면서 당일치기로 경기를 볼 수 있기 때문에 올림픽 관람객을 위해 추가 공급 예정인 1만 4,000실 규모의 숙박시설 건설을 최소화할 수 있다. 숙박시설 짓는 데 투입할 돈을 철도에 투입하면 과도한 숙박시설 공급으로 인해 올림픽 개최 이후 운영적자가 발생하는 문제를 해결할 수 있다. 그뿐만 아니라 동계올림픽이 끝난 이후에도 강원도에서 수도권 및 전국으로의 철도접근성을 높일 수 있기 때문에 일거양득의 효과를 얻을 수 있다. 그런데 예비타당성조사를 실시하면서 대안 검토에 시간을 다 써서 이제는 예산을 집중적으로 투자해도 건설이 어렵다. 예비타당성 분석을 떠나 빨리 추진해야 할 사업과 시간을 갖고 추진해도 될 사업을 구분할 수 있는 체계가 필요하다.

교통시설사업에 대한 사후평가를 철저히 하여 정부 예산 낭비를 최소화하도록 하고, 과거 투자 효과를 면밀히 분석해 향후 동일한 문제가 반복되지 않도록 하는 사후관리제도 도입도 중요하다. 2013년 안전행정부는 지자체의 대규모 투자 사업에 대한 타당성조사를 정부가 지정한 전담기관에 맡기는 방안을 검토했다. 시·도별로 공공투자관리센터를 설치해 지역에서 필요로 하는 사업을 판단하고, 비효율적인 예산집행은 사전에 방지하는 시스템을 적극 도입할 필요가 있다. 일례로 지역에서 추진되고 있는 각종 사업들의 원활한 추진을 위해서는 시·도에 '(가칭)공공투자관리센터'를 설치해 예비타당성조사 및 투융자 심사, 민간투자사업의 평가가 객관적으로 이루어지도록 하는 방법도 검토 가능하다. 또한 사후평가제도를 도입해 사업 완료 이후 교통 수요예측의 오차 발생 이유, 사업비 증액 사유 등을 면밀하게 분석해 타 사업 추진 시 똑같은 오류를 범하지 않도록 환류체계를 갖추는 것도 중요하다.

빅데이터(big data)를 활용한 이용자 맞춤형 교통정책 도입도 매우 중요하다. 2013년 미래창조과학부는 공공데이터의 창의적 활용을 통해 창조경제를 실현하겠다고 밝혔다. 정부3.0 계획은 공공정보를 적극 개방·공유하고 부처 간 칸막이를 없애 소통·협력함으로써 국민 맞춤형 서비스를 제공하고 일자리 창출과 창조경제를 지원한다는 것이다. 특히 빅데이터를 활용한 과학적·미래지향적 행정 구현이 주요 계획으로 잡혀 있어 앞으로 빅데이터 활용 논의가 활발히 이루어질 것으로 예상된다. 빅데이터는 데이터 규모가 방대하고, 데이터의 생성·유통·이용이 실시간으로 일어나기 때문에 기존 방식으로는 관리 및 분석이 어려운 데이터를 의미한다. 빅데이터라는 용어가 생소하게 느껴지기도 하지만 우리가 매일같이 이용하는 교통카드, 신용카드, 인터넷·모바일 정보검색 등을 통해 만들어진 모든 자료가 빅데이터에 해당한다. 수도권에서만 하루 2,000만

건의 교통카드가 사용되는데 누가·언제·어디에서 어디로 이동했는지 정보가 모두 수집된다. 아침·저녁 출퇴근 시간이나 주말·공휴일 대중교통 승객의 이용패턴을 실시간으로 분석하면 이용자 맞춤형 대중교통 서비스 제공이 가능해질 것이다.

정부3.0 목표 중 하나는 공공기관의 데이터를 민간이 잘 활용할 수 있는 기반을 조성하고, 수혜자 중심의 맞춤형 행정·복지 서비스를 통합해 제공하는 것이다. 2014년 현재 수도권의 교통카드 정산 업무를 담당하는 회사는 타 기관에 대해서 교통카드 데이터를 매우 제한적으로 제공하고 있다. 중앙정부가 데이터를 솔선수범해 공개하는 것도 중요하지만 기관 간 이해관계가 달라서 데이터 협조가 이루어지지 않는 사안에 대해 이유를 파악하고 개선 방안을 마련하는 것이 더 시급하다.

관내에 관광지가 많은 일부 지역의 경우 주말에 많은 이용객이 몰려 철도 혼잡률이 높아서 한국철도공사에 운행 간격을 좁혀달라고 요구하지만 구체적인 데이터가 없어 설득이 쉽지 않다. 빅데이터를 이용해 효과적으로 분석하면 개별 노선의 요일별·시간대별 특성을 파악할 수 있어 대중교통 서비스를 한 단계 높이는 정책 개발이 가능하다. 이것이 정부3.0에서 얘기하는 국민 맞춤형 정책 추진일 것이며 이러한 과정을 통해 한정된 예산으로 꼭 필요한 교통시설사업만 추진해 투자 대비 효과를 극대화할 수 있을 것이다.

참 고 문 헌

국가재정운용계획 SOC(교통)분야 작업반. 2013. 「2013~2017년 국가재정운용계획-SOC(교통)분야」.

국토교통부. 2011. 「철도업무편람」.

_____. 2012. 「도로업무편람」.

김종학. 2013. 「고속도로의 성과와 창조경제시대의 과제」. ≪국토정책 Brief≫, 428호. 국토연구원.

류시균 외. 2013. 「수도권 주민의 계층별 통행패턴」. ≪이슈&진단≫, 84호. 경기개발연구원.

빈미영 외. 2012. 「경기도 수송에너지 소비, 10년간 61.6% 증가, 관리대책 시급」. ≪정책이슈≫. 경기
　　　개발연구원.

조응래 외. 2013. 「SOC사업 타당성조사제도의 허와 실」. ≪이슈&진단≫, 107호. 경기개발연구원.

조응래. 2012. 「토목사업이 진정한 복지임을 깨닫게 노력해야」. ≪대한토목학회지≫, 60권 8호.

통계청. 각 연도. 「교통부문수송실적보고」.

제 3 부

저성장시대의 산업과 일자리

—

제7장
고용친화적 혁신형 산업이 희망이다

1. 산업정책의 변화

1) 산업경제 여건의 변화

최근 대내외 산업경제 환경 변화는 크게 다섯 가지 트렌드를 보인다. 첫째, 지식기반경제의 도래와 기술혁신의 가속화, 둘째, 산업융합의 가속화, 셋째, 고령화의 진전과 삶의 질에 대한 수요 확대, 넷째, 문화적 다양성의 증대와 시민사회의 성장, 다섯째, 중국의 성장과 동북아 경제권의 부상이다.

(1) 지식기반경제의 도래와 기술혁신의 가속화

최근의 경제는 국가경제를 넘어서는 경제적 통합이 가속화되고 있으며 기술 및 사회의 변화속도가 증가하고 있다. 정보와 지식의 흐름도 빨라지고 있으며 생산성 향상에 대한 정보통신기술의 영향력이 증대되었다. 또한 자연자원보다는 아이디어를 강조하는 경제로 변했다. 생산 및 고용에서 서비스업이 제조업을 상회한 지는 이미 오래 되었다. 유럽·일본 등의 선진국도 비슷한 경향을 나타내고 있으며, 개발도상국도 이러한 추세를 따라가고 있다. 노동과 자본, 토지 등 전통적인 생산요소 외에 지식이 투입요소로서 더욱 중요하게 부각되고 있다. 지식은 부가가치의 새로운 원천이자 경쟁력의 핵심요소로, 최근 나타난 중요한 경제적·사회적 변화의 대부분과 관련이 있다.

세계경제는 산업혁명 이후 200년 동안 네 차례에 걸친 연쇄적 기술 발전을 경험한 데 이어 현재는 정보통신기술이 주도하는 다섯 번째 기술혁신의 단계에 진입해 있다. 정보통신기술을 바탕으로 바이오기술(BT), 나노기술(NT) 등 신기술 간의 상호 의존도가 높아지고 신기술의 접목·융합이 활성화되면서 새로운 혁신이 촉발되고 있다.

글로벌기업도 기술혁신 추진 여부에 따라 그 존망을 달리하고 있다. 예컨대 끊임없이 기술혁신을 중시한 애플(Apple)과 그렇지 못한 노키아(Nokia)가 선명하게 대비된다. 애플은 2001년 아이팟(i-Pod), 2004년 아이팟미니(i-Pod mini), 2007년 아이폰(i-Phone) 출시 등을 통해 2000년에 500억 달러에도 미치지 못했던 시가총액이 2010년에는 2,000억 달러를 상회했다. 이에 비해 노키아는 2000년 약 2,500억 달러까지 근접했으나 2010년에는 500억 달러를 밑도는 실정이다.

이러한 기술은 시스템적 성격이 강해 동종 또는 이종 간의 기술융합(convergence)과 퓨전을 통해 기존 기술의 개량과 응용은 물론 새로운 기술과 산업을 창출하면서 경제발전의 새로운 성장동력으로 작용하고 있다. 이와 같은 현대 기술의 특징으로 기초연구 → 응용 및 개발연구 → 제품 생산이라는 단선적 인식보다 이제는 혁신 주체의 상호작용에 의한 순환적·나선적 과정의 중요성이 강조되고 있다.

지식기반경제에서는 심화되는 경쟁에 대응해 혁신 주체 간 협력체제를 유지하고, 기술개발과 같은 분야에서 '규모의 경제'와 '범위의 경제'를 꾀하며 자원 공유를 위한 네트워크 체제를 구축하는 것이 중요한 전략으로 부상하고 있다. 지식기반경제에서의 경쟁력은 지식을 창출·활용할 수 있는 능력을 지닌 우수한 인적자원을 양성·확보하고, 이들을 지속적으로 유지·관리할 수 있는 역량에 달려 있다. 다시 말해 특정 국가 혹은 지역의 발전을 위해서는 경쟁적이며 유연한 인적자원 양성체계의 구축과 부문 간 인적자원의 원활한 이동과 활용도 제고가 필수적인 시대로 접어든 것이다.

최근 한국도 우수한 인력 양성과 경쟁력 제고를 위해 기술혁신의 원천인 R&D 부문에 많은 투자를 하고 있다. 2009년에 전체 R&D 투자의 GDP 대비 비율은 3.36%로 OECD 국가 중 이스라엘(4.28%), 핀란드(3.96%), 스웨덴(3.62%)에 이어 4위를 기록했으며, 정부 R&D 투자 예산의 GDP 대비 비율은 1.02%로 미국(1.18%), 핀란드(1.10%) 등에 이어 5위를 차지했다. 민간 R&D 투자의 GDP 대비 비율도 2.53%로 이스라엘(3.42%), 핀란드(2.83%), 스웨덴(2.55%)에 이어 4위를 기록했다. 에너지·환경 분야의 정부 R&D 투자 비율은 12.47%로 OECD 비교 대상 국가들 가운데 뉴질랜드(13.47%), 일본(13.28%)에 이어 3위를 기록했으며, 민간 부문의 R&D 투자에 대해서도 직접적인 R&D 보조금 및 간접적인 R&D 조세지원 모두를 적극적으로 지원해 GDP 대비 비율에서 0.33%로 러시아(0.445%), 프랑스(0.38%)에 이어 3위를 차지했다(OECD, 2011a).

(2) 산업융합의 가속화

산업융합은 선진국에서조차 도입 초기 단계이고, 그 발전 방향에 대한 불확실성도 매우 높기 때문에 경제적 성과가 가시화되기까지는 오랜 시간이 소요될 것으로 예상된다. 그럼에도 불구하고 산업융합이 몰고 올 각종 경제적·사회적 영향 및 파급 효과는 일부 사례에서 발견되듯이 사람들의 상상을 초월할 수도 있다. 한마디로 산업융합은 산업 발전의 패러다임을 근본적으로 바꾸어놓

그림 7-1 ▎ 산업융합화에 따른 가치사슬의 변화

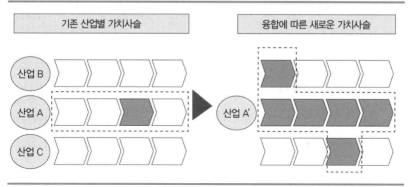

자료: 강홍렬(2012).

을 수 있는 엄청난 파괴력을 갖고 있는 것이다.

산업융합화의 가장 큰 특징은 산업별 가치사슬 내에서 수평적 통합이 일어나는 동시에 다른 산업의 가치사슬로의 수직적 확장 및 영역 재구성이 발생한다는 것이다. 다시 말해 기존의 산업 발전 패러다임하에서는 산업별로 개별적인 가치사슬이 존재했고 가치사슬상의 각 단계가 독립적인 역할을 수행했으나, 산업융합화가 진행되면서 새로운 형태의 가치사슬이 형성되는 것이다.

<그림 7-1>에 나타난 바와 같이 기존의 산업별 가치사슬은 각 산업별로 기초 및 응용연구, 시제품 생산, 대량생산, 마케팅 및 AS 등을 중심으로 고유한 가치사슬을 형성한다. 그러나 산업융합이 진행되면 기존의 특정 산업(A)이 다른 산업(B·C)의 가치사슬 중에서 특정 요소를 활용하면서 기존의 범주와는 전혀 다른 새로운 산업군(A')을 형성하는 경우가 나타난다.

새롭게 형성되는 산업군은 제품과 제품, 제품과 서비스, 서비스와 서비스 간의 결합을 통해 다양한 형태를 취한다. 이 과정에서 단순한 산학 간, 기업 간 협력관계를 뛰어넘는 다양한 혁신 주체 간의 화학적 결합이 필요하다.

산업융합화의 또 다른 중요한 영향 중 하나는 산업혁신 요소의 변화에서 찾아볼 수 있다. 주지하다시피 산업융합화에 따라 기술 패러다임도 크게 변화하고 있다. 즉 과거에는 단일·독립 학문 지향적인 거시 시스템에 의해 기술개발이 이루어졌다면 산업융합의 시대에는 다학제적(multidisciplinary) 접근방법에 의한 초미시 시스템에 따라 신기술의 발전이 이루어지고 있다. 이에 따라 과거 국가 혹은 지역 차원에서 논의되던 혁신시스템의 구축도 산업융합의 시대에는 범세계적 차원(Global Innovation System: GIS)에서 논의될 수밖에 없는 구조로 바뀌고 있는 것이다.

이와 같은 기술 패러다임의 변화는 산업혁신 요소에 급격한 변화를 수반하고 있다. 한마디로 요소투입형 성장에서 혁신 주도형 성장으로의 전환에 따라 모든 생산요소에서 투입량보다는 질적 수준의 확보가 더욱 중요해지고 있는 것이다. 이에 따라 다학제적 기술융합을 위해 전 세계를 대상으로 한 네트워킹이 좀 더 강조되고, 고급 기술인력의 양성과 연구개발 성과의 사업화가 중요한 정책 과제로 대두되고 있다.

마지막으로 산업융합화는 혁신 주체 간의 관계에도 큰 영향을 미친다. 기술혁신의 주기가 더욱 짧아지고 연구개발과 제품화 간의 간격이 크게 단축되면서 관련 혁신 주체 간의 긴밀한 협력이 그 어느 때보다 중요해지고 있다. 또한 글로벌화가 가속화하면서 개방형 혁신 등을 통한 기업들의 외부자원 의존도가 더욱 높아지고 있다.

(3) 고령화의 진전과 삶의 질에 대한 수요 확대

의학과 문명의 발달로 인구의 노령화가 급진전되고 인간의 평균수명이 지속적으로 늘어남으로써 이에 따른 실버시장의 급성장이 예견된다. 한국은 2000년에 이미 65세 이상 노령인구의 비율이 7.2%에 달해 UN이 규정한 '고령화사회'에 진입한 후, 세계에서 가장 빨리 '고령사회'로 진입 중이다. 고령화는 단순히 노인이 많다는 의미보다는 노인인구의 비중이 증가해 경제적·사회적인 구조의 변화가 동반됨을 의미한다.

한국은 2019년에는 65세 인구 비율이 7%를 상회하는 고령사회에 진입할 것이다. 고령화사회로의 진입이 프랑스 115년, 미국 72년, 일본 24년이 소요된 데 비해 한국은 19년으로 세계 최단기간에 고령화사회를 맞이한다.

1990~2011년간 한국의 65세 이상 인구의 평균 비율은 7.7%로, OECD 34개 국가 중 31위에 지나지 않았다. 대부분의 국가들이 10%대 이상을 차지하는 데 비해 10% 이하의 국가는 멕시코(4.9%), 터키(5.6%), 칠레(7.4%), 이스라엘(9.7%), 그리고 한국 등 5개국뿐이다. 이 같은 통계를 기초를 하면 한국의 고령화는 크게 문제가 되지 않는 것처럼 비추어질 수가 있다.

그러나 고령화 인구성장률로 보면 한국이 '늙어가는 대표적 국가'로 나타난다. <그림 7-2>에서 확인할 수 있듯이 1991~2011년간 65세 이상 인구의 평균성장률은 3.9%로 OECD 국가 중 1위를 차지하고 있다. 고령화 인구 비율이 17.7%로 OECD 국가 중 2위를 차지하고 있는 일본의 평균 성장률 3.2%보다 한국의 평균성장률이 0.7%p나 높게 나타나 향후 세계에서 가장 빠른 속도로 고령화가 이루어질 전망이다.

이러한 빠른 고령화의 전진은 국가재정에도 큰 영향을 미친다. 한국의 GDP 대비 국민의료비 추이를 보면, 2000년 이전까지는 3%대 후반 또는 4%대 초반에 머물렀던 비중이 2001년 들어 5%대, 2006년엔 6%대, 2010년에는 7%대로 급상승하고 있다. 1990년 대비 2011년의 OECD 평균 국민의료비는 0.36배 증가했는데 비해, 한국은 같은 기간 0.80배나 증가해 OECD 증가율을 2배 이상 상회하고 있다.

이뿐만 아니라 GDP 대비 국민의료비 OECD 평균에 대한 한국의 수준을 환

그림 7-2 ┃ OECD 국가 65세 인구성장률(1990~2011년 평균)

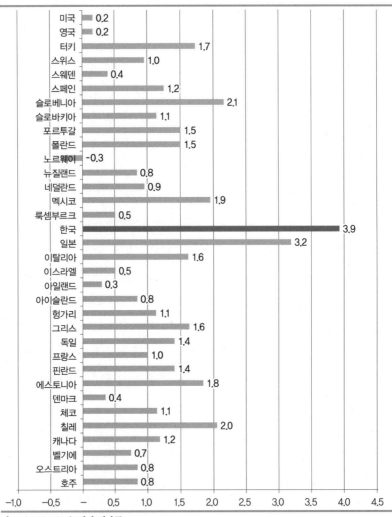

국가	값
미국	0.2
영국	0.2
터키	1.7
스위스	1.0
스웨덴	0.4
스페인	1.2
슬로베니아	2.1
슬로바키아	1.1
포르투갈	1.5
폴란드	1.5
노르웨이	-0.3
뉴질랜드	0.8
네덜란드	0.9
멕시코	1.9
룩셈부르크	0.5
한국	3.9
일본	3.2
이탈리아	1.6
이스라엘	0.5
아일랜드	0.3
아이슬란드	0.8
헝가리	1.1
그리스	1.6
독일	1.4
프랑스	1.0
핀란드	1.4
에스토니아	1.8
덴마크	0.4
체코	1.1
칠레	2.0
캐나다	1.2
벨기에	0.7
오스트리아	0.8
호주	0.8

자료: OECD(2011b)에서 재가공.

산해보면, 2000년까지는 OECD 평균의 50%대 후반에 그쳤으나 그 이후 2006 년까지는 60%대, 2007년부터는 70%대를 상회해 2011년에는 OECD 평균의

그림 7-3 ▮ GDP 대비 국민의료비의 OECD 평균에 대한 한국 수준

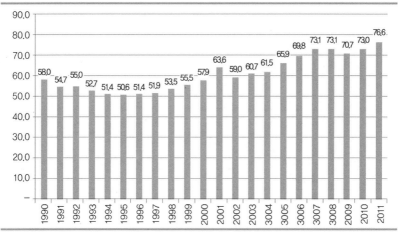

자료: OECD(2011b)에서 재가공.

76.6%에 근접하고 있다.

고령인구의 비중 증대는 향후 서비스 부문과 공공 부문을 확대시킬 것으로 전망된다. 이와 같은 고령화시대의 도래에 따라 고령친화산업이 향후 새로운 성장산업으로 대두될 가능성이 높다. 고령친화산업의 발전은 장기 복제이식, 신약개발뿐만 아니라 각종 전자 의료기기산업과 미세수술 등 의료산업의 발달을 가져올 것으로 전망된다.

또한 주거·교통 등 사회기반시설이 고령친화적으로 개편되고 노인인구의 증가에 따라 실버산업, 의료서비스, 노인요양시설, 요양·치료서비스, 고령자 관련제품 등 고령친화산업에 대한 수요가 크게 증가할 것이다. 하지만 고령화는 자본스톡의 축적을 저하시켜 성장잠재력을 잠식하는 부정적 효과도 있다.

전국경제인연합회가 2008년에 조사한 바에 따르면, 5년 후 신산업 유망 분야는 차세대 이동통신, 통신/방송 융합산업, LED산업 등이 1~3위를 차지했으나, 10년 후 유망산업으로는 바이오/신약/의료, 로봇, 실버산업 등이 차지해 한

표 7-1 ▎ 기업이 전망한 신성장동력

순위	5년 후		10년 후	
	산업군	비율(%)	산업군	비율(%)
1	차세대 이동통신	27.0	바이오/신약/의료	29.4
2	통신/방송 융합산업	17.3	로봇	20.6
3	LED	13.5	실버	17.2
4	첨단건설산업	12.2	차세대 컴퓨터	17.2
5	실버	11.4	첨단건설산업	8.9
6	로봇	8.9	통신/방송 융합산업	4.4
7	바이오/신약/의료	5.1	차세대 이동통신	4.0
8	차세대 컴퓨터	4.6	LED	2.3
	합계	100.0	합계	104.0

자료: 전국경제인연합회(2008).

국의 빠른 고령화 문제가 유망산업 재편에 큰 영향을 미친 것으로 해석된다.

(4) 문화적 다양성의 증대와 시민사회의 성장

산업사회의 가치관과 생활양식이었던 획일화·동질화가 정보화·지식기반 사회의 도래와 함께 다양화·개성화로 전환될 것으로 전망된다. 이에 따라 상품과 서비스가 고객의 기호에 맞추어 세분화·전문화되는 경향을 보이고 있다. 이와 함께 소득 수준의 향상과 근로시간의 단축으로 개인의 건강, 여가생활 및 문화활동에 대한 관심이 증대될 것이다.

한편 정보통신과 교통수단의 발달에 따라 국가 간 문화교류가 활발한 가운데 다양한 문화의 혼합 현상이 일반화될 것으로 전망된다. 그 결과 영화·애니메이션·캐릭터 등 다양한 분야에서 지적·창의적 활동이 산업과 접목되어 고부가가치를 창출할 것이다. 또한 문화콘텐츠산업의 성장 가능성이 강조되면서 고유성과 창의력을 기반으로 문화를 산업화하려는 시도가 확산될 것이다.

규제 완화와 함께 사회 각 분야에 시장기능이 확산되고 정부 및 기업조직 전반에 걸쳐 유연화·개방화가 진전될 것이다. 지역사회와 생활 문제 중심의 다양한 시민활동이 활성화되어 이익집단·전문직집단 등 자발적 결사체가 증가하고, 이들을 통해 사회적 갈등도 많이 표출될 것으로 보인다. 확대된 시장과 시민사회의 역량을 기반으로 신지식인 운동, 평생학습 운동, 지식혁명 캠페인 등 지식과 학습에 대한 새로운 인식 또한 확산될 것이다. 이와 함께 공공 부문이 독점하던 정책적 리더십이 시민사회의 참여에 의해 공유되는 협치(協治)가 보편화될 것으로 전망된다.

(5) 중국의 성장과 동북아 경제권의 부상

중국은 연 8% 이상의 고도성장으로 세계 2위의 경제대국으로 부상했다. 2010년에는 연간 경제성장률 10.3%를 기록했고, 2011년 8~9%대, 2012년 1분기 8.1%, 2분기 7.6%의 성장률을 보였다.

중국의 부상은 중국의 수입 수요를 확대해 한국과 일본의 대(對)중국 수출 의존도를 높이는 가운데, 세계시장에서 일본의 수출을 크게 대체하고 한국의 수출을 견제하는 효과를 가져온다. 2000~2009년 동안 대(對)세계 시장점유율은, 중국이 3.9%에서 9.6%로 확대된 반면, 일본은 7.5%에서 4.6%로 감소했다. 한편 한국은 2.7%에서 2.9%로 소폭 상승에 그쳐 중국의 시장점유율이 두드러진다.

중국은 현재 한국의 수출과 해외투자에서 가장 중요한 국가일 뿐만 아니라 향후 급속한 성장에 힘입어 그 영향력이 더욱 증가할 것으로 예상된다. 2011~2020년 중국 경제의 연평균 성장률은 8.35%에 달할 것으로 전망되고, 매년 4~5%의 위안화 절상(2020년 달러당 4위안)을 가정하면, 2020년 중국의 1인당 국민소득은 1만 4,000달러를 초과할 것으로 전망되고 있다.

향후 10년간 중국은 소비주도형 경제로의 전환뿐만 아니라 수출 및 외국인 투자유치 방식의 변화, 인구의 고령화 및 노동력 부족 현상 발생, 도시화의 빠른 진전, 노동자 보호의 강화, 사회보장제도의 빠른 확충, 저탄소경제 추진 등 사회경제의 전반적인 변화가 이루어질 것으로 예상된다. 이러한 여건 변화로 인해 내수시장 규모의 확대뿐만 아니라, 시장구조가 변화하며 산업구조 고도화가 핵심정책 과제로 부상할 것이다. 중국은 1978년 이후 1차산업 비중이 크게 줄었고, 2020년 이후에는 2차산업의 비중도 감소하지만, 3차산업의 비중은 지속적으로 증가할 것으로 전망된다.

중국은 향후 10년간 시장개방, 내수시장 확대 및 시장구조의 질적 변화 등으로 중국 내수시장에서 기회가 전반적으로 확대될 것이지만, 품질 및 기술 수준 향상, 산업구조의 고도화 등 중국 기업의 질적 변화는 한국 기업과의 경쟁을 심화시키는 위협 요인으로 작용할 것이다. 기회가 늘어나는 만큼 수출 및 투자의 확대 가능성은 높지 않을 것으로 전망되기도 해 중국 진출에 대한 과제 또한 적지 않다. 생산 여건 악화와 경쟁 심화로 섬유산업은 수출·투자 모두 증가할 가능성이 크지 않고, 제도적 제약, 중국의 경쟁력 강화 등으로 조선·신에너지장비·석유화학 등은 수출 확대가 쉽지 않은 상황이다.

중국 경제의 변화뿐만 아니라 동북아 경제권 내의 각국 경제는 지리적 인접성과 문화적 유사성 그리고 보유자원의 보완성으로 인해 상호 의존도가 급속히 심화되고 있고, 이는 각국의 성장동력으로 작용하고 있다. 특히 중국 경제의 성장은 동북아 경제권의 시장을 외연적으로 크게 확대하는 역할을 하고 있으며, 이는 동 경제권의 주된 성장동력이 되고 있다. 한·중·일 3국 간의 심화되는 상호 의존성을 바탕으로 국제 분업구조의 고도화에 대응하면서 한국 산업의 경쟁력을 강화하는 것이 중요한 국가정책 어젠다로 떠오르고 있다. 동북아 경제권의 발전 가능성 측면에서 지역의 다양한 혁신자원을 활용해 새로운 미래

그림 7-4 ┃ 연도별 산업별 취업자 구성비

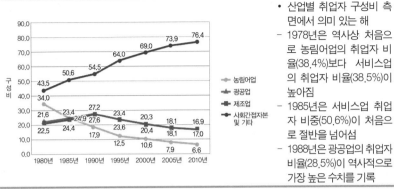

자료: 통계청(각 연도), 「한국의 사회지표」.

성장동력을 발굴하는 것이 더욱 중요해지는 것이다.

2) 산업구조의 변화

(1) 제조업과 서비스업의 구조 변화

1960년대 고도성장을 시작한 이래, 한국의 산업구조는 1차산업의 비중이 빠르게 감소하고 제조업과 서비스 부문의 비중이 높아지는 변화 추이를 지속 해왔다. 취업자를 놓고 볼 때, 산업화가 시작된 1962년부터 1988년에 이르기 까지는 농업 부문을 떠난 노동력이 광공업과 서비스업으로 옮겨갔으며, 1988 년 이후에는 농림어업과 광공업의 취업자 비율이 모두 줄어들면서 이들이 서 비스업으로 이전되었다. 2010년 현재 한국의 산업별 취업자 비율은 서비스업 (76.4%), 광공업(17.0%), 농림어업(6.6%) 순으로 구성되어 있다.

과거 선진국들의 산업 발전 경험을 보면 일국의 경제발전이 진전되면서 산 업의 중심이 농림어업에서 제조업으로, 제조업에서 서비스업으로 이행되어간다는 사실이 널리 관측된다. 단, 선진국 간에도 제조업에 어느 정도의 무게가 남아 있는가, 제조업 중에서도 어떤 산업에 중심이 있는가 등 다양한 양태에 따른 국가별 차이가 존재한다.

선진국 중에서 영국이나 미국은 제조업의 비중이 상대적으로 낮은 반면, 독일이나 일본의 제조업 비중은 상대적으로 높게 유지되었다. 한국의 경우는 농림어업에서 제조업으로 산업의 중심은 실질적으로 이행이 완료되었으나, 이후 경제성장에서 차지하는 제조업과 서비스업 간의 비중은 부가가치와 고용 측면에서 혼재되어 나타난다. 즉, 실질부가가치 비중을 보면 1980~2007년 동안 전 산업에서 제조업이 차지하는 비중은 15.5%에서 25.2%로 증가한 반면, 서비스업 비중은 50.9%에서 38.6%로 감소했다. 같은 기간 동안 제조업과 서비스업 실질부가가치의 성장률은 각각 연평균 9.1%와 6.2%로 약 3% 포인트 격차가 지속되었다. 그에 따라 제조업 비중이 하락하는 탈공업화는 실질부가가치 측면에서 나타나지 않았다.

한편 같은 기간에 연평균 디플레이터는 GDP의 경우 4.6%, 제조업이 2.9%였던 반면, 서비스업 가운데 도소매 및 음식숙박업 4.4%, 부동산 및 임대업 8.5%, 사업서비스 7.2% 등으로 격차가 컸다. 실질부가가치와 디플레이터의 변화를 통해 과거 30여 년 동안 제조업(서비스업)에 대한 상대수요보다 상대공급이 더 크게 증가(감소)했음을 유추할 수 있다. 반면 1981~2007년 동안 서비스업의 고용은 연평균 4.2% 지속적으로 증가한 반면, 제조업은 1980년대에 서비스업과 유사한 증가세를 보였으나 1991년에 정점을 이룬 뒤 하락 추세로 반전해 연평균 1.3% 감소했다. 부가가치 측면과 달리 적어도 고용 측면에서는 1990년대부터 탈공업화가 시작되었다 할 것이다.

<표 7-2>는 제조업과 서비스업에 대해 비교한 것이다. 최근 들어 제조업의 사업체 수와 고용이 줄어들면서 제조업이 차지하는 외형적 비중은 줄어들고

표 7-2 ▌ 제조업과 서비스업 비교

(단위: %)

산업	기간	사업체 수 비율	고용 비율	경제성장 기여율 (명목)
제조업	1993~2000	11.0	26.6	35.9
	2001~2009	10.3	22.1	39.3
서비스업	1993~2000	86.5	66.2	60.2
	2001~2009	86.8	72.1	52.4

자료: 오영석 외(2011).

있으나 경제성장에 대한 기여율은 오히려 높아지고 있다. 그에 반해 서비스업은 제조업과 반대로 사업체 수, 고용은 늘고 있으나 경제성장에 대한 기여율은 낮아지는 추세를 보인다. 서비스산업의 경우에는 음식·숙박업·부동산업 등 비생산적 서비스업종의 비중이 높으며, 고부가가치를 창출하는 서비스업종의 비중은 선진국에 비해 크게 뒤떨어져 전반적으로 생산성이 낮다.

과거 제조업 위주의 산업화가 진행되는 동안 서비스기업은 규제와 보호의 틀(공공서비스의 독점, 영리의료법인의 불허, 인허가자격 규제, 입지 제한 등) 속에 안주한 채 시장창출이나 생산성 제고 노력에 소홀해 서비스기업들이 하향평준화했다고 볼 수 있다. 진입장벽이 낮은 음식점·소매업 등 노동집약적인 서비스 업종은 경쟁이 치열하고 시장매력도가 떨어져 경쟁력을 갖춘 기업은 부족하다. 이는 산업 발전 과정에서 제조업과 서비스업 간에는 제조업 위주의 불균형적 경로와 상대적으로 낮은 부가가치·고용 비중에도 아직까지 서비스업이 산업의 중심이 되지 못하고 있다는 것을 보여준다.

▌ 한국 서비스산업의 열악성(2010년 기준)
• 서비스산업의 부가가치 비교
— 1인당 부가가치에서 미국은 한국의 3배 이상, 일본과 독일도 2배 이상

- 주요 선진국은 제조업과 서비스산업의 1인당 부가가치 격차가 작지만 한국 서비스산업의 1인당 부가가치는 제조업의 54%(미국 90.2%, 일본 84.5%, 프랑스는 제조업보다 높음)
- 도소매업과 음식숙박업의 경우 한국은 선진국 대비 20%로 열악하며 금융업·의료보건업 등의 경우에는 50~70% 수준
- 서비스산업의 효율성 비교
- 노동과 자본을 동시 고려한 서비스산업의 종합적인 효율성은 한국이 51.3%로 미국, 영국 등의 절반 수준

표 7-3 ▌ 제조업 내 중화학공업 비중의 국제 비교

(단위: %)

	한국	미국	일본	독일	EMU	세계
중화학공업 비중	83	70	74	79	69	67

주: 1) 경상 산출액 기준.
　　2) 한국은 2004년, 여타국은 2000년.
자료: 산업연구원 산업비전2020연구팀(2005).

특히 한국의 고도성장기에는 제조업이 경제성장을 주도하면서 제조업의 비중 증가가 두드러졌다. 다른 나라와 비교할 때 한국은 제조업 중에서 중화학 부문의 비중이 유난히 높다. 전통적으로 중화학공업이 강한 독일이나 일본과 비교해보아도 한국의 중화학공업 비중은 상대적으로 더 높다. 그러나 한국은 글로벌 경쟁력이 있는 제조업 분야에서조차 특정 분야에 치중하고 있는 실정이다. 경쟁력 있는 제조업 분야도 비교우위 구조를 볼 때, IT산업 등 일부 분야를 제외하고는 대부분 자동차·철강·조선 등 성숙산업에 치중하고 있다.

지역 단위의 산업구조 변화를 대표적으로 수도권에 한정해 살펴보면 다음과 같다. 지난 10년간 수도권 산업구조 변화에서 두드러진 특징은 국가 전체 차원의 특징과 유사하게 제조업 쇠퇴와 이에 따른 산업구조 서비스화, 과학기술 발전에 부응한 지식산업의 성장을 들 수 있다. 수도권 산업구조에서 제조업이 차지하는 비율은 2000년 24.8%에서 2009년 17.1%로 감소했는데 전국보다

그림 7-5 | 수도권 제조업 및 제조업 종사자 비중 변화

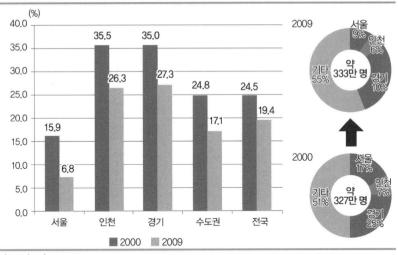

자료: 김묵한(2011).

빠른 추세이다. 반면 수도권 산업구조에서 지식산업의 비율은 2000년 15.1%에서 2009년 17.1%로 전국보다 빠르게 증가하고 있다. 이에 비춰볼 때 미래 수도권 산업구조는 대도시형 산업구조로 전환될 것으로 전망된다.

(2) 무역의존도 변화

한국 산업의 또 하나의 특징은 고도성장 과정에서 수출주도형 성장전략을 추진해왔고, 자원부존 여건상 주요 천연자원을 대부분 수입에 의존하고 있어 전통적으로 무역의존도가 매우 높다는 것이다. 특히 외환위기 이후 환율 급등 등에 힘입어 수출입은 큰 폭으로 증가한 반면, 내수는 상대적으로 침체를 보이면서 무역의존도가 더욱 높아지는 추세를 보인다.

한국 경제의 기본 구조상 향후에도 수출이 성장에 중요한 역할을 할 것이라는 점 등을 감안하면, 무역의존도가 높은 산업적 특성은 앞으로도 유지될 것이

표 7-4 | 기간별 상위 5대 성장 주도 업종(제조업 내)

구분		1970년대		1980년대		1990년 이후		2000년 이후	
5대 업종 기여도 (%p)	1	섬유	0.38	섬유	0.20	자동차	0.23	반도체 및 전자부품	0.84
	2	식료품	0.23	금속제품	0.19	철강	0.17	영상, 음향 및 통신기기	0.44
	3	의복	0.17	식료품	0.16	반도체 및 전자부품	0.16	자동차	0.17
	4	철강	0.11	철강	0.16	산업용 화합물	0.16	특수산업용 기계	0.13
	5	금속제품	0.10	자동차	0.14	석유 및 석탄제품	0.14	산업용 화합물	0.12
소계		1.00		0.86		0.86		1.71	
5대 업종 기여율(%)		12.71		10.80		12.25		32.21	

자료: 유영성 외(2012).

라 볼 수 있다. 다만 최근의 무역의존도 상승 중 일정 부분은 순환적 내지 일시적 요인에 기인하는 측면이 있고, 중·장기적으로 경제 성숙화와 더불어 내수 비중이 높아질 것이라는 점 등을 고려하면, 무역의존도는 지금보다는 다소 낮아질 가능성이 높다고 판단된다.

(3) 성장 주도 산업의 변화

산업구조의 변화는 산업 성장 과정에서 산업 간 성장의 차이에 기인해 나타난다. 한국 산업의 성장 과정에서도 산업구조의 변화와 더불어, 전체 경제의 성장을 주도하는 성장 주도 산업의 내용이 변화해왔다. 1970년대부터 1980년대 중반까지는 섬유, 1980년대 중반부터 1990년대 중반까지는 자동차, 그리고 1990년대 중반 이후는 반도체 및 전자부품이 한국 경제 발전에 가장 크게 기여한 업종이었다. 성장 주도 산업의 변화 추이는 매 10년간의 상위 5대 성장 기여

표 7-5 | 2000년 이후의 성장 주도 업종

구분		5대 성장 주도 업종				5대 고성장 업종	
		전 산업 기준		제조업 기준		전 산업 기준	
5대 업종 기여도 (%p)	1	반도체 및 전자부품	0.84	반도체 및 전자부품	0.84	영상, 음향 및 통신기기	28.82
	2	통신	0.52	영상, 음향 및 통신기기	0.44	반도체 및 전자부품	21.80
	3	금융 및 보험	0.45	자동차	0.17	통신	20.91
	4	영상, 음향 및 통신기기	0.44	특수산업용 기계	0.13	특수산업용기계	15.23
	5	사업 관련 서비스	0.26	산업용화합물	0.12	가스, 증기 및 온수공급업	15.05
소계			2.51		1.71		
5대 업종 기여율(%)			47.24		32.21		

자료: 유영성 외(2012).

업종을 보여주는 <표 7-4>에서도 비슷하게 관찰되고 있다.

한편, 2000년 이후만을 대상으로 성장 주도 산업을 좀 더 자세히 살펴보면 <표 7-5>와 같다. <표 7-5>는 2000년 이후 제조업 및 전 산업 기준으로 5대 성장 주도 업종(성장 기여도가 높은 업종)과 5대 고성장 업종(성장률이 높은 업종)을 각각 정리한 것이다. 2000년 이후의 업종별 성장 기여 추이를 살펴보면 정보통신업종의 약진이 두드러진다. 이들 고성장 정보통신업종은 중·장기 성장 추세로 볼 때 산업주기상 성장기 내지 성숙기 초기 산업의 특성을 나타내고 있기 때문에 앞으로도 이들 업종이 경제성장을 주도해나갈 것으로 보인다.

<표 7-5>에서 보듯이 또 하나의 주목할 만한 특징은 주요 성장 주도 업종의 성장 기여율이 과거에 비해 더욱 높아지고 있다는 점이다. 이와 같은 변화는 한국 산업이 IT기술혁신의 흐름을 잘 활용하고 있음을 보여준다는 점에서 긍정적이지만, 한편으로는 특정 업종에 성장 의존이 편중되는 산업구조적 취약성을 내포한다는 점에서 부정적 함의의 측면도 있다.

표 7-6 ▍ 제조업 업종별 GRDP 연평균 성장률 추이

(단위: %)

산업	지역	제1기 (1985~1989)	제2기 (1989~1993)	제3기 (1993~1997)	제4기 (1999~2003)	제5기 (2003~2007)	제6기 (2007~2010)
전 산 업	전국	10.80	8.09	7.06	6.03	4.60	3.32
	수도권	11.46	9.24	6.18	6.39	4.99	3.66
	충청권	11.54	8.48	7.56	6.63	6.91	7.11
	호남권	10.14	7.72	8.17	4.29	3.35	2.39
	대경권	10.12	5.73	7.55	6.30	4.46	0.68
	동남권	10.20	7.21	8.34	5.66	3.27	2.28
	강원제주권	8.34	4.64	7.02	5.72	2.74	1.16
제 조 업	전국	12.45	4.82	6.78	6.39	7.66	6.31
	수도권	11.59	2.70	6.13	6.30	9.89	6.86
	충청권	19.31	8.08	7.87	8.53	12.25	13.71
	호남권	15.09	8.21	7.57	3.56	5.15	4.72
	대경권	10.74	3.10	6.00	8.85	6.92	0.24
	동남권	11.69	6.31	7.43	5.44	4.04	4.78
	강원제주권	11.22	4.53	5.13	4.84	-0.55	4.15
서 비 스 업	전국	10.47	9.33	7.69	5.95	3.89	2.79
	수도권	11.55	10.49	7.02	6.48	4.16	3.05
	충청권	9.18	7.17	8.57	5.84	4.25	2.91
	호남권	8.24	7.94	8.91	4.67	3.11	2.80
	대경권	10.35	7.73	8.20	4.53	3.13	2.32
	동남권	9.27	9.02	8.74	5.65	3.45	2.02
	강원제주권	8.73	5.64	8.23	5.32	3.90	2.26

자료: 통계청(각 연도), 「지역내총생산」. 송병준·오영석(2012)에서 재인용.

(4) 지역 차원의 산업 성장 변화

전국의 GRDP성장률이 1985~1989년간 연평균 11.67%였다가 이후 지속적으로 하락해 2007~2010년간에는 연평균 3.32%까지 하락한다. 제조업과 서비스업의 전체 산업에 대한 성장 기여도를 보면, 1999~2003년 이후부터 제

그림 7-6 ┃ 1인당 GRDP와 증가율 간의 상관관계(지역 간 차이)

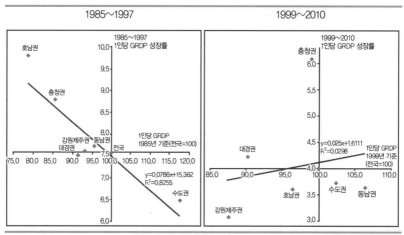

자료: 통계청(각 연도),「지역내총생산」. 송병준·오영석(2012)에서 재인용.

조업의 성장 기여도가 매우 높아지고 있으며 이 기간부터 지역별 산업 성장에
서 광역경제권 간 성장률의 격차가 추세적으로 확대되기 시작한다. 반면 서비
스업은 어느 시기에 걸쳐서든 지역 간 성장률의 격차가 확대되지 않는다.

지역 차원의 산업적 입장에서 바라본 권역 간 소득격차의 차이는 1985~
1997년과 1999~2010년간에 감소와 증가라는 뚜렷한 정반대의 특징을 보인
다. 1985~1997년 중에는 1인당 GRDP가 낮은 권역의 1인당 GRDP 증가율이
높고, 1인당 GRDP의 수준이 높은 권역은 증가율이 낮아 권역 간 소득격차가
줄어드는 모습을 보인다. 반면 1999~2010년에는 반대로 1인당 GRDP 수준
이 높은 권역에서 증가율도 높게 나타나 권역 간 격차가 확대되고 있다. 이는
상대적으로 고성장기일 때는 산업이 경제에 미치는 영향에서 지역 간 불균형
이 약했으나 저성장기로 접어들수록 지역 간 불균형을 일으키는 쪽으로 가고
있음을 말해준다.

2. 저성장시대의 산업정책 전환

과거 한국 고도성장기의 산업정책은 주력 기간산업 중심의 수출제조업 지원 위주로 진전되어왔다. 한국은 경제개발 초기부터 수출제조업 중심의 불균형 성장을 국가전략으로 선택하고 정책적으로 지원·실행해왔기 때문에 당연히 전반적인 성과는 제조업에서 더 높으며 산업 발전도 제조업 위주로 이루어졌다. 즉, 정책적 지원과 민간의 노력이 제조업 분야에서 시현되었고, 과거부터 현재까지 세계시장을 대상으로 한 수출 드라이브에서 성공적인 성과를 보인 제조업이 한국 산업 발전의 주된 역할을 해온 것이다. 그 결과 제조업 일부 부문은 세계적으로 높은 생산성과 뛰어난 경쟁력을 보이며 제조업 전체적으로도 빠른 성장을 보였다. 그에 반해 서비스업의 생산성이나 경쟁력은 상대적으로 지체되었으며 최근까지도 양 산업 간의 대조적 경향은 지속되고 있다.

한국의 산업정책은 고도성장기를 벗어나 안정적 성장기에 접어든 1980년대 이후 개별 산업에 대한 선별적 육성정책보다는 기능적·수평적 접근으로 산업정책의 틀이 바뀌며 주로 산업구조정책에 치중해왔다.[1] 다시 말해 안정적 성장기를 거치면서 최근의 저성장기까지 산업정책은 투자와 혁신을 통한 산업경쟁력 제고에 집중하는 특징을 보인다. 즉 산업정책은 신산업 육성, 기술개발, 투자 여건 개선, 해외투자 유치, 인력 양성, 지역개발 등을 통해 주로 산업구조 고도화에 초점을 맞추어왔다고 할 수 있다.

2000년대 들어서면서 주력 산업의 성숙과 경제 전반의 저성장 및 고용창출

---

[1] 보통 국가의 산업경쟁력 제고를 위해 산업의 공급역량에 영향을 미치는 정책을 산업정책 이라고 한다. 이를 산업 내 경쟁에 영향을 미치는 산업조직정책(경쟁정책)과 대비해 특히 산업구조정책이라 한다. 따라서 산업정책은 경제활동과 산업구조에 영향을 미치는 정부 의 개입을 모두 포괄한다고 할 수 있다.

표 7-7 ▎신성장동력 현황

3대 분야	17개 신성장동력
녹색기술(6)	신재생에너지, 탄소저감에너지, 고도물처리, LED 응용, 그린수송, 첨단그린도시
첨단융합(6)	방통융합, IT융합, 로봇응용, 신소재·나노융합, 바이오제약·의료기기, 고부가식품
고부가서비스(5)	글로벌 헬스케어, 글로벌 교육서비스, 녹색금융, 콘텐츠·SW, MICE·관광

여력 저하 등 한국 경제의 체질 변화로 인해 기존 산업 내 기술혁신·융합·서비스화 등을 통해 성장성을 높이고 지속적인 고부가가치화를 달성할 수 있는 새로운 성장동력 발굴 필요성이 제기되었다. 이에 정부는 산업정책의 방향을 새로운 성장동력을 발굴하는 쪽으로 전환하게 된다. 구체적으로 2009년 1월 '신성장동력 비전과 전략'을 발표하고, 후속 조치로 11개 부처가 공동작업을 통해 동력별·기능별 정책을 망라한 '신성장동력 종합 추진계획'을 2009년 5월에 확정·발표했다.

신성장동력은 ① 현재와 미래의 시장잠재력, ② 다른 산업과의 융합가능성·전후방 연관 효과, ③ 녹색성장 연관성 등을 기준으로 선정한바, 녹색기술, 첨단융합, 고부가서비스 등 3대 산업 분야에서 17개의 세부 분야로 구성되어 있다. 정부는 신성장동력의 육성을 위해 민간 중심·기업 중심의 성장동력 추진체계를 정립하고, 전략적 기술개발뿐만 아니라 인력 양성, 경제제도·문화 개선도 폭넓게 추진하고 있다. 구체적으로 관련 산업의 활성화를 위해 초기 시장창출 기반 조성에 기여할 수 있는 예산집행 계획을 수립하고, 관련 산업에 대한 R&D 투자, 세제 지원, 제도 개선 및 인력 양성 등 성장동력별로 차별화된 정책을 구사하고 있다.

정부는 2010년대 산업정책의 방향을 기존의 신성장동력산업 육성의 연장에서 기술혁신형 산업경제구조로의 전환 촉진에 두고 있기도 하다. 정부는

표 7-8 ∥ 신성장동력 추진전략

구분	단기(3~5년)	중기(5~8년)	장기(10년 내외)
분야	• 시장성숙도가 높아 단기적 부가가치 창출 가능 분야 • 고용창출 효과가 큰 분야	• 핵심원천기술 등 기술력이 있어 신규시장 창출 가능성이 큰 분야 • 융합 등을 통해 새로운 비즈니스 모델 창출이 가능한 분야	• 시장형성은 초기이나 미래 잠재력이 높은 분야 • 핵심원천기술 확보를 통해 녹색성장의 미래 원동력이 되는 분야
상세 사업	• 신재생(조력 · 폐자원) • 방송통신융합산업 • IT융합시스템 • 글로벌 헬스케어 • MICE · 관광 • 첨단 그린도시	• 신재생(태양연료전지) • 고도 물처리 • 탄소저감에너지(원전플랜트) • 고부가 식품산업 • LED응용 • 글로벌 교육서비스 • 녹색금융 • 콘텐츠 · SW	• 신재생(해양바이오연료) • 탄소저감에너지 (CO₂ 회수 활용) • 그린수송시스템 • 로봇 응용 • 신소재나노 • 바이오제약 · 의료기기
전략	• 응용 기술개발 • 제도 개선 · 투자환경 조성 등	• 핵심기술 선점 • 시장 창출 등	• 기초원천기술 확보 • 인력 양성 등

2009년 1월에 열린 제29회 국가과학기술위원회에서 「제5차 산업기술혁신 5개년계획(2009~2013)」을 확정했다. 이 계획에서는 기술혁신형 산업경제구조로의 전환을 천명하고 한국 제품의 글로벌 경쟁력 확보라는 목표 아래 8대 핵심 추진전략과 14대 분야 31개 기술을 제시하고 있다.

2010년대에 들어서면서 글로벌 트렌드에 대응하고 신성장동력을 내실 있게 준비해야 한다는 주장이 제기되면서 산업정책은 산업융합을 촉진하고 융복합산업을 육성하는 방향을 강조한다. 구체적으로 2011년 4월에 「산업융합촉진법」이 제정되고, 패스트트랙(Fast-Track) 인증제가 도입되면서 융합산업 활성화를 위한 기반이 마련되었다. 패스트트랙 인증제는 개별 법령상의 기준 미비 등으로 제품의 출시가 지연되는 융합 신제품에 대해 최대 6개월 이내에 인증절차를 거쳐 출시할 수 있도록 하는 제도이다. 이와 함께 산업융합 관련 기업이 사업 과정에서 겪을 수 있는 불합리한 각종 인허가 등의 애로사항과 건의사항

174

표 7-9 ‖ 산업기술혁신 5개년계획의 14대 산업별 기술개발 분야

14대 분야	세부 산업 분야	톱 브랜드(Top Brand)
청정기반 제조	생산시스템	차세대 초정밀 생산시스템, 지능형 가공시스템, 신개념 융합 가공시스템, 친환경 지능형 건설기계, 친환경 에너지기계, 혁신적 설계 프로세스
	청정기반	유니 소재, 자연생태계 모사, 그린프린팅 제품
	생산기반	고신뢰도 초정밀 기계·전자부품 제조기술, 컨버전스 제품화 대응 융복합 생산기술, 인간친화적 ACE(Automatic/Clean/Easy) 생산기술
수송 시스템	자동차	고효율 하이브리드 자동차, 연료전지 자동차, 고안전 지능형 자동차
	조선	차세대선박(Green Ship), 고부가가치선박(Smart Ship), 해양에너지/자원플랜트(Extreme Ocean Plant), 레저선박(Leisure boat)
	항공우주	친환경 고효율 항공기, 차세대 민군겸용 헬기, 개인용 항공기(PAV)
로봇	로봇	시장확대형 로봇, 신시장창출형 로봇, 기술선도형 로봇
산업소재	금속소재	Moving Metal, Green Process, Energy Metal
	화학공정소재	혁신 화학공정 기술, 융복합 화학신소재, 탈석유 화학제품
	섬유의류	생각하는 섬유, 건강복지 섬유, 극한환경 섬유, 융합기술 섬유
바이오·의료 기기	바이오	신개념 치료제, 친환경 바이오화학소재, 생체신호 진단기기
	의료기기	u-Health 의료기기, 디지털 병원, IT융합 첨단의료영상
전자정보 디바이스	반도체	차세대 메모리반도체, 융복합형 시스템반도체, 차세대 장비·소재
	디스플레이	Ultra Low Cost 및 친환경 디스플레이, 벽걸이형 디스플레이, 두루마리형 디스플레이, 실감형 및 융복합화 시스템 디스플레이
	LED	LED 에피/칩/패키지, LED 모듈·소재, LED 조명 및 응용
전자정보통신 미디어	디지털TV/방송	차세대 실감미디어, 방송·통신 융합, 디지털방송 성능고도화 및 활성화
	홈네트워크/ 정보가전	실감/감성형 홈서버, 무선통신 시스템, 지능형 융합단말
차세대 이동통신 네트워크	차세대이동통신	서비스 플랫폼, 액세스 시스템, 단말 및 부품
	BcN	초고속/대용량 네트워크, 품질보장 네트워크, 이용자 중심 네트워크
S/W·컴퓨팅	S/W	고신뢰성 임베디드SW, 고가용성 공개SW, 사용자 친화형 HCI, 지능형 차세대 웹
	컴퓨팅	Human-Centric 컴퓨팅, Seamless 컴퓨팅, Tera-Scale 컴퓨팅
	지식정보 보안	클린 인터넷경제를 위한 정보보안, 안전·안심 생활을 위한 물리보안, 안전성 강화를 위한 융합보안
지식서비스· USN	지식기반 서비스	경영전략/무역/금융서비스, 연구개발/엔지니어링 서비스/인적자원 서비스, 유통/물류/마케팅서비스, 부가가치/사후관리 서비스
	USN	차세대 RFID, USN 요소기술, RFID/USN 융합기술

14대 분야	세부 산업 분야	톱 브랜드(Top Brand)
산업융합기술	나노기반	초고속 초집적 3차원 나노소자 기술, 신기능 나노소재, SMART 나노공정, 개인맞춤형 디지털 나노의류
	IT융합기술	개인 맞춤형 의료 시스템, 지능형 선박 및 운항 통합 관리, 운전자친화형 지능형 자동차, 지능형 건설 자동화시스템, u-라이프 스타일 패션, 무인 감시 지능형 국토 안전시스템, 공항 및 항공기 통합관리시스템, VR 증강현실 교육
전력 · 원자력	전력원자력	전력IT, 원자력
신재생에너지	신재생 에너지	고효율 · 저가 태양전지, 초대형 해상 풍력발전, 차세대 연료전지
에너지 · 자원	자원기술	자원조사탐사, 자원개발, 자원활용
	에너지효율 향상	에너지저장, LED, 청정연료
	온실가스	연소 후 CO_2 회수, 연소전 · 연소중 CO_2 회수, CO_2 저장

표 7-10 ▌융합관련 정책 · 제도의 추이와 주요 내용

나노융합관련 정책 · 제도	연도 / 부처	주요 내용
국가융합기술 발전 기본방침	2007.4 국가과학기술위원회	부처별로 독자적이고 산발적으로 추진 중인 융합기술개발에 대한 국가융합기술발전 기본방침의 필요성 제기
국가융합기술발전기본계획	2008.11 부처 합동	'국가융합기술 발전 기본방침'에 결여된 세부적 실행계획을 보완하고 부처 간 연계 · 협력 활성화를 강조
제1기 나노융합산업발전계획	2009.3	나노 분야 원천기술연구개발 성과와 산업화 간 연결고리 강화
K-NANO전략 2020	2011.12 지식경제부	나노기술투자가 신산업창출까지는 이르지 못했다는 인식하에 나노융합산업 활성화 준비

을 지식경제부 장관(이명박 정부)이 위촉한 산업융합 관련 전문가(옴부즈맨)가 판단해 정책 개선에 반영할 수 있도록 법 제10조에 이를 명시하고 있다.

「산업융합촉진법」은 나노융합기술에 기반을 둔 산업의 발전을 촉진하고 활성화를 도모하기 위해 만들어진 것으로 정부는 전문인력 양성과 연구 활성화, 사업모델의 개발과 확산, 표준화와 보급, 융합 신산업 분야를 발굴하고 출연·보조·융자 등을 할 수 있도록 규정하고 있다(제17조). 산업융합의 특성상 연구개발 인력 및 자금의 확대와 이종 산업 간 교류 및 협력이 긴요하다는 점에서

「산업융합촉진법」이 향후 융합산업의 발전에 중요한 제도적 기반이 될 것으로 전망된다.

이와 관련해 정부에서는 2020년 세계 일류 나노융합 선도국가로 도약하기 위해 '케이-나노(K-NANO)전략 2020'을 수립했다(2011년 12월). 이 계획은 나노융합산업화 촉진을 통한 글로벌 나노융합 신시장 선점을 비전으로 2020년 세계 나노융합산업 시장 20%(5,000억 달러 수준), 글로벌 강소기업(Nano-Giant) 30개, 세계시장 선점형 나노융합 스타상품 10개 창출을 목표로 하고 있다.

이러한 국가 차원의 산업정책은 지자체 등이 자체적으로 수립하는 지역산업정책과 동떨어진 채 국가 주도의 지역산업정책의 주안점과 그 맥락을 같이한다. 예를 들어, 국가 차원의 신성장동력 정책은 지자체에서 지역 차원의 산업정책의 일환으로 추진되었다. 2009년 이후 전국의 지자체는 신성장동력 또는 미래전략산업 등을 자체적으로 선정해 공표하는 한편, 이들 산업에 대한 지원 및 육성 계획을 수립해 추진했다. 이들 지자체의 신성장동력 간에는 서로 공통된 부문과 차이가 나는 부문이 있다. 수도권의 대표적인 광역지자체인 경기도와 타 지자체의 신성장동력을 비교해보면 다음과 같다. 경기도는 기존 제조업 중심의 발전 한계를 극복하고 새로운 성장 기반을 구축하기 위해 경기도에 경쟁우위가 있는 IT 인프라, 인적자원 및 입지조건 등을 감안해 5개 신성장동력, 즉 ① 저탄소 녹색성장산업 ② 제약·첨단 의료산업 ③ 해양산업 ④ 고부가가치 MICE[기업회의(Meeting), 포상관광(Incentives), 컨벤션(Convention), 전시(Exhibition)] 산업 ⑤ 첨단 융복합산업을 2010년 2월에 선정했다.

그런데 경기도가 선정한 5개 신성장동력은 타 지자체에서도 공통으로 선정하는 특징을 보인다. 반면 타 지자체는 경기도가 선정한 5개 신성장동력 이외에도 지역 특성에 맞는 다양한 산업을 신성장동력으로 선정했다. 구체적으로 자동차·기계 관련 산업, 디자인·섬유·신소재 관련 산업, IT 및 지식(정보)서비

표 7-11 ▌ 지자체별 신성장동력 지정 현황(2011년 10월)

광역시도(85)	신성장동력
서울(8)	비즈니스서비스, 금융, 관광 · MICE, IT융합, 바이오메디컬, 녹색산업, 콘텐츠, 디자인 · 패션
부산(10)	해양산업, 기계부품소재, 관광컨벤션, 영상 · IT, 금융, 고령친화산업, 의료산업, 생활소재산업, 디자인산업, 그린에너지산업
대구(5)	지능형자동차, 고부가가치 자동차부품산업, 로봇산업, IT · 모바일 신산업, 고부가가치 섬유패션산업
광주(5)	금형, 디자인, IT융복합산업, 차세대 전자금융, 지식서비스산업
울산(3)	동북아 오일허브, 전지산업, 원전산업
인천(5)	지식정보 산업, IT융합산업, 항공산업, 자동차 부품, 로봇산업
경기(5)	저탄소 녹색성장산업, 제약 · 첨단의료산업, 해양산업, 고부가가치 MICE산업, 첨단융복합산업
대전(4)	MICE산업, 나노바이오, IT, 융복합산업
제주(2)	리조트 기반형 MICE산업, 스마트그리드(Smart Grid, 지능형전력망) 산업
경북(3)	초광역 3D 융합산업, 첨단메디컬 섬유소재, 첨단수중시공로봇
경남(11)	항공우주산업, 조선해양기자재, 정밀기기, 신재생에너지, 융복합, 국방, 원전, 메카트로닉스산업, 로봇산업, 금형산업, 바이오산업
충북(2)	태양광 · 태양전지산업, 친환경 · 유기농업
충남(4)	전자 · 정보기기, 자동차부품, 첨단문화, 농축산바이오
전북(5)	항공우주산업, 물처리산업, 지능형 전력망 산업, 바이오 화학산업, 플라즈마 응용산업
전남(8)	생물산업, 신소재산업, 신재생에너지, 환경산업, 조선산업, 해양레저장비산업, 우주항공산업, 마이크로 응용레이저 시스템
강원(5)	의료기기 · 관광, 바이오, 신소재 · 방재, 플라즈마산업, 저탄소 녹색시범도시

자료: 경기도 도정 현황 및 보도자료.

스 관련 산업, 메카트로닉스·플라즈마·응용레이저 등 첨단기술 관련 산업, 금융, 첨단문화, 국방, 고령친화, 물처리, 항공, 원전, 스마트그리드 산업 등을 들수 있다.

3. 저성장시대의 지역 차원의 산업정책 방향

한국 산업정책의 변화 흐름은 크게 고성장기·안정기·저성장기로 대별해서 살펴볼 수 있다. 고도성장기에는 주력 기간산업 중심의 수출제조업 지원 위주였다가 성장안정기로 접어든 1980년대 이후부터 산업구조 고도화 내지는 선진화 정책으로 전환해 지금까지 지속되어온 실정이다. 이후 2000년대부터는 저성장기로 들어섰음에도 이 흐름의 연장선에서 산업정책의 기조가 유지되고 있다. 다만 주력 산업의 성숙기 진입과 경제 전반의 저성장 및 고용창출 여력 저하 등에 대응하는 차원에서 기존 산업 내 기술혁신·융합·서비스화 등을 통해 성장성을 높이고 지속적인 고부가가치화를 달성하고자 하며, 그런 맥락에서 신성장동력을 발굴해 육성하는 데 치중하고 있다. 특히 최근에 신성장동력을 내실 있게 준비하는 차원에서 산업정책은 산업융합을 촉진하고 융복합산업을 육성하는 방향을 강조하는 실정이다. 비록 저성장기라고 하더라도 산업정책의 기조는 산업 육성을 지양하지 않고 기본적으로 산업 발전을 통한 저성장의 탈출과 경제발전의 도모를 지향한다. 단지 좀 더 세밀한 차원에서 기술 발전이나 산업 발전의 영역을 개척하는 것을 도모할 따름이다.

이러한 국가 차원의 산업정책은 그대로 지역 차원의 산업정책에 반영된다. 따라서 지자체 차원의 지역산업정책이 아닌 국가 차원의 지역산업정책의 주요 내용은 이미 언급한 산업정책의 연장에서 바라볼 수 있다. 결국 앞에서 언급한 산업정책의 기조가 저성장기 지역 차원의 산업정책 방향에 그대로 적용된다고 할 수 있다. 다만 최근의 경제가 저성장기 침체를 못 벗어나는 추세이다 보니 그에 따른 고용 악화 문제와 생산성 악화 문제가 급부상하고 있는 실정이다. 이러한 문제들을 극복하는 차원에서 산업정책은 고용친화적이며 선진화된 산업구조로의 전환과 산업구조 선진화 차원에서 혁신생태계 구축 및 지역 내 혁신벨트 조성 등이 주요 과제가 되고 있다. 따라서 최근의 이러한 정책 흐름의 연장선상에서 산업경제 트렌드에 부합한 지역산업정책의 방향을 모색해볼 필요가 있다.

1) 지역 차원 산업의 고용친화적 구조로의 전환

IT산업, 신성장동력산업 중심의 지역산업은 성장 측면에서는 유의미하나 고용문제 해결 차원에서는 문제가 있다. 따라서 지역산업정책은 고용문제 해결과 관련해서 제조업 부문의 생산구조를 다변화하고, 지역 전통산업을 육성할 필요가 있다. 특히 전통산업이 고용에 대한 기여도가 상대적으로 높은 만큼 노동집약적 전통산업의 기술개발투자에 대한 지원을 확대하고, 전통산업을 집적지 중심의 혁신 클러스터로 조성할 필요가 있다.

경제의 저성장 국면이 계속되면 일자리 창출 능력이 현저하게 낮아질 수밖에 없다. 실제 한국의 최근 실질 GDP 증가에 따른 취업자 수 증가(고용계수)는 1980년대 초반에 비해 대폭 낮은 수준이다. 특히 여성 및 청년층의 고용률이 낮아 이것이 연쇄적으로 성장 잠재력을 끌어내리는 구조이다. 그러므로 지역산업정책이 유휴 노동인력을 경제활동인구로 흡수하고 산업 발전과 일자리 창출 간 선순환구조를 강화하는 방향으로 전환될 필요가 있다.

이뿐만 아니라 제조업의 일자리는 비수도권에서, 지식서비스업의 일자리는 수도권에서 주로 증가하는 양태를 보여 일자리 차원에서 제조업과 서비스 산업의 지역 간 차이가 두드러지게 나타난다. 이를 감안할 때 고용의 산업별·지역별 특성을 반영하는 지역산업정책에 대한 검토가 필요하다.

다음으로 핵심 부품소재 강소기업 육성을 통한 지역 생산유발 및 고용유발 효과를 극대화시키도록 한다. 관련 정책 과제로 몇 가지를 고려해볼 수 있다.

표 7-12 | 주요 산업의 권역별 2005~2010년간 총종사자 수 증감

(단위: 천 명, %)

	전 산업		제조업		출판, 방송통신 및 정보서비스업		사업서비스		보건 및 사회복지 서비스업	
	증감	비중	증감	비중	증감	비중	증감	비중	증감	비중
수도권	1,667	58.9	-143	-26822.1	298	88.4	373	67.8	220	45.2
충청권	321	11.3	65	12210.3	9	2.6	43	7.9	55	11.2
호남권	249	8.8	25	4724.5	7	2.0	36	6.6	64	13.2
대경권	196	6.9	15	2778.8	9	2.7	29	5.3	48	9.9
동남권	308	10.9	40	7406.2	10	2.8	52	9.5	77	1.9
강원제주권	88	3.1	-1	-197.8	5	1.4	16	3.0	23	4.7
전국	2,828	100.0	1	100.0	337	100.0	551	100.0	486	100.0

자료: 통계청(각 연도), 「사업체 기초통계조사」, 「2010 경제총조사」. 송병준·오영석(2012)에서 재인용.

① 대기업과 중소 부품소재업체 간 협력체제를 구축하고, 지역 차원에서 중소기업이 주도할 수 있는 유망 부품소재를 선정하도록 한다. ② 지역 차원의 현장 기술인력의 역량 강화, 융복합 전문인력 및 경영 전문인력의 양성 체계를 구축하고, 이들이 소재부품 핵심 인재로 육성되도록 지원한다.

이 외에 지역 비즈니스 서비스 기능 강화를 통해 기존의 지역 내 노동집약적 산업을 숙련집약형 산업으로 전환시킨다. 관련 정책 과제로는 지역거점별로 특화된 제조업체 지원시설의 확충을 통해 제조업체들의 혁신역량을 강화하고 유휴 숙련인력을 흡수하는 것을 검토해볼 수 있다.

지역 뿌리산업이 전통적인 3D 업종에 속한다 하더라도 고용창출 측면에서 중요한 만큼 지역 내 뿌리산업을 지탱하는 중소기업의 혁신역량을 강화해 청년층 인력의 중소기업 유입을 촉진한다. 관련 정책 과제로 다음 몇 가지를 검토해볼 수 있다. ① 뿌리산업 중소기업이 적극적으로 투자할 수 있도록 개별 중소기업 조세지원제도를 효율적으로 운영한다. ② 뿌리산업 중소기업이 신규 고

표 7-13 ┃ 서비스산업의 수요특성을 고려한 고용정책 방향

수요 특성	업종	정책 방향	정책 예
내수 의존형	통신·방송, 금융·보험 부동산, 기타 사업서비스, 공공행정·국방, 컴퓨터 관련 서비스, 교육, 의료·보건, 사회복지, 위생서비스, 사회단체, 음식점, 문화, 오락, 수리, 개인서비스 등	• 해외 소비 지출의 국내 전환 • 국내소비 진작 • 일부 수출산업화 지원	• 외국 교육·의료기관 유치 • 이러닝 등 신규 교육시장 창출 • 서비스표준화, 품질인증, 소비자 피해구제제도 확출 • 중산층 대상의 사회서비스 잠재수요 개발
수출 지향형	도소매, 운수·보관, 연구개발, 출판, 사업 관련 전문서비스, 광고, 건축·공학 관련서비스, 숙박 등	• 수출 촉진	• 서비스수출 계약인증제도 도입을 통한 자금조달 지원 • 수출 성공사례의 발굴·홍보 등
일부 수입 대체형	〈최종재 수입대체〉 컴퓨터 관련 서비스, 교육, 오락 서비스 등 〈중간재 수입대체〉 통신·방송, 건축공학 관련 서비스, 문화, 오락, 개인서비스 등	• 국산화율 제고	• 지속적인 기술개발 및 서비스 질 개선을 통한 수입대체
중간 투입형	사업 관련 전문서비스, 통신·방송, 기타 사업서비스, 컴퓨터 관련 서비스, 위생서비스, 문화서비스 등	• 중간재적 역할 제고	• 혁신제고, R&D 지원, 서비스 제공 프로세스의 표준화, 아웃 소싱 촉진 등

자료: 송병준·오영석(2012).

용을 창출할 때 일정액만큼 세액을 공제하는 제도를 도입한다. ③ 뿌리산업 중소기업의 기술개발을 위한 산학연관 공동연구를 활성화한다. ④ 대기업 퇴직 전문인력이 뿌리기업 중소업체에 차별화된 맞춤형 기술지도 및 자문을 할 수 있도록 지원체계를 구축한다. ⑤ 지역 내 성장성 있는 유망한 뿌리산업 중소기업을 선별해 지원하는 지역 공공자금과 신성장동력펀드 등을 구성해 활용하도록 한다.

지역 내 노동수급상의 미스매치 문제를 해소해 양질의 고용창출 능력을 제

고한다. 지역 내 대학·청년인력에 대해 산학단체 간 협약에 의한 숙련 맞춤형 교육훈련 지원 및 멘토링 제도의 추진을 정책 과제로 생각해볼 수 있다.

한편, 고용유발 효과가 높은 서비스산업이 새로운 일자리 창출의 대안으로 부각되고 있다. 실제 정부는 2000년대 들어서부터 서비스산업의 역할 강화 등 다양한 서비스산업정책을 추진해온 것이 사실이다. 하지만 기존 산업정책은 서비스산업의 선진화를 우선적인 목표로 설정하는 등 노력을 하고 있으나 여전히 고용 증대에는 여러 가지로 한계가 있다. 이를 극복하는 차원에서 서비스 관련 지역산업정책 방향을 서비스산업 전반의 시장 확대와 고용환경 개선에 두는 것이 바람직해 보인다. 특히 고용에 주안점을 둘 경우 지역산업으로서 서비스산업의 육성은 지역 내 서비스산업의 수요 특성을 고려한 고용정책을 별도로 취할 필요가 있을 것이다.

2) 고용친화적 지역 혁신산업생태계 및 광역산업벨트 구축

지역의 혁신생태계를 구축해 지역의 대학을 산학협력의 중심거점으로 삼아 육성하는 기존의 지역산업정책을 좀 더 고용친화적으로 재구성해 펼칠 필요가 있다. 구체적으로 지역의 산업융합 활성화를 위한 핵심 부문을 발굴하고 일자리 연계형 사업을 추진한다. 지역의 기술개발 지원에서 채용조건부 R&D 지원을 확대하는 제도적 장치를 마련하는 것도 좋은 정책 방안이 될 수 있다. 이러한 연장선상에서 지역산업정책의 추진전략을 다양한 지역산업 간의 연관 관계 강화와 혁신생태계 정비 중심으로 개편해가도록 한다.

지역 내 지식산업 중심으로 혁신 클러스터를 조성하고, 이들의 연계체제를 기반으로 광역지역 내 핵심산업을 대상으로 하여 광역산업벨트를 구축하는 것을 고려해볼 수 있다. 여기서 클러스터 연계체제는 일정 지역 규모(예: 광역경제

그림 7-7 ┃ 광역지역 기반의 지역 혁신산업 클러스터 연계체제

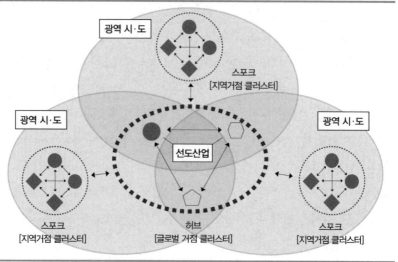

자료: 김선배(2012).

권)에서 지역산업클러스터, 산업단지 등을 포함하는 여러 개의 클러스터가 형성하는 허브-스포크(Hub-Spoke)형 클러스터 연계 구조를 의미한다.

이는 클러스터의 지속적 발전을 위해 필요한 전후방 연관 구조상의 산업적 연관성과 가치사슬상의 기능적 보완성을 강화해주고, 공간적 외부 효과에 의한 집적경제 효과를 배가시키며, 혁신 자원의 임계규모 확보와 공동 활용을 통한 규모의 경제를 창출하게 해준다. 이러한 지역산업정책은 지역의 핵심산업을 중심으로 지역의 다양한 클러스터와 중층적 연계체제 형성을 통해 체계적 산업 육성 및 산업 발전의 파급효과를 극대화시킬 수 있다(김선배, 2012).

참 고 문 헌

강홍렬. 2012. "미래에 대한 접근", GRI 워크샵 발표자료.

김묵한. 2011. "녹색성장 산업연계와 협력방안". 세미나 발표자료.

김선배. 2012. 「지역산업의 글로벌 경쟁력 강화를 위한 초광역산업벨트 구축 방향 및 과제」. 『산업경제분석』. 산업연구원.

산업연구원 산업비전2020연구팀. 2005. 『한국산업의 발전비전 2020』. 산업연구원.

삼성경제연구소. 2011. "2015 유망산업, 3대 키워드". SERICEO 조찬세미나 발표자료.

송병준 · 오영석. 2012. 『산업발전과 일자리 창출』. 산업연구원.

오영석 외. 2011. 「산업구조선진화와 산업정책」. 산업연구원.

유영성 외. 2012. 「경기도 유망 미래산업 발굴 및 육성정책 연구」. 경기개발연구원.

전국경제인연합회. 2008. 내부자료.

통계청. 각 연도. 「사업체 기초통계조사 보고서」.

_____. 각 연도. 「지역내총생산」.

_____. 각 연도. 「한국의 사회지표」.

OECD. 2011a. Industry and Services Statistics.

_____. 2011b. Health Data.

_____. 2011c. Science, Technology and Industry Scoreboard.

제8장
콘텐츠 중심의 창조경제로 진화해야

1. 여건 변화

1) 한류의 글로벌화와 국내 콘텐츠 소비시장의 다변화

한국 콘텐츠산업은 멀티플랫폼에 의한 스마트 콘텐츠의 수요 확대가 지속되며 약 9~10% 성장이 예상되는 등 머지않아 100조 원 시대를 열 것으로 기대되고 있다. 특히 국산 콘텐츠의 수출경쟁력이 확대되었고 2012년 개인오락문화서비스 국제수지가 처음으로 흑자로 돌아서는 등, 콘텐츠 분야의 흑자 폭이 커질 전망이다.

스마트기기 등 디바이스의 이용 확대가 모바일 콘텐츠를 중심으로 전반적인 콘텐츠 소비 패턴의 변화와 소비 확대를 견인하고, 모바일 및 온라인 기반의 플랫폼 다변화, 스마트폰 등 스마트기기의 보급 확대 등 콘텐츠산업 성장 기조 변화에 따라 스마트 콘텐츠를 중심으로 성장할 전망이다. 음악·게임·방송 등의 콘텐츠를 중심으로 한류의 글로벌화가 전망되며, 이에 따라 국내 콘텐츠의 해외 시장 다변화가 예상된다. 특히 아시아 권역을 중심으로 음악·게임·방송

그림 8-1 ┃ 한국 콘텐츠산업의 현황과 전망

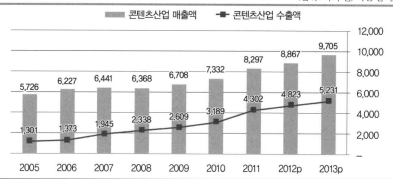

자료: KT경제연구소(2013).

표 8-1 ┃ 2010 한류지수 조사결과

구분	중국	일본	대만	베트남	태국	한류 콘텐츠지수
방송	96	85	111	105	102	100
음악	102	117	104	108	106	107
영화	91	88	97	95	101	94
게임	100	102	100	100	100	101
국가 한류지수	97	98	103	102	102	101

자료: 이상훈 외(2013).

등의 콘텐츠에 대한 한류가 활성화되고 있다.

국내 1,000만 관광객 시대가 도래했다. 외국인 관광객 수가 한류 열풍으로 1978년 100만 명에서 2012년 12월 기준 1,000만 명을 돌파했다. 해외관광객 수는 최근 3년간 매우 가파르게 증가(12.4%)하면서 주요 관광대국인 미국(2.9%), 중국(2.9%)에 비해서 월등한 성장세를 보였다. 관광객 유치 순위도 2009년 28위, 2010년 27위, 2011년 25위로 점차 상승하고 있고, 무엇보다도 K-POP, 드라마 등을 중심으로 한 한류 붐이 관광객 증가에 큰 도움이 된 것으로 평가된다.

한국 엔터테인먼트계의 세계시장 진출은 2012년 가시적으로 나타나, 엔터테인먼트산업의 세계화 가능성을 보여줬다. 특히 K-POP을 기반으로 하는 엔터테인먼트 업체인 SM엔터테인먼트와 YG엔터테인먼트의 성과가 두드러졌다(한국콘텐츠진흥원, 2013). 감각적 음악과 무대 퍼포먼스, 화려한 뮤직비디오가 더해지며 SNS(Social Networking Service)를 통한 콘텐츠 유통으로 인해 K-POP의 가치가 더욱 높아졌다.

2) 콘텐츠산업 중심의 창조경제

창의성·감성 중심의 창조경제(Creative Economy) 시대로의 변화가 진행되고 있다. 창의성이 과학·문화·경제·기술 등 다양한 분야에서 국가의 근간이라 할 수 있는 4개의 자본(사회·인력·문화·제도)과의 상호작용을 통해 경제적 부가가치를 높이고, 국민의 삶의 질을 향상시키는 원동력으로 기능하는 창조경제시대가 도래했다. 창조산업은 개인의 창의성·기술·재능 등을 이용해 지적재산권을 설정하고, 이를 활용함으로써 부와 고용을 창출할 수 있는 잠재력을 지닌 산업이다. 콘텐츠·미디어산업의 경쟁력 제고뿐 아니라 문화적 창조성을 타 산업에 확장시킴으로써 제조업의 고도화, 서비스산업의 고부가가치화 실현을 가능하게 한다는 점에서 중요한 역할을 할 전망이다.

미국, 영국, 프랑스 등의 문화선진국들은 예술적 상상력과 문화적 창의력을 유기적으로 연계해 현재와 미래의 산업 발전에 대응하고 있다. 특히 영국, 호주, 싱가포르 등은 예술과 기술의 결합, 뉴미디어의 발전, 이종서비스의 융합현상 등을 반영해 비영리 및 영리 예술 분야와 문화산업, 그리고 인터넷 및 컴퓨터 관련 산업을 창조성과 혁신성에 바탕을 둔 창조산업으로 재정의하면서

표 8-2 ▎콘텐츠산업 및 창조산업 분류체계 비교

구분	공통 영역									유사 영역	추가 포함 영역		
콘텐츠 산업	출판/ 만화	게임	애니 메이션	지식 정보	영화	방송	음악	광고	공연	콘텐츠 솔루션	-	-	-
창조 산업	출판 (만화)	게임	애니 메이션	정보 서비스	영화	방송	음악	광고	공연 예술	SW 개발	디자인	건축	연구개발 서비스

자료: 이상훈 외(2013).

정부 정책 주도로 산업 육성을 추구하고 있다.

다음은 콘텐츠산업의 창조산업으로의 영역 확대 가속화가 전망된다. SNS 와 스마트플랫폼 및 멀티플랫폼(N-스크린) 기반 소비가 증가할 전망이고, 스마 트미디어 환경 고도화로 콘텐츠 이용의 중심이 스마트플랫폼으로 급속하게 이 동 중이다. 콘텐츠 기업들의 멀티플랫폼 서비스가 강화되고 있으며, 이 같은 추 세는 향후 더욱 확산될 전망이다. 페이스북 등 SNS 이용자가 급증하면서 이를 기반으로 한 소셜네트워크게임(SNG) 등 콘텐츠 유통이 활성화되고, 향후 SNS 가 유력한 콘텐츠 유통 플랫폼으로 성장할 전망이다.

또한 음악·영상·게임 등 콘텐츠 향유를 통한 힐링 열풍이 기대되고 있다. 아 이돌과 댄스뮤직이 2012년 음악계를 여전히 지배했지만, 아날로그적 감성을 지닌 힐링 뮤직, 힐링 음반 등에 대한 관심이 높다. 그리고 지적 욕구, 감성, 휴 식 등의 키워드와 연계된 실버콘텐츠의 본격 성장으로 지능형 감성로봇, 실버 세대를 위한 기능성 게임, 영화제와 연극제 등 실버세대를 위한 다양한 콘텐츠 가 더욱 많아질 것으로 기대된다.

표 8-3 ┃ 세계 콘텐츠 시장 규모 및 전망

(단위: 백억 달러, %)

구분	2010	2011	2012	2013	2014	2015	2016	'12~'16 CAGR
영화	84.9	85.4	87.9	90.7	93.7	96.7	99.7	3.1
애니메이션	14.1	13.8	14.8	15.2	16.0	16.8	17.0	4.2
방송	425.0	446.3	474.1	497.9	535.8	560.5	602.2	6.3
게임	57.8	59.0	62.7	66.6	71.6	77.3	83.4	7.2
음악	49.3	49.9	51.1	52.8	54.8	57.1	59.7	3.7
출판	358.5	355.3	356.1	358.9	363.5	369.8	377.1	1.2
만화	6.1	6.1	6.2	6.3	6.4	6.5	6.4	0.9
광고	468.7	485.7	512.9	539.0	581.0	611.7	660.9	6.4
지식정보	465.8	508.1	545.5	586.6	627.0	672.2	719.7	7.2
캐릭터	150.6	152.9	157.6	163.0	169.5	176.7	184.2	3.8
전체	1530.2	1604.6	1690.9	1781.6	1889.9	1994.2	2120.1	5.7

자료: (주)아이알씨(2013: 43).

2. 저성장시대의 일자리정책 전환

1) 지속적인 성장이 예상되는 콘텐츠 부문에 의한 일자리 창출

콘텐츠산업은 영화·비디오물, 음악·게임, 출판·인쇄물, 방송영상물, 문화재, 캐릭터 상품, 애니메이션, 디자인, 광고, 공연, 미술품, 전통 공예품, 멀티미디어 콘텐츠 등 문화상품의 생산·유통·소비와 관련된 산업으로 정의된다. 세계 콘텐츠산업은 글로벌 경제의 침체경향 지속 우려에도 2012~2016년 연평균성장률(CAGR) 5.7%를 달성하며 2016년에는 2조 1,201억 달러 규모로 성장할 전망이다. 따라서 지속적인 성장이 예상되는 콘텐츠산업을 중심으로 일자리 창출정책이 추진될 필요가 있다.

현재 세계 10위의 국내 콘텐츠시장의 활성화와 콘텐츠의 해외시장 진출을

표 8-4 ┃ 국가별 세계콘텐츠 시장전망

(단위: 백만 달러, %)

구분	2010	2011	2012	2013	2014	2015	2016	'12~'16 CAGR
미국	450,095	463,863	489,873	508,416	536,667	562,199	597,279	5.2
일본	196,667	192,796	198,938	204,913	210,424	215,876	221,530	2.8
중국	95,702	109,059	120,948	137,458	154,940	173,449	192,516	12.0
독일	97,183	99,342	101,857	104,789	107,441	110,242	113,433	2.7
영국	82,278	83,367	85,255	87,472	90,139	93,563	97,332	3.1
프랑스	73,392	77,098	79,495	82,191	84,831	87,737	91,063	3.4
이탈리아	45,402	46,099	47,024	47,864	49,577	51,485	53,688	3.1
캐나다	41,801	44,166	46,868	49,850	53,216	56,696	60,574	6.5
브라질	35,379	39,168	43,307	48,255	55,519	57,781	64,823	10.6
한국	36,289	38,562	40,191	41,926	43,644	45,497	47,455	4.2
호주	34,264	35,021	37,003	39,162	40,925	43,078	45,029	5.2
스페인	28,702	29,412	29,580	30,332	31,071	32,072	33,227	2.5

자료: PWC(2012).

추진할 필요가 있다. 미국은 약 2011년 기준 4,639억 달러의 시장 규모를 형성하고 있으며, 이어서 일본 1,928억 달러, 중국 1,091억 달러 순이다. 한국은 10위로서 386억 달러를 기록 중이며, 2016년까지 4.2% 성장할 것으로 전망되고 있다.

2) 출판 및 게임 중심으로 지속적으로 성장하는 국내 콘텐츠 산업

국내 콘텐츠산업 종사자 수의 2010~2011년 연평균성장률은 1.5%로 미미하지만 지속적인 성장 추세로서, 출판 및 게임산업 중심의 일자리 창출을 도모할 수 있다. 장르별로는 2011년 기준 출판(19만 8,691명)이 종사자 수 규모에서 가장 크고, 다음으로 게임(9만 5,015명), 음악(7만 8,181명), 지식정보(6만 9,026명) 순이다. 2010~2011년 연평균성장률은 지식정보(11.7%)가 가장 높고, 다음으

표 8-5 ┃ 콘텐츠산업 종사자 수 변화 추이(2008~2011년)

(단위: 명, %)

구분	2008년	2009년	2010년	2011년	전년 대비 증감률 (2010~2011년)	연평균 증감률 (2008~2011년)
출판	210,084	206,926	203,226	198,691	-2.2	-1.8
만화	11,093	10,748	10,779	10,358	-3.9	-2.3
음악	66,475	76,539	76,654	78,181	2.0	5.6
게임	95,292	92,533	94,973	95,015	0.0	-0.1
영화	19,908	28,041	30,561	29,569	-3.2	14.1
애니메이션	3,924	4,170	4,349	4,646	6.8	5.8
방송	34,393	34,714	34,584	38,366	10.9	3.7
광고	30,700	33,509	34,438	34,647	0.6	4.1
캐릭터	21,092	23,406	25,102	26,418	5.2	7.8
지식정보	41,279	55,126	61,792	69,026	11.7	18.7
콘텐츠솔루션	14,679	17,089	19,540	19,813	1.4	10.5
합계	548,919	582,801	595,998	604,730	1.5	3.3

자료: 문화체육관광부·한국콘텐츠진흥원(2013).

로 콘텐츠솔루션(10.9%)이, 애니메이션(6.8%), 캐릭터(5.2%) 순이다.

　지역별로 콘텐츠산업체 수는 2011년 서울이 3만 4,315개 업체로 전국의 30.6%를 차지하고 있고, 다음은 경기도로 사업체 수 2만 807개로서 전국의 18.8%를 차지하고 있다. 수도권의 경우 기업체 수에서 전국의 55.1%를 차지, 절반 이상이 수도권에 집적되어 있다. 콘텐츠산업은 비수도권 지역의 급격한 종사자 수 증가율에도 불구하고, 종사자 수에서 수도권의 비중이 전체의 74%, 서울시가 전체의 49.8%, 경기도가 21.2%를 차지하고 있어 수도권 중심의 산업임을 알 수 있다.

3. 정책 방향

1) 콘텐츠 육성을 위한 기본 전략

첫째, 콘텐츠산업의 외자 유치와 글로벌 시장 진출이다. 수도권 중심의 집적 산업으로서 수도권의 우수한 인력 확보가 가능하고, 교육조건과 정주환경이 비교적 우수해 기업 유치에 유리한 조건이다. 또한, 해외기업의 한국 진출과 함께 해외 유수 콘텐츠 기업의 투자 유치를 위해 노력해야 할 것이다.

콘텐츠 시장은 문화적 할인율로 인해 해외 진출이 어렵지만 한국의 문화와 비슷한 지역을 적극적으로 공략하는 전략이 필요하다. 문화적인 장벽이 낮은 분야에 선택과 집중을 한다면, 국내시장의 한계는 해외 돌파구를 통해 극복할 수 있다. 게임·애니메이션·캐릭터는 해외 어느 나라에도 수출할 수 있는, 문화 장벽이 매우 낮은 콘텐츠이기 때문에 수출주력 상품화가 가능하다.

둘째, 콘텐츠 창의 인력의 육성과 청년취업 활성화 전략이다. 창조경제시대 에는 창의성과 상상력이 경쟁력의 핵심이 되는 조건이며, 창조경제시대를 이 끌 창의 인재를 육성한다. 창조적인 인력의 양성과 교육은 문화콘텐츠가 창의· 창조적인 인력에 의존한다는 점에서 매우 중요하다. 콘텐츠산업의 소비와 제 작 과정에서 창의적인 능력이 길러지기 때문에 콘텐츠산업을 통해 창의 인재 육성이 가능하다.

콘텐츠산업은 고용창출 효과가 큰 산업으로서 대량 고용의 시대가 아닌 오 늘날에 소규모 창조적 일자리를 창출하는 산업으로서 중요성이 증대하고 있 다. 특히 청년 고용의 비율이 높아 청년 고용창출에 지대한 역할을 한다. 제조 업 등 전통산업에 비해 콘텐츠 인력은 청년의 비중이 매우 높아, 콘텐츠 분야에 서 청년 스스로 직업을 설계하고 일감과 일자리를 확보해 청년실업을 해소시키는 역할을 수행한다. 또한 콘텐츠산업은 청년 고용의 창출과 경제 활성화의 선순환 구조를 달성할 수 있기 때문에 콘텐츠산업에 대한 지원이 중요하다.

셋째, 콘텐츠 클러스터의 조성과 선택과 집중에 의한 경쟁력 제고가 필요하다. 최근의 기술환경에 적극적으로 대응하기 위한 스마트 부문이나 융합 부문에서의 클러스터 구축이 필요하다. 경쟁력이 있는 지역에 콘텐츠 클러스터를 선정해 조성하고 인프라를 구축한다. 콘텐츠산업의 발전에 정부 및 지자체의 재원뿐만 아니라 기업의 자금투자가 절실하다. 지역 내 기업과의 연계를 통해 다양한 사업을 개발해 대기업이 콘텐츠 부문에 적극적으로 투자하도록 유도한다.

콘텐츠 지원사업에서 선택과 집중을 하고, 스마트·융합환경과 급격히 성장하는 국내시장 환경에 적절하게 대응할 수 있는 신규 사업 발굴을 추진한다. 콘텐츠 소비의 접근성이 떨어지는 지역에 콘텐츠 소비를 유도하고 문화적 차원에서 문화소외계층에 콘텐츠 소비를 촉진할 수 있는 콘텐츠 복지를 확대시킨다.

2) 스마트 콘텐츠 창조거점화를 통한 일자리 창출

첫째, '한류콘텐츠융합센터'를 설립 운영할 수 있다. 한류콘텐츠융합센터는 한류월드의 배후지역으로서 한류월드가 소비지라면 한류콘텐츠융합센터는 기획 및 생산기지로서 기능을 수행한다. 고양시 한류월드가 주로 디지털 방송 콘텐츠를 중심으로 시설이 입주해 있다면 한류콘텐츠센터는 방송 외에 한류와 관련된 콘텐츠 부문의 인큐베이팅 역할을 수행할 수 있다. 한류월드와 연계한 한류 융합 콘텐츠산업의 전략적 지원을 목적으로 하고, 한류 콘텐츠와 중소기업을 연계한 융합 상품 개발 및 유통 판매 공간을 개발하는 전략을 추진할 수 있는 것이다.

표 8-6 ┃ 한류월드와 한류콘텐츠 융합센터의 차별성

구분	한류월드	한류콘텐츠융합센터
주요 시설	• K-POP 아레나 공연장 건립(확정) • 방통위 디지털방송콘텐츠지원센터 • EBS 디지털 통합사옥 • 주상복합시설 및 상업시설 • 수변공원 등 기반시설 조성 • 한류 MICE 복합단지	• 융합센터 - 패션창작 스튜디오 - 스마트 콘텐츠 창작소 - 섬유 IT 융복합 연구소 - 공동작업실/교육실/회의실/아카이브 - 유통 · 소비공간 - 크리에이티브 갤러리숍(전시 및 판매) - 체험형 스튜디오 - 멀티 스페이스(소규모 공연장)
주요 기능	• 네임 밸류가 있는 한류의 소비지 - 숙박(호텔) • 공연	• 한류생산지, 기획, 유통, 창업공간 • 타산업과의 융합에 의한 한류생산 • 한류월드의 배후지역
입주 기업	• 규모화된 기업	• 인큐베이팅 및 창업, 스타트업기업

자료: 이상훈 외(2013).

한류콘텐츠융합센터는 한류 관련 콘텐츠의 배후 생산기지 또는 저변으로서 한류 콘텐츠를 기획하고 생산 유통할 수 있는 창조 거점 지역으로 육성해 저성 장시대의 일자리 창출에 기여토록 한다. '한류콘텐츠융합센터'의 설립 운영은 한류와 연계한 융합상품을 개발하고 맞춤형 디자인 및 콘텐트 상용화를 지원 하는 방안이다. 즉, 한류월드가 추진되고 있는 경기 북부 지역에서 한류월드는 제품화 및 상업화에 성공한 한류의 소비지 중심지 및 숙박지 역할을 하는 반면, 한류콘텐츠융합센터는 한류생산 및 타 부분과의 융·복합 현장, 생산 - 발생지 로 역할을 할 수 있다.

한류콘텐츠융합센터는 창업/디자인실, 교육/회의실, 갤러리 숍 등으로 공간 을 구성하고 내용은 콘텐츠(패션)·스마트·융합을 추구하며, 기능적인 측면에서 는 창업(창작) 및 유통/체험공간을 제공한다. 융합센터의 지원 대상은 중소 콘텐 츠/스마트기업(창업자), 디자이너이며, 사업 참여자는 한류기획사, 콘텐츠기업, 한류 관련 제조기업이며, 한류콘텐츠융합센터의 개념은 창의적 협력(Creative

그림 8-2 ┃ 한류콘텐츠융합센터 사업 구조 및 가치사슬

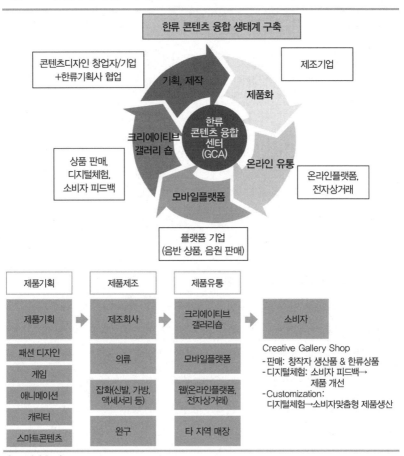

자료: 이상훈 외(2013).

Collaboration), 융합(Convergence), 문화(Culture)로 정리될 수 있다.

콘텐츠와 한류의 융합발전을 추구해 '콘텐츠기업(캐릭터·애니메이션·게임 등)
+디자인기업(디자이너)+모바일플랫폼(구글·페이스북·N-스토어·벅스 등)'+한류
기획사+소형음악기획사(창작자)가 집적된 융합 공간으로서 창조거점화를 통

196   제3부 저성장시대의 산업과 일자리

표 8-7 | 한류콘텐츠융합센터 특성

구분	한류콘텐츠 융합센터	한류월드	스마트 콘텐츠 밸리(안양)	동대문디자인 플라자	대구텍스타일 콤플렉스
공간 구성	창업/디자인실, 교육/회의실, 갤러리숍	숙박, 공연장, 방송제작시설, 테마파크	창업실, 기술 지원	아트홀, 뮤지엄, 비즈니스센터, 편의시설, 공원	트레이딩센터, 비즈니스센터, 섬유전시관
분야	콘텐츠(패션), 스마트, 융합	한류(음악, 방송)	스마트 콘텐츠	디자인, 패션	섬유
테마	한류, 스마트, 패션	한류(K-culture)	스마트 콘텐츠	디자인	섬유소재
기능	창업(창작), 유통/체험	소비	창업 지원	네트워킹, 홍보	마케팅
지원 대상	중소 콘텐츠/ 스마트기업(창업자), 디자이너	한류 상품 (제조사, 기획사)	예비창업자	All(패션기업, 디자이너)	섬유기업
사업 참여자	한류기획사 콘텐츠기업 제조기업	한류기획사, 여행사	플랫폼사	패션기업, 디자이너	해외기업, 유통사, 컨버터

자료: 이상훈 외(2013).

그림 8-3 | 컨테이너를 이용한 큐브형 건축물 사례

| 북촌 디자인 큐브 | 통영 디자인 큐브 | 큐브형 공간 사례 |

자료: 한국공예디자인문화진흥원 블로그.

한 일자리 창출을 도모할 수 있다.

한류콘텐츠융합센터와 연계한 한류 콘텐츠 융합상품 개발 과정은 다음과 같다. 한류콘텐츠융합센터가 한류 기획사와 개발 제품을 협의한 후에 한류 콘텐츠 활용 디자인을 공모하고, 의류기업 및 제조기업을 선정해, 개발된 제품을 생산·유통(브랜드화)한다. 한류와 IT를 접목시켜 다양한 영역에서 다양한 방식으

- 위치: 서울 중구 마장로 22 (신당동 251-7) 4층
- 규모: 282.06m^2 (크리에이티브 쇼룸 111.56m^2 / 패션카페 170.5m^2)
- 입주기간: 1회 6개월(3회 연장가능, 최장 24개월)
- 입주현황: 디자이너(여성복·남성복·잡화 등) 총 50명 입주
- 입주자격: 예비 창업 또는 창업 5년 이내의 서울 거주 신진 디자이너
- 전시제품: 서울패션창작스튜디오 입주 디자이너 및 졸업 디자이너 제작 시제품
- 공간구성: 크리에이티브 쇼룸과 바이어 상담을 위한 패션 카페

크리에이티브 쇼룸

패션카페

자료: 서울패션창작스튜디오(http://www.sfcs.seoul.kr/).

로, 제품 개발 과정에서 자원과 아이디어의 활용이 가능하며 IT를 통한 창의적 한류 비즈니스 영역을 확장할 수 있다. 또한, 융합센터에 한류패션창작스튜디오를 운영, 한류패션 신진 디자이너에게 인큐베이팅 공간을 제공할 수 있다. 한류콘텐츠융합센터는 건물 신축 방식으로 설립·운영하는 방안과, 초기의 건축 비용 부담을 완화하기 위해 기존의 건물을 임대, 또는 큐브 형태의 건축물을 이용하는 방안도 고려할 수 있다.

한류콘텐츠융합센터 내 한류패션창작스튜디오의 운영은 패션 관련 디자이너들의 인큐베이팅 역할을 하고, 임가공 생산 중심의 섬유산업에 콘텐츠 창작 기능을 부여해 패션산업의 성장동력이 되도록 하는 역할을 수행한다. 한류패

표 8-8 ┃ 주요 '스마트 콘텐츠' 거점 사례

구분	스마트 콘텐츠 센터	스마트 콘텐츠 창조마당	동대문디지털 플라자	서초 창의허브	KT&G 상상마당
위치	경기도 안양시	경기도 안양시	서울시 중구	서울 서초구	서울시 마포구
특화 부문	ICT, 문화콘텐츠	스마트 콘텐츠, 힐링콘텐츠	의류, 디자인	청년 등 사회적기업 인큐베이팅	안정적 창작활동, 기획/전시/공연
입주 현황 및 면적	50개사	68개사	총면적 8만 5,320m²	총면적 2,900m²	총면적 2,900m²
운영 주체	한국콘텐츠 진흥원	경기콘텐츠 진흥원	서울디자인재단	현대자동차그룹 (사) 씨즈(비영리)	컴퍼티에스에스 (주)
주요 시설	소회의실, 휴게실, 테스트배드실, 멘토링실, 중회의실, 대회의실 등	예비창업자공간, 휴게실, 비즈스퀘어, 라운지, 공용회의실 등	아트호르 뮤지엄, 비즈센터, 공원, 편의시설	인큐베이팅시설, 교육문화센터	영화관, 공연장, 디자인 전문숍, 갤러리, 아카데미 등

자료: 스마트콘텐츠센터 홈페이지(http://www.smartcontent.kr/); 경기콘텐츠진흥원 홈페이지(http://www.gcon.or.kr/); http://article.joinsmsn.com; 서초창의허브 블로그(http://schub.asia/); 상상마당 홈페이지(http://www.sangsangmadang.com).

션창작스튜디오와 의류공장, 아웃렛매장 등을 콘텐츠로 연계, 소비자를 위한 생산·판매 등 유통 흐름이 한자리에서 이루어지는 원스톱시스템을 구축할 수 있다. 섬유·패션산업 지원체제를 콘텐츠 중심으로 구축해 소재 및 업체, 기술 정보 지원, 신제품에 대한 연구개발 및 패션 생태계를 조성한다. 한류패션창작스튜디오 내에는 입주 디자이너들의 샘플 제작을 위한 봉제작업 공간, 소규모 비즈니스 미팅 및 바이어 상담을 위한 회의 공간, 제작 작품 촬영을 위한 촬영스튜디오, 디자이너들의 창작공간, 휴게실 등 부속시설을 구비할 수 있다. 서울패션창작스튜디오는 총 50명의 디자이너들이 입주해 있으며(2009년 12월 현재), 역량 있는 신진 디자이너들의 패션 창작 활동을 지원하며 신진 브랜드를 발굴·육성하는 패션 전문 인큐베이팅 공간이다.

둘째, '스마트 콘텐츠' 거점의 지속적 확대가 필요하다. 현재 운영되는 스마트 콘텐츠센터를 지속적으로 확대시켜 IT 부문과 연계한 창조산업의 인큐베이팅 역할을 확대시키고, 청년층의 창조적 일자리 창출과 연계시킨다. 창조적 거점으로서 스마트 콘텐츠 부문의 발전은 전문집단의 집적화를 통해 이루어질 수 있으며, 물리적인 공간을 거점으로 발전시키는 전략을 추진한다.

3) 스마트 콘텐츠 인력 양성 생태계 구축

스마트 콘텐츠 인력 양성 생태계 구축을 위해서는 첫째, 스마트 콘텐츠-제조업 간 양방향 융합 교육 프로그램 운영을 추진한다. '기기-제품-콘텐츠'를 연계한 비즈니스 모델을 발굴하고 스마트 콘텐츠의 제작을 활성화시키는 시스템을 구축한다. 스마트 콘텐츠의 개발과 사업화 과정에 필요한 창업 및 역량 강화 지원을 통해 역량 있는 개발 인재를 육성하며, 이후 제조업 부문의 콘텐츠 수요자와 개발업체(창업팀)가 공동으로 콘텐츠 개발에 참여하는 동반 성장 생태계를 조성한다. 콘텐츠 교육 수강대상은 지역 특화산업 종사자를 대상으로 하고 지역대학의 콘텐츠 관련 학과 및 제조업 관련 학과의 대학생 및 대학원생, 마이스터 고등학교 등 고교 졸업생을 대상으로 한다. 제조업 관련 경험을 갖추고 있는 인력과 콘텐츠 및 IT 관련 경험을 갖추고 있는 인력을 골고루 섞어 선발하되, 직장경력·교육경력·수상경력 등의 요건을 살펴서 심사한다. 콘텐츠 교육프로그램은 지식과 아이디어 공유교실을 운영해 각 팀별로 정보 공유 및 아이디어를 발굴하는 과정을 운영하고, 시간제 인턴을 통해 제조업 현장에서 산업 환경을 파악하도록 할 수 있다. 또한 타당성조사를 거쳐 사업화 과정을 경험할 수 있도록 시범사업을 지원하고, 멘토제를 운영해 전문가 풀을 구축, 시범사업 관련 조언 및 자문을 할 수 있도록 한다. 그 외 해외진출 교육 프로그램을 운영해 융합콘텐츠산업의 수출 토대를 구축하도록 할 수 있다.

그림 8-4 ┃ 멘토제 운영에 의한 시범사업 추진체계(예시)

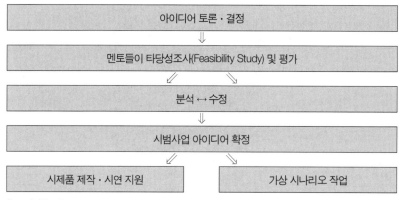

자료: 이상훈 외(2013).

둘째, 전문가와 만나는 '멘토제' 운영을 추진한다. 융합 콘텐츠 각 분야의 전문가 풀을 구축해 멘토로 구성하고, IT 관련 교육, 해외수출 교육, 법률 등의 자문 교육 등 영상강의를 실시하며, 다른 한편으로는 제안된 아이디어에 대해 전문적인 컨설팅을 실시한다. 특히, 전문가 그룹은 기존 특화 제조업 전문가와 스마트 콘텐츠 및 IT 전문가, 자문적 성격의 전문가 등으로 구분해 멘토제를 운영할 수 있다.

제안된 아이디어 시범사업의 지원 과정은 다음과 같다. 아이디어를 제시하면 토론을 거쳐 멘토들이 타당성조사 및 평가를 실시하고 분석·수정·보완 과정을 거쳐 시범사업의 아이디어로 확정시킨다. 시범사업 아이디어로 확정되면 시제품 제작 및 시연 과정을 지원하거나, 가상시나리오 작업을 지원하는 시스템이다. 특히, 아이디어에 대한 타당성조사는 전문가 멘토가 해당 시범사업이 기획·마케팅·디자인 등에서 사업 성공 가능성이 있는지 조사 및 평가하는 과정이다. 가상 시나리오 작업은 시범사업을 실제 사업화할 예산이 부족한 경우, 해

그림 8-5 ┃ 헤이리 아트밸리 조성 사례

경기도 파주시에 위치한 헤이리 아트밸리는 1998년 이후 15만 평 부지에 미술인 · 음악가 · 작가 · 건축가 등 380여 명의 예술인 들이 회원으로 참여해 작업실 · 미술관 · 박물관 · 갤러리 · 공연장 등 문화예술공간이 구비된 공동체로 발전하고 있다.
창작 · 전시 · 공연 · 축제 · 교육 · 담론 · 판매 · 국제교류 · 창작주거공간으로 기능해 국내외 문화예술 콘텐츠의 생산과 집산의 메카를 지향한다.

자료: 헤이리 홈페이지.

당 사업이 시장에 진출했을 때 경쟁 상대는 누구이고 어떤 장애를 겪는지 시나리오를 통해 가상으로 사업 과정을 거친다.

셋째, '명장빌리지' 조성 및 '사이버 명장 · 명품 거래소' 설립 운영을 추진할 수 있다. 새로운 명품 개발 및 육성으로 낙후지역의 명품단지화를 추진, 기존 및 신규 제품 도입을 활성화시키고, 명품단지화에 의한 베이비부머의 재취업과 젊은 세대를 위한 신규 일자리 창출을 촉진시킨다. 젊은 세대의 창의력을 통한 기존 제품의 고급화와 상품성 제고, 첨단 마케팅 시스템의 도입을 추진한다. 또한 '명장빌리지'는 다양한 분야의 청년 명장들이 생활공동체를 이루는 공간으로서 주거기능과 함께 명품을 생산 · 전시 · 판매 · 홍보 · 교육하는 복합공간으로 발전시킨다. 명장빌리지 내 다양한 장인들의 작업 및 전시 · 판매를 통해 장인 공동체를 형성하고 공동작업장 등을 운영해 관광상품화를 추진한다.

한류의 지속으로 한국 사람과 문화에 대한 아시아인들의 관심이 높아지고 있어, 명장빌리지를 한류와 결합해 명장 · 명품산업을 활성화시킨다. 명장빌리지를 한류관광의 주요 코스로 개발하고, 한류문화상품 속에 명장 · 명품이 결합되도록 유도한다.

'사이버 명장·명품거래소'를 설립·운영해 명장·명품의 거래를 활성화하고 명장·명품에 대한 정당한 가격결정 및 유통기능을 담당한다. 명장·명품의 '적정한 가격결정' 과정에서 명장에 대한 소개 및 작품에 평가 등 정확한 정보 전달기능을 '사이버 명장·명품거래소'에서 수행한다. 인터넷 경매 형태의 명장·명품 사이버거래소의 운영은 사회적기업이 담당하고, 거래소는 소셜펀딩(Social funding)을 통해 전통기술의 보전 및 신제품 개발을 추진한다.

> ▌ **소셜펀딩에 의한 명장·명품 투자**
>
> 소셜펀딩은 모금이 가능한 웹사이트에 프로젝트를 제안하면, 방문자들이 SNS 등을 통해 전달하고, 이에 공감하는 불특정 다수가 소액을 기부 또는 투자해 프로젝트가 실현되는 방식이다. 그동안은 주로 독립영화·전시·출판 등 문화 분야에 집중되어 있었다. 전통적 가치를 보전해야 할 필요가 있거나 산업화 수요에 대응할 명장·명품에 대한 투자를 유도하고, 가격 및 유통과정에서의 투명한 거래를 위해서 '사이버명장·명품거래소'에서 소셜펀딩을 유도할 수 있다.

표 8-9 ▌ 콘텐츠 클러스터 개념과 법적 근거

구분	문화산업단지	문화산업진흥지구	문화산업진흥시설
개념	기업·대학·연구소·개인 등이 공동으로 문화산업과 관련한 연구개발·기술훈련·정보교류·공동제작 등을 할 수 있도록 조성한 토지·건물·시설의 집합체로「산업입지 및 개발에 관한 법률」에 따라 지정·개발된 산업단지	문화산업 관련기업 및 대학·연구소 등의 밀집도가 다른 지역보다 높은 지역으로 집적화를 통한 문화산업 관련 기업 및 대학, 연구소 등의 영업활동·연구개발·인력 양성·공동제작 등을 장려하고 이를 촉진하기 위해 지정된 지역	문화산업 관련 사업자와 그 지원시설 등을 집단적으로 유치함으로써 문화산업 관련 사업자의 활동을 지원하기 위한 시설
	문화산업클러스터: 문화산업 관련 기업들을 유치해 관련 산업의 집적화를 통한 시너지 효과를 높임으로써 지역문화산업을 활성화하기 위한 것으로 문화산업단지, 문화산업진흥지구, 문화산업진흥시설이 클러스터 개념에 포함됨		
법적 근거	「문화산업진흥기본법」 제24조(1999.2.8)	「문화산업진흥기본법」 제28조의2(2006.4.28)	「문화산업진흥기본법」 제21조(2002.1.26)

구분	문화산업단지	문화산업진흥지구	문화산업진흥시설
지정 현황	총 2곳 • 청주(2002.3) • 춘천(2008.1)	총 11곳 • 부산, 대구, 대전, 부천, 전주, 천안, 제주(2008.2.29) 7곳 • 인천, 고양(2008.12.2) 2곳 • 광주, 성남(2010.2.17)	총 1곳 • 상암동 문화콘텐츠센터 (2007.3.12.)
개념 상세 비교	인위적으로 단지에 업체, 연구소, 대학 등을 집적화함으로써 비용이 많이 소요되고 사업완성까지 장기간 소요	인위적인 집합체가 아닌 기존에 형성되어 있는 일정지역을 선정해 집중지원을 통해 사업의 완성도를 높일 수 있음	벤처기업집적시설로 지정되어 벤처기업에 대한 정책적 지원을 받을 수 있어 중소업체들의 자생력 확보
기타	부산·대구·대전·부천·전주는 단지지정협의단계에서 진흥지구로 전환		

자료: 문화관광체육부(2009).

참 고 문 헌

(주)아이알씨. 2013. 「경기도 콘텐츠산업 인프라 현황조사」. 경기콘텐츠진흥원.

KOCCA. 2012. 『해외콘텐츠시장조사』.

KT경제연구소. 2013. 「2013 콘텐츠산업 전망」. ≪DIGIECO Focus≫.

경기콘텐츠진흥원 홈페이지(http://www.gcon.or.kr/).

문화관광체육부. 2009. 『콘텐츠산업진흥원백서』.

문화체육관광부·한국콘텐츠진흥원. 2013. 『2012 콘텐츠산업통계』.

상상마당 홈페이지(http://www.sangsangmadang.com).

서울특별시 문화관광디자인본부. 2011. 「동대문디자인플라자 운영준비」.

서울패션창작스튜디오(http://www.sfcs.seoul.kr/).

서초창의허브 블로그(http://schub.asia/).

스마트 콘텐츠센터 홈페이지(http://www.smartcontent.kr/).

이상훈 외. 2013. 「경기북부 콘텐츠 클러스터 조성방안 연구」. 경기콘텐츠진흥원.

중앙일보(http://article.joinsmsn.com/).

통계청. 2012. 「2011년 기준 전국사업체 조사 잠정결과」.

한국공예디자인문화진흥원 블로그(http://kcdf.kr/gallery).

한국콘텐츠진흥원. 2012. 「2011년 연간 콘텐츠산업 동향분석보고서」.

_____. 2013. 『콘텐츠산업 전망』.

헤이리 홈페이지(http://www.heyri.net/).

PWC. 2012. MPAA. FCC. EPM. OECD. IFPI. ICV2. The Numbers.

제9장
미래 성장동력으로서의 관광산업

1. 여건 변화

1) 관광트렌드

최근 한국 관광트렌드는 고부가가치 창출, 복지관광, 개별자유여행(FIT), SNS 활용, 참여여행, 지속가능성, 브랜드마케팅 등의 키워드로 정리할 수 있다. MICE와 의료관광을 앞세운 고부가가치 관광, 뉴시니어 세대와 서민 계층을 겨냥한 복지관광, 크리투어슈머의 FIT를 지원하는 온라인서비스, SNS를 활용한 모바일 기반 관광비즈니스 등이 대두되고 있다. 또한 참여여행은 헬스투어리즘, 트라이투어슈머(체험소비), 다문화 수용 등의 형태로 나타난다. 사회적 책임관광(공정여행), 그리너 비즈니스(녹색관광) 등으로 대표되는 지속가능한 관광 활동도 활성화되는 추세이며, 국내에서는 대형 이벤트 지원, 한국 방문의 해 사업 등을 통한 국가 브랜드 마케팅 진행 중에 있다.

표 9-1 ▮ 관광트렌드

키워드	내용	사례/정책동향
고부가 가치	MICE	2011년 MICE행사 세계6위 달성 2012년 '한국 컨벤션의 해'
	의료관광	중·장기목표 '2015년 30만 명 유치를 통한 아시아 의료관광 허브 도약' 의료관광 안내홍보센터 운영(2009~) 의료관광 안내 서비스의 인터넷 홈페이지 및 모바일 앱 서비스 제공 (2011.11.)
복지관 광	뉴시니어 (실버복지관광)	'브라보 실버 라이프', '홀로 어르신의 겨울 나들이', '즐거운 스파여 행' 등 무료관광프로그램 진행
	여행바우처 사업 (친서민)	복지관광과 여행바우처 사업의 통합(2011)
FIT	크리투어슈머 (온라인 관광, 지적관광, 감각적 관광, 합리적 관광 추구)	편리한 여행을 위한 원스톱 서비스 제공 '트립잇(www.tripit.com)' (타임지 선정 2009년 최고의 웹사이트) 한국관광공사 '대한민국 구석구석 캠페인' 어플리케이션 출시 (2011.2)
SNS	미디어융합에 따른 모바일 기반 관광비즈니스	아이폰·안드로이드폰용 한국 관광 어플리케이션 'Visit Korea 1.0' (2011.2.) U-Tourpia(선진형관광안내정보서비스) 구축 사업
참여여 행	트라이투어슈머 (체험소비 추구)	부산 '잘잘 S관광투어'(2013.8.)
	'엣지워커', '다문화 혼혈인'	국제자원활동(배낭여행+봉사활동) 활성화
지속가 능한 관광 활동	사회적 책임관광 (공정여행)	공감만세(fairtravelkorea.com), 착한여행(goodtravel.kr), 트래블러 스맵(www.travelersmap.co.kr), 국제민주연대(www.khis.or.kr) (2013년 7월 현재 공정여행 프로그램 운영 중)
	그리너 비즈니스 (녹색관광)	문화체육관광부 '저탄소 녹색성장 실현을 위한 녹색관광 기본계 획'(2010.4.) 문화체육관광부·한국관광공사·관광업계 대표 '관광 분야 탄소 배출 절감 협의체'(2011.5.)
브랜드 마케팅	메가이벤트 지원	제주 '세계 7대 자연경관' 브랜드 2012 여수세계박람회 해외 네트워크 구축 및 연계 관광상품 개발
	한국방문의 해 사업	국내외 관광업계 참여 'Korea International Travel Market 2011' 개최 한국음식관광 특별 TV프로그램 '김치연대기 13부작'(2011)

자료: 양혜원 외(2012); 심원섭(2010); 문화체육관광부(2012a); ≪강원도민일보≫(2013.6.30); ≪중앙일
보≫(2013.8.14); 한국관광공사(2010); ≪시사인≫(2013.7.20); 김미숙 외(2012).

그림 9-1 ┃ 관광 발전 패러다임 전환

	현재	미래
투입요소	노동, 하드웨어, 자본 등에 기반한 요소투입형 관광성장모델	지식, 콘텐츠, 기술 등에 의한 혁신주도형 관광산업 성장 기반 조성
생산과정	개별 관광 주체 간 수직적 물리적 연계	다양한 관광 주체 간 수평적·화합적 협력관광 형성
성장기반	정부, 인바운드, 주력 관광산업, 대자본 중심	민간, 내수관광, 연계 관광산업, 소자본 중심
성장결과	인바운드 수, 경제적 기여, 관광수지 등 양적 성장지표 중심	국민의 삶의 질, 관광복지, 일과 삶의 균형, 일자리 창출 등 질적 성장지표 중심
추진체계	관광산업, 경쟁정책, 부처이기주의, 규제 개선 중심	융합산업, 협력정책 거버넌스, 산업생태계 조성

자료: 심원섭(2012).

2) 관광 발전을 위한 정책 패러다임 전환

심원섭(2012)은 크게 다섯 가지 부문으로 구분해 향후 바람직한 관광정책 패러다임 전환 방향에 대해 제시하고 있다. 첫째는 투입요소로서, 이는 요소투입형 관광성장모델(현재의 노동·하드웨어·자본 등)에서 지식·콘텐츠·기술 등에 의한 혁신 주도형 관광산업 성장 기반 조성으로의 전환 필요성이다. 둘째는 생산 과정으로, 개별 관광 주체 간 수직적·물리적 관계에서 여러 관광 주체 간의 수평적·화합적인 협력관계 형성을 통한 네트워크 성장으로의 전환 필요성이다. 셋째는 성장 기반으로, 과거 톱다운(top-down)식의 정부 주도 정책, 인바운드 우선 정책, 주력 관광산업 육성, 대자본 중심의 관광정책에서 민간 주도의 관광정책, 내수관광 활성화 정책, 연계 및 융합 관광산업 육성, 소자본 중심의 관광정책으로 전환 등 균형성장을 요구하는 것이다. 넷째는 성장결과로서, 이는 양적인 성장지표(인바운드 수, 경제적 기여도, 관광수지 등) 중심에서 질적 성장지표(국민의 삶의 질, 관광복지, 일과 삶의 균형, 일자리 창출 등)를 고려한 관광정책으로의 전환 필요성이다. 마지막으로 추진체계는 독립적 관광산업, 경쟁적 정책 추진, 부처 이기주의, 규제 개선 중심에서 구성요소 간 통합과 조화(융합산업의 육성, 협력정책 추진, 거버넌스 강화, 산업생태계 조성 등)에 기반을 둔 성장으로의 전환이 필요하다.

2. 관광 현황

1) 세계 관광 현황

(1) 국제관광객 수 및 관광수입 추이

세계관광기구(UN World Tourism Organization: UNWTO)에 따르면 2012년 국제관광객 수(International tourism arrivals, 중복 기준)는 10억여 명으로 전년 대비 4.0% 증가했다. 이 중 한국이 속한 아시아·태평양 지역의 국제관광객 수는 2억 3,300만 명으로 전년 대비 6.8%의 높은 성장세를 보였다.

UNWTO는 국제관광객 수가 연평균 4.1% 성장해 2020년에는 15억 6,000

그림 9-2 | 국제관광객 수 변화 추이 (2002~2012년)

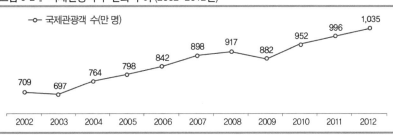

자료: UNWTO(2013); 관광지식정보시스템.

그림 9-3 ┃ 국가별 관광산업 고용자 수 및 전체 산업 비중(2013년)

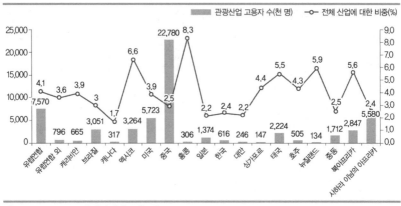

자료: WTTC(2013); 관광지식정보시스템.

만 명이 될 것으로 전망했다. 특히 한국이 포함된 동북아시아 지역의 관광산업 성장세가 두드러질 것으로 예상했다. UNWTO는 2010년부터 2030년까지 동북아시아 지역의 국제관광객이 연평균 9.1% 성장해 2030년 5억 3,500명에 이를 것으로 예측하고, 동북아시아 지역이 차지하는 국제관광객 수 비율이 현재 22%에서 30%로 확대될 것으로 전망했다.

UNWTO에 따르면 2012년 국제관광수입은 1조 750억 달러를 기록했다. 대륙별 관광수입을 살펴보면 2012년에 아시아·태평양 지역이 3,228억 달러, 미주 지역이 2,148억 달러의 관광수입을 기록한 것으로 나타났다. 아시아·태평양 지역이 2006년에 처음으로 미주 지역보다 많은 관광수입을 기록했는데, 그 격차가 더욱 커진 것으로 나타났다.

(2) 관광사업지표 및 국제경쟁력

세계여행관광협의회(World Travel & Tourism Council: WTTC)에 따르면 2013년 관광산업이 차지하는 고용자 비율이 전체 산업의 3.3%에 이르는 것으로 나타났다(Travel & Tourism Economic Research, 2013). 하지만 국내 관광산업 고용자 비율은 2.4%로 전 세계 평균인 3.3%에 미치지 못하는 것으로 나타났다.

2013년 세계경제포럼(World Economic Forum)이 세계 140개국을 대상으로 실시한 '여행 및 관광산업 경쟁력' 평가 결과를 살펴보면, 한국 관광산업의 국제경쟁력 순위는 25위로 2011년 32위에서 7계단 상승한 것으로 나타났다. 세부 분야별로 살펴보면 사업 환경과 인프라 분야에서 17위, 인적·문화적·자연적 자원분야에서 20위를 차지한 반면 관광 관련 규제체계에서 38위로 낮은 순위를 보였다.

아시아·태평양 국가를 살펴보면 싱가포르 관광산업의 국제경쟁력은 10위로 아시아 국가중 가장 높은 것으로 나타났으며, 호주(11위), 뉴질랜드(12위), 일본(14위), 홍콩(15위), 중국(45위) 순으로 나타났다. 일본의 경우 대지진을 겪은 이후임에도 2011년 전체 22위에서 8계단 상승한 것이 특징이다.

2) 국내 관광시장 동향

(1) 방한 외래관광객 현황

2012년 방한 외래관광객은 전년 대비 13.4% 증가한 1,110만 명이 입국해 1,000만 명 방한 외래관광객 시대를 개막했다. 1961년 1만 명, 1978년 100만 명, 2000년 500만 명을 넘어 2012년에 외래관광객을 1,000만 명 돌파했는데, 이는 아시아를 통틀어 7번째 기록이다.

2012년 지역별 방한 외래관광객을 살펴보면, 일본(352만여 명), 중국(284만여 명), 대만(55만여 명), 홍콩(36만여 명) 순으로 나타났다. 아시아 관광객이 79.8%로 압도적으로 나타났고, 다음으로 미주(7.9%), 유럽(6.4%) 순으로 나타났다.

최근 주목할 점은 중국인 관광객의 급속한 증가세이다. 2012년 일본인 관광

표 9-2 ▌ 방한 외래관광객 추이(2006-2012년)

(단위: 명)

구분		2006년	2007년	2008년	2009년	2010년	2011년	2012년
합계		6,155,046	6,448,240	6,890,841	7,817,533	8,797,658	9,794,796	11,140,028
1위	일본	2,338,921	2,235,963	2,378,102	3,053,311	3,023,009	3,289,051	3,518,792
2위	중국	896,969	1,068,925	1,167,891	1,342,317	1,875,157	2,220,196	2,836,892
3위	대만	338,162	335,224	320,244	380,628	406,352	428,208	548,233
4위	필리핀	248,262	263,799	276,710	271,962	297,452	337,268	331,346
5위	홍콩	142,786	140,138	160,325	215,769	228,582	280,849	360,027

자료: 관광지식정보시스템.

그림 9-4 ▌ 방한 외래관광객 추이 및 외국인 관광객 순위

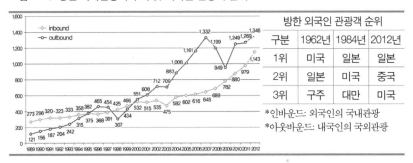

방한 외국인 관광객 순위

구분	1962년	1984년	2012년
1위	미국	일본	일본
2위	일본	미국	중국
3위	구주	대만	미국

*인바운드: 외국인의 국내관광
*아웃바운드: 내국인의 국외관광

객은 전년 대비 약 6.7% 증가한 반면 중국인 관광객은 전년 대비 약 27.4%으로 높은 증가세를 보였고, 2013년 1분기에 중국인 관광객 수(72만 3,000여 명)가 처음으로 일본인 관광객 수(69만 8,000여 명)를 앞지른 것으로 나타났다.

2020년 방한 외래관광객은 2,000만 명에 이를 것으로 전망된다(심원섭, 2012). 이러한 예측은 최근 10년간의 인바운드 평균 증가율 8.26%를 적용해 분석된 결과로 2020년 2,157만 명으로 증가할 것으로 예측했다.

(2) 국내 관광수지

2012년 관광수지 적자폭은 약 15억 달러로 전년 약 31억 달러 대비 대폭 개

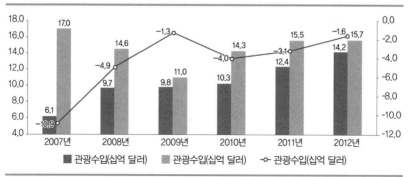

그림 9-5 ▮ 대한민국 관광수지(2007~2012년)

자료: 관광지식정보시스템.

표 9-3 ▮ 방한 외래관광객 수 추정(2013~2015년)

(단위: 천 명)

구분	2013년	2014년	2015년
시계열 추정	11,475	12,422	13,446
최근 5년	11,802	12,958	14,225
3차 관광개발	11,234	12,083	13,013
최종적용 수요	12,263	13,539	14,947

자료: 문화체육관광부(2012b).

선되었다. 2012년 관광수입은 약 142억 달러로 전년 대비 14.4% 증가했고, 관광지출은 약 157억 달러로 전년 대비 1.2% 증가했다.

　먼저 한국 관광은 외래관광객 1,000만 명 유치를 달성하는 양적 발전을 이루어왔다. 하지만 한국의 관광산업은 아직까지 세계 인바운드 순위에서 23위에 그치고 있고, 전체 산업에서 관광산업이 차지하는 비율이 5.2%로 세계 평균에도 미치지 못하고 있는 실정이며, 외래관광객이 3년 내 재방문하는 비율이 39%로 매우 낮게 나타났다. 이에 외래관광객 유치 확대라는 양적성장과 함께 외래관광객 만족도 제고, 재방문 확대, 체류기간 연장, 소비지출액 증대 등의

그림 9-6 ┃ 한국 1인당 소비액(2007~2013년)

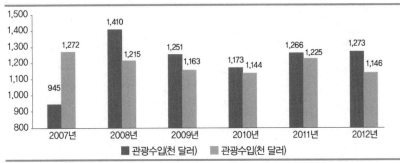

자료: 관광지식정보시스템.

질적 발전도 함께 도모해야 한다.

또한 2012년 한국의 관광수지 적자폭이 다소 개선되기는 했지만 여전히 관광수지 적자는 만성화되는 경향을 보이고 있다.

한국을 찾는 관광객 중 아시아 관광객이 78%이며, 전체의 절반이 중국과 일본 관광객이 차지하고 있다. 이러한 관광시장의 편중 현상은 한일·한중 갈등과 같은 상황이 발생했을 때 한국 관광시장에 매우 큰 악영향을 미칠 수 있다. 이에 방한 외래관광객 시장을 다변화할 필요가 있다.

다음으로 한국의 관광경쟁력은 2013년 25위를 차지해 2011년 32위보다 다소 상승했지만 여전히 관광경쟁력 향상을 위해 개선되어야 할 사항이 많이 존재한다. 특히 일자리와 투자 창출을 위한 관광산업계의 여력이 부족하고, 분단국가 특성상 국제적 정세에 민감하다는 문제점을 안고 있어 이러한 부분의 시급한 개선이 이루어져야 한다.

표 9-4 ┃ 한국 관광 SWOT

장점(Strength)	단점(Weakness)
• 동북아 시장의 허브로 지리적 강점 보유 • 풍부한 자연유산을 통한 자연친화적 관광환경 개발 용이 • 한류를 통한 한국문화에 대한 관심 급증 • 외래관광객 천만 시대 돌입 • 창의적인 관광 분야 전문인력 공급 원활	• 한국방문 선택 저해요인으로 '관광수용태세 불편' 꼽힘 • 일부 지역 집중 현상으로 관광 효과의 전국적 확산 부족 • 한국 고유의 차별성 있는 관광콘텐츠 및 자원 미흡 • 서비스 관련 정부 규제 및 제도 경직
기회(Opportunity)	위기(Threat)
• 의료관광과 같은 특화융합모델 개발 • 동북아 신흥경제권 부상에 따른 관광 수요 시장 확대 • 한국 경제 위상 강화에 따른 관광산업의 성장기제 확보 • 한류를 포함한 다양한 융복합 콘텐츠의 비약적 성장	• 남북 긴장, 환율 변동 등 외부 환경에 취약 • 일본과 중국이 차지하는 비중 절반 이상으로 편중 • 저가관광 등으로 인한 소비자 피해 발생 • 관광수지의 역조 현상 지속 및 국내관광 수요 감소

자료: 문화체육관광부(2013a.).

3. 관광 부문에서 저성장의 영향

저성장 국면은 일반적으로 경제지표를 통해 규정된다. 하지만 엄밀히 말하자면 국가(혹은 국가경제)를 둘러싼 여러 제반 상황 및 환경(국제·정치·사회·정부정책·제도적 환경 등)과 밀접한 상관관계가 있다고 할 수 있다.

전 세계적으로 당분간 경제성장이 저하되고 정부 재정 또한 긴축 추세를 보일 것으로 예상되는 가운데, 2013년 한국의 경제성장은 세계 전체 성장률보다 떨어질 것으로 우려되었다. 성장률의 저하는 결국 소비 및 투자의 위축, 고용악화, 가계부채 증가, 소득 양극화 등 국민 경제 및 생활 전반에 부정적인 영향으로 이어질 수 있다. 특히 우려스러운 것은 이러한 저성장 기류의 여파로 국민 삶의 질 하락, 사회적 불신 및 갈등의 형성, 범죄와 같은 사회일탈 행위로 이어질 가능성이 높다는 점이다.

그림 9-7 ┃ 미래 관광 환경변화

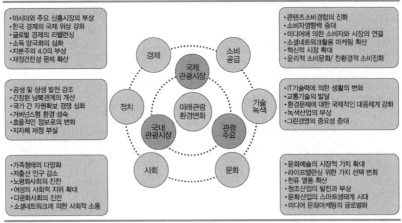

자료: 심원섭(2012).

향후 전개될 저성장사회는 고도성장 시기의 경제·사회시스템 양식으로는 극복될 수 없는 것으로, 질적으로 다른 조절양식을 갖추어야 한다. 저성장사회로의 전환은 한국의 쇠퇴를 의미하는 것이 아니라, 고도성장시스템의 부작용을 해소하고, 좀 더 지속가능하며 질적으로 성숙한 국가 발전의 모멘텀이 될 수 있다. 즉, 새로운 성장동력의 창출과 경제시스템의 전환으로 경제발전의 지속가능성을 담보하는 동시에, 국민의 삶의 질 제고, 사회적 신뢰 회복 및 공동체 의식 제고와 같은 사회적 자본 축적을 위한 구체적인 방안 제시가 필요하다.

저성장사회로의 진입은 관광 분야에도 직간접적으로 영향을 미치며, 역으로 저성장의 위기를 대처하는 중요한 기제로 관광이 주목받을 것으로 예상된다. 저성장시대는 국민 실질소득의 감소, 국가재정의 긴축 및 민간투자 위축 등으로 관광 분야에 대한 국가지출, 민간투자 및 소비가 크게 위축될 가능성이 높다.

국내적으로 저출산·고령화 추세의 심화, 복지 요구의 증가 등으로 세출 수요는 점점 증가하는 반면, 경제가 저성장 국면으로 접어들면서 안정적인 세수 확보는 점점 더 어려워질 것으로 전망된다. 국가채무를 점진적으로 줄여나가려면 현행 세제를 대폭으로 개선해 조세수입을 안정적으로 확보하는 것이 중요하다. 또한 유럽 발 경제위기로 긴축재정 열풍이 전 세계적으로 확산되고 있어 전 세계는 긴축의 늪에 빠져들 우려가 높아지고 있다. 재정적자를 줄이기 위해 정부지출을 대폭 삭감하면서 '소비침체 → 경기침체 → 성장률 하락'의 부작용이 발생하고 있다.

하지만 저성장시대를 극복할 새로운 성장동력으로 창조산업이 부상하는 가운데 관광산업은 대표적 창조산업 중 하나로 꼽히고 있다. 그리고 관광산업은 탄소 배출과 자원 활용을 최소화하는 지속가능한 발전의 중심 산업으로 부상하고 있다. 이는 일자리 창출로 연결되어 실업 극복, 이를 통해 사회적 안정 및 국민 삶의 질 증진도 기대할 수 있다. 또한 국민의 삶의 질을 제고하고 신뢰 회복과 사회적 통합으로 사회적 자본을 확충하는 데 중요한 기제로서 관광의 역할에 대한 기대심리도 존재한다.

저성장 기류에 따라 최근 '복지'를 둘러싼 논쟁이 심화되는 가운데, 경제적 지원에 국한된 복지정책을 넘어 관광향유권 보장을 통한 '정신적 복지'의 실현도 강조되고 있다. 이에 저성장사회에 대처할 주요한 기제로서 관광에 대한 인식 제고와 더불어 관광정책의 방향과 구체적인 과제 도출이 필요하다.

4. 향후 정책 방향

1) 고부가가치 관광산업 육성을 통한 일자리 창출

한국 경제가 저성장시대에 진입함에 따라, 이를 극복하고 터닝포인트로 작용할 수 있도록 관광산업의 발전을 도모할 필요가 더욱 강조되고 있다. 관광을 통한 새로운 성장동력 확보는 저성장시대 지역관광의 당면과제이다. 이를 위해서는 '고부가가치형 관광서비스 산업구조 육성'과 '지역관광산업의 국제경쟁력 강화'가 우선 필요하다. 이에 정부는 의료관광 활성화, 복합리조트 개발 등 고부가가치 융복합 서비스산업 재추진을 검토하고 있다.

(1) 복합리조트 개발

복합리조트는 관광적 측면에서 국가적 상징성을 부각시킬 수 있고, 숙박업소 부족 등의 애로사항을 타개할 수 있으며, 대규모 일자리 창출 효과를 기대할 수 있다는 점에서 매력적이다. 특히 현재 한국의 단순놀이형 카지노나 독립적으로 운영되고 있는 호텔 등의 기능을 하나로 묶어 시너지를 창출할 수 있는 구조가 필요하다.

현재 소프트파워 강화에 대한 논의가 활발하게 발생하고 있으나, 하드파워 또한 간과해서는 안 될 것이다. 마카오, 싱가포르 등이 복합리조트 사업에 성공함에 따라 대규모 복합리조트 개발사업 추세는 아시아 전역으로 확대되고 있다. 한국에서도 복합리조트 건설을 통해 외래관광객들이 만족할 만한 숙박시설 등의 관광인프라를 구축하고, 신성장동력, 고부가가치 관광상품에 대한 관심과 관련 시설 집적화 요구에 부응한 관광매력물인 랜드마크 조성이 이루어져야 할 것이다.

21세기로 들어서면서 아시아 지역을 중심으로 각국에서는 외래관광객 유치와 관광산업 투자 확대를 통한 국가경제 활성화를 모색하고자 대규모 투자가 수반되는 복합리조트를 적극적으로 개발하고 있다. 마카오의 경우, 마카오 샌즈 카지노의 개발과 이후 코타이 매립지역에 라스베이거스 스트립과 유사한 코타이 스트립의 개발이 추진되어 대규모 숙박단지와 MICE시설, 카지노를 갖

그림 9-8 ┃ 마카오 샌즈 코타이

춘 도심형 카지노 리조트가 들어섰다. 이러한 복합리조트 개발은 아시아 지역에서 확대되는 추세로, 최근 일본은 '특정복합관광시설구역(카지노 복합리조트)' 허용을 추진하고 있으며, 필리핀 또한 '엔터테인먼트시티(Entertainment City)' 프로젝트를 통해 4개소의 복합리조트 개발을 신규로 추진하고 있다(류광훈, 2012).

현재 한국에는 우수한 문화자원이 있지만 산발적으로 분포되어 있고 아시아 지역의 유사성 등으로 다른 외국인들이 한국만의 차별점을 찾아내기는 쉽지 않다. 또 수도권 내에 규모의 경제를 실현할 수 있을 만큼 대표적인 랜드마크 사례가 없는 것도 사실이다. 따라서 외래관광객의 주요 관문인 인천국제공항과 근접한 지역에 다양한 기능을 갖춘 복합리조트를 조성함으로써 지역을 대표할 수 있는 랜드마크로 육성한다면 새로운 비즈니스 수익모델도 창출할 수 있을 것이라 예상된다.

(2) 의료관광 활성화 기반 구축

의료관광산업은 차세대 블루오션으로 부상하고 있다. 맥킨지컴퍼니에 따르면 2012년 세계 의료관광시장 규모는 약 1,000억 달러로 추정되며, 최근 8년간

표 9-5 ┃ 외국인 환자 유치 실적(2009~2011)

구분	외국인 환자 유치		총진료수익		1인당 평균 진료비	
	환자 수(명)	증가율(%)	수익(억 원)	증가율(%)	진료비(만 원)	증가율(%)
2009	60,201	-	547	-	94	-
2010	81,789	35.9	1,032	88.7	131	39.4
2011	122,297	49.5	1,809	75.3	149	13.7

자료: 한국보건산업진흥원, 「보건산업통계」; 보건복지부(2012); 산업연구원(2013).

2.5배 성장했다(대한상공회의소, 2013; McKinsey & Company, 2005). 진료비용이 상대적으로 저렴하고, 의료서비스와 더불어 휴양시설이 갖춰진 아시아 지역의 관광지에서 활발하게 진행 중이다. 2011년 태국은 156만 명, 싱가포르는 72만 명, 인도는 73만 명의 의료관광객을 유치했다. 태국의 범룽랏병원(Bumrungrad Hospital)은 수영장, 휘트니스 등 5성급호텔 부대시설과 24개 국어 통역서비스(영어·한국어 등) 등 외국인 환자를 위한 원스톱 서비스를 제공하는 등 공격적으로 마케팅하고 있다.

한국의 의료관광은 2009년 신성장동력사업으로 선정된 후 급속하게 성장하고 있다. 외국인 환자 유치 실적은 2009년 6만 201명에서 2011년 12만 2,297명으로 2배 이상으로 증가했다. 이를 국적별(2011년 기준)로 살펴보면, 미국 27.0%로 가장 많았으며, 그다음으로 일본·중국·러시아 순으로 나타났다. 2012년 한국의 의료관광 수입은 1억 4,650억 달러로 최근 5년간 2.1배 증가했으나 세계 의료관광시장에서 차지하는 비율은 0.15%에 지나지 않으므로(대한상공회의소, 2013) 꾸준한 노력이 필요하다.

의료관광 활성화를 위한 지역의 관광정책으로는 지역을 대표하는 '글로벌 복합헬스타운'과 같은 의료관광 거점 인프라 조성, 의료관광 네트워크 확대 및 활성화, 인적자원관리(체계적 의료관광 전문인력 양성 및 인력 풀 구성), 행정지원

(JCI인증 위한 지역 내 의료기관 지원책 마련), 목표시장별 마케팅 등이다.

▌사례 _ 의료관광 클러스터

메디컬리조트 WE호텔(관광중심형)

제주한라병원은 휴양과 의료, 물·공기·산림 등 천혜의 자연적 요소와 병원을 융합한 신개념의
의료관광 모델인 메디컬리조트 WE호텔 설립(2013년 8월 개관)

- 부지 20만 평, 연면적 1만 6,167평(지하 1층, 지상 4층) 규모로 객실 100개, 병실 30개와 수
  (水)치료센터로 구성(500억 원)
- 가장 큰 특징은 수치료센터*로 제주한라병원은 3년 전부터 제주의 청정한 물을 심신치료에
  활용하는 임상실험을 통해 수치료 프로그램을 개발

  * 물과 빛, 소리, 색채 등을 이용한 심신안정 프로그램과 요가, 산책 등 아웃도어 프로그램 운영

청심국제병원(의료중심형)

2011 외국인환자 유치 1위 의료기관으로 총 41개국 연 3만 5,000여 명 유치

주변 관광자원(남이섬 및 파주DMZ 투어, 온천수 테라피 관광) 활용 선택 관광 제공

청심병원 주요 패키지

상품명	주요 내용
종합건강검진 패키지	5성 호텔식 특실 숙박, 정밀 건강검진, 전신마사지, 사우나, 스파, 보트관광
산부인과 분만 패키지	공항픽업, 출산, 한방산후보양, 관광, 신생아 비자대행
정신과 재활 패키지	공항 픽업, 종합검진, 입원, 재활치료, 한방치료

자료: 문화체육관광부(2013a).

---

(3) MICE

최근 관광 분야에서 주목받고 있는 대표적인 분야는 MICE산업으로, 미래의
전략산업으로 인식되어 세계 각 국가들이 MICE산업을 국가전략산업으로 육
성하기 위해 노력을 기울이고 있다. MICE산업은 회의장 시설, 숙박, 식음료,
교통, 문화, 쇼핑 등 많은 분야의 관련 관광산업과 연계되어 있어 경제적 파급

표 9-6 ┃ 지역별 MICE 행사 개최 현황

(단위: 명, %)

구분	개최 건수		참가자 수					
			외국인		내국인		전체	
	건수	비율	참가자 수	비율	참가자 수	비율	참가자 수	비율
서울	12,821	11.5	163,312	27.7	5,881,741	22.7	6,045,053	22.8
부산	9,531	8.5	113,216	19.2	2,676,306	10.3	2,789,522	10.5
대구	4,176	3.7	31,933	5.4	2,030,187	7.8	2,062,522	7.8
인천	1,474	1.3	12,071	2.0	315,069	1.2	327,140	1.2
광주	966	0.9	44,110	7.5	1,896,069	7.3	1,940,179	7.3
대전	1,480	1.3	11,741	2.0	422,025	1.6	433,766	1.6
울산	318	0.3	2,945	0.5	60,212	0.2	63,157	0.2
경기	4,382	3.9	102,780	17.4	4,523,542	17.5	4,626,322	17.5
강원	32,805	29.4	30,465	5.2	3,196,404	12.4	3,226,869	12.2
충북	3,348	3.0	5,701	1.0	281,552	1.1	287,253	1.1
충남	3,015	2.7	1,387	0.2	188,714	0.7	190,101	0.7
전북	1,378	1.2	2,455	0.4	736,793	2.8	739,248	2.8
전남	2,053	1.8	4,219	0.7	287,606	1.1	291,825	1.1
경북	26,897	24.1	17,545	3.0	1,976,860	7.6	1,994,405	7.5
경남	2,064	1.8	9,100	1.5	837,597	3.2	846,697	3.2
제주	4,969	4.4	36,800	6.2	567,186	2.2	603,986	2.3
총계	11,677	100.0	589,780	100.0	25,877,863	100.0	26,467,643	100.0

자료: 한국관광공사(2011a).

효과가 크다.

2009년 기준 한국 MICE산업의 총매출액은 약 3조 원, 경제적 파급효과는 약 38조 원에 이르는 것으로 나타났으며, MICE산업의 외국인 지출 규모는 약 1조 원으로 분석되고 있다. 예를 들어 MICE 관련 관광객 100인을 유치하면 YF 소나타 21대, 42인치 LCD TV 1,531대의 수출 효과가 있는 것으로 분석된다 (문화체육관광부 보도자료, 2010). 그뿐만 아니라 MICE산업은 관광산업의 측면에

표 9-7 ┃ MICE 신성장동력 추진계획

구분	2007년	2013년	2018년
관광객(수)	58만 6,842명	158만 4,000명	318만 5,000명
산업규모	4조 1,150억 원	11조 1,080억 원	22조 3,420억 원
GDP 대비 비율	0.45%	1.0%	1.5%
일자리 창출	8만 8,000명	23만 8,000명	47만 8,000명

자료: 국무총리실 외(2009).

서 비수기 타개책으로 활용되는 고부가가치 산업으로 인식되고 있다. 이러한 경제적 효과 외에도 국제적 영향력 증대, 개최지 홍보 효과, 국제 친선 도모, 개최지 이미지 제고 등 정치적·사회문화적인 측면에 미치는 효과 또한 크다.

국내 MICE산업은 2006년 국제회의 개최 건수는 세계 16위(185회)에서 2012년에는 세계 5위(563건), 아시아에서는 싱가포르, 일본에 이어 3위를 차지해 급성장했다. 세계 주요 도시별 개최 순위에서 서울이 세계 5위(253건), 아시아 2위를 차지했다(문화체육관광부, 2013b).

세계적으로 지식경제사회로의 진전이 가속화됨에 따라 지식과 정보교류 활성화를 기반으로 한 MICE산업의 지속적인 성장이 예상된다. 특히 싱가포르, 홍콩 등 세계적인 수준의 MICE복합단지 조성과 함께 아시아 지역은 공격적인 MICE 시장 개발과 정책적 지원 강화로 MICE산업의 성장세가 두드러질 전망이다.

한국 또한 2009년 정부 차원에서 제조업 중심의 성장 한계를 극복하고 새로운 성장동력을 확충하고자 MICE산업을 신성장동력으로 육성하겠다는 계획을 발표했다. 박근혜 정부 역시 2017년까지 외래관광객 1,600만 명 달성을 목표로 MICE산업을 6대 관광·레저산업 중 하나로 선정하고, 고부가·고품격 융·복합형 관광산업을 집중 지원할 계획이다.

경기도 MICE산업의 발전을 위한 방안으로 경기도 내 MICE산업의 권역별 특화 전략 수립과 MICE 협의체의 지속적인 협력 강화를 살펴볼 수 있다.

경기도 내 MICE산업의 권역별 특화 전략 수립이 필요하다. 먼저 경기 북부 지역의 경우 고양시 킨텍스(KINTEX)를 중심으로 대규모 전시회나 국제회의가 개최될 수 있도록 MICE, 쇼핑, 호텔, 엔터테인먼트 등을 집적화·복합화를 추진하는 것을 검토할 수 있다. 싱가포르의 비즈니스형 복합리조트인 마리나베이샌즈는 집적화·복합화의 대표적인 성공사례이다. 다음으로 경기 남부 지역의 경우, 수원시와 화성시를 중심으로 MICE산업과 주변 지역 관광지의 연계를 강화해 기업행사 위주의 MICE산업을 특화시키는 것이 가능하다. 싱가포르의 패밀리형 복합리조트인 리조트월드센토사 등이 주변 지역 관광지와의 연계를 통해 MICE산업을 육성한 대표적인 사례이다.

또한 경기도 MICE 협의체가 지속적으로 확대되어야 한다. 글로벌 MICE 협의체를 통해 아시아 차원에서 유치 효율성을 높이기 위한 협력을 강화하고, 로컬 MICE협의체를 통해 지역 연계 사업을 효율적으로 진행하기 위한 협력을 강화해야 한다.

2) 융복합 관광산업 발전을 통한 지역 특화

성장시대의 획일적인 국토개발개념의 관광트렌드에서 벗어나 저성장시대에는 지역 중심의 특화 개발을 중심으로 이루어지고 있다. 저성장시대에는 지역 특성을 고려, 지역 개성에 기초한 다양하고 특성화된 지역개발을 지향하고 있다. 이러한 개념에서 기존에 지역의 문화자산(Cultural capital)을 활용해 융복합 관광산업을 육성 및 지원하는 것은 가장 현실적인 저성장시대의 지역관광정책 중 하나이다.

지역관광 거점으로서 지역 도시를 관광 도시로 집중 육성하는 전략이 필요하다. 새로운 관광단지를 개발하는 것은 많은 비용이 수반되므로 기존 도시를 중심으로 새로운 관광 공간을 창출하는 것이 비용 대비 효과가 크다. 기존 도시에 지역별로 문화예술·음식·쇼핑·레포츠·휴양·복합 등 구체적 테마를 설정하고, 테마별로 종합적인 육성사업을 추진해야 한다. 또한 현존하는 관광 기반시설을 활용해 프로그램을 개발·운영·연계하는 방향으로 확장되어야 하고 여기에 필요한 시설을 공급·보완해야 한다. 한편, 활발한 관광 활동 특성을 보이는 도시관광객의 특성을 고려해 도시 내에서 선택 가능한 다양한 관광 활동, 문화 프로그램, 교통서비스 등에 대한 정보를 제공해주는 정책을 추진해야 한다.

(1) 제조업체 등 기업체(산업관광)

산업관광은 1·2·3차산업의 과거와 현재, 미래를 주제로 한 소재 및 현장, 역사, 창업 스토리 등을 관광자원화함으로써 자국의 산업 및 참여기업, 지역경제 활성화에 기여하는 관광 형태로 정의된다(김상태, 2009). 과거 산업관광은 수학여행 등 단체관광객을 대상으로 주로 제조업을 중심으로 한 단순한 공장견학 정도로 인식되어왔다. 하지만 최근 들어 산업관광은 기업을 홍보해 판매를 촉진하고 이를 바탕으로 지역경제를 활성화시키는 동시에 새로운 형태의 관광상품으로 관광 수요를 창출하는 산업 간 융복합을 통한 시너지를 창출하는 새로운 성장동력으로 인식이 변화하고 있다. 세계 주요 선진국은 자국의 국가산업과 기업의 산업자원을 보다 매력적인 관광자원으로 활용해 전시·체험·교육 등 다양한 프로그램을 만들고 관광객을 유치해 기업의 홍보와 지역의 경제 발전을 함께 도모하고 있다.

하지만 한국은 여전히 개별 기업 단위의 산업 시찰과 견학 중심으로 산업관광이 이루어지고 있어 그 매력이 부각되지 못하는 실정이다. 2012년 12월 문화체육관광부는 중앙정부 차원의 산업관광 육성계획을 발표하고 산업관광을 에

표 9-8 | 경기도 잠재적 산업관광자원

구분	주요 자원
산업체 중심형	수원(삼성전자), 파주(LG LCD디스플레이), 화성(현대자동차), 이천(하이닉스) 등
콘텐츠 중심형	성남(IT게임산업-NHN, 오콘, 카카오 등), 오산(뷰티산업-아모레퍼시픽), 부천(애니메이션산업), 고양(방송미디어산업) 등
축제/이벤트 중심형	안산(레저항공전), 고양(국제보트쇼), 화성(세계요트대회), 수원(생태교통), 양평(레포츠페스티벌) 등
지역특산물 중심형	포천(막걸리), 여주/이천(쌀, 도자기), 파주(장단콩, 개성인삼) 등

듀테인먼트[1]형 관광상품으로 육성해 수학여행단뿐만 아니라 유학생·비즈니스 관광객 등 신규 관광 수요를 창출할 수 있을 것으로 기대하고 있다.

제조업 등을 비롯한 지역 특화 산업과 관광산업이 연계된 산업관광이 활성화되기 위해서는 먼저 볼거리·체험성·편의성·접근성·안내해설 등의 관광수용태세가 개선되어야 한다. 무엇보다도 체험성·교육성·엔터테인먼트적 요소 등이 결합된 다양한 콘텐츠의 개발과 프로그램 구성 등 소프트웨어의 경쟁력을 강화해 산업관광의 매력을 부각시킬 필요가 있다. 이러한 산업관광체험프로그램과 주변 관광자원과의 연계가 이루어질 때 관광객의 체류시간 연장과 상품의 소비증진 등과 함께 지역경제 활성화가 가능하다.

경기도는 제조업을 비롯해 지역별로 특화된 다양한 산업자원을 보유하고 있다. 이러한 산업자원과 관광산업이 연계되었을 때 새로운 창조경제가 실현될 수 있을 것이다.

---

[1]   Edutainment=Education+Entertainment

(2) 고택, 사찰 등 역사문화자원(영성관광 등)

최근 경기침체에 따른 저성장과 이에 따른 경제적·사회적·심리적 불안감이 대두하는 가운데 한국 사회에 키워드로 자리매김한 것이 '힐링'이다. 기존의 트렌드인 웰빙이 신체적 건강과 삶의 만족도 제고를 중요시했다면 힐링은 한 단계 진화되어 마음과 정신의 상처를 치유하는 새로운 가치로 부각되었다. 선진국에서는 이러한 '힐링' 트렌드를 바탕으로 멘탈케어, 명상·요가, 스파 등 다양한 힐링산업이 본격화되고 있는데 이 중 주목할 점은 힐링산업과 관광산업의 융복합이다.

한국에서도 힐링·치유·배움 등 새로운 가치를 관광산업에 수용해 발전을 모색할 필요성이 대두되어 종교관광, 웰니스관광, 치유관광 등을 종합하는 '영성관광' 개념이 제시되었다(김상태, 2013). 정신과 신체의 실질적 치유를 목적으로 한 힐링상품에 대한 욕구는 지속될 것으로 예상되면서 힐링산업과 관광산업의 융합을 통해 고부가가치를 창출할 필요성이 있다.

힐링산업과 관광산업이 융합된 형태인 힐링관광시장이 이미 세계적으로 형성되었고, 글로벌 스파는 약 550억 달러, 글로벌 휴양관광은 약 1,100억 달러 규모의 거대시장으로 성장했다(이승철 외, 2013). 또한 현재 한국의 대표적인 힐링관광상품인 템플스테이의 방문자 수는 2005년 5만 1,000명에서 2011년 21만 3,000명으로 증가했다.

템플스테이로 대표되는 힐링관광상품은 지역의 독특한 역사문화자원을 활용해 체험할 수 있는 특색 있는 관광자원화의 가능성을 제시했다. 최근 고택·사찰 등 다양한 역사문화자원에 대한 보존과 함께 이를 활용하기 위한 노력이 강조되고 있다. 지역의 역사문화자원과 현대사회의 스트레스를 치유하는 다양한 힐링·감성프로그램을 연계한 한국만의 개성 있는 관광상품 개발을 통해 새로운 창조경제가 이루어지고, 지속가능한 지역관광이 가능하다.

(3) 농어촌 체험마을(농어촌관광)

농촌관광은 농촌의 자연경관과 전통문화, 생활과 산업을 매개로 도시민과 농촌주민 간의 교류 형태로 추진되는 체류형 여가활동으로 정의된다. 즉, 농촌관광은 도시민에게는 휴양과 새로운 체험공간을 제공하고, 농촌에는 농산물 및 농가공품 판매, 숙박·음식 서비스 등을 통해 소득원을 제공하는 1차산업과 관광산업이 연계된 대표적 융복합상품이다.

한국 농촌관광은 낙후된 농산어촌지역 활성화사업의 일원으로 다양한 마을 활성화사업이 각 부처별로 추진되면서 함께 성장했다. 정부의 정책적 지원을 바탕으로 농촌관광 참여율은 2003년 244만 회에서 2012년 595만 회로 증가했고, 농촌관광 소득 규모 역시 2003년 925억 원에서 2012년 2,953억 원으로 증가해 농촌관광의 양적인 성장이 이루어진 것으로 평가된다(김용렬 외, 2013). 여유와 휴식을 중시하고 삶에 대한 가치관의 변화 등으로 농촌관광 수요는 앞으로도 지속적으로 확대될 것으로 전망된다.

하지만 농촌관광은 유사한 형태의 도입시설과 프로그램으로 관광 형태가 차별화되지 못하고 있어 매력성이 저하되고, 수익성 있는 농촌관광 수요 또한 크게 확산되지 못하고 있는 실정이다. 농촌관광의 지속적인 성장을 위해서는 농어촌체험마을 경영자들의 역량을 강화하고, 운영 내실화를 바탕으로 다양하고 차별화된 농촌관광 체험 콘텐츠와 프로그램 개발이 이루어져야 한다. 부족한 인프라의 개선과 농촌관광상품의 서비스 품질 향상을 통해 농어촌자원을 활용한 농촌관광의 시너지가 배가되어 선순환의 창조경제를 이뤄야 한다.

(4) 음식콘텐츠 등 먹을거리 관련(음식관광)

한식세계화정책은 사업 추진상의 문제점이 제기되고 있지만, 세계 속의 한국음식 이미지와 세계인들의 한식 선호도를 높이는 데 큰 역할을 했다. 음식은 국가브랜드 및 이미지를 형성하는 문화 매개체이자 외래관광객에게 한국의 먹을거리를 체험할 기회를 제공하는 중요한 요소이다. 음식관광은 식품업과 관광산업의 융합뿐만 아니라 식(食)자원의 본질적 특성상 1차산업에서부터 3차산업까지 폭넓게 걸쳐 있어 다양한 산업과 관광산업의 융합을 통해 부가가치를 창출한다.

또한 관광의 트렌드는 과거 주요 명소를 보는 관광에서 관광객이 스스로 선호하는 활동을 체험하는 관광으로 바뀌고 있다. 그중 '식도락' 관광이 대표적인 사례인데, 관광 활동의 부수적인 범주가 아닌 관광의 주된 목적이 음식인 '식도락' 관광에 대한 수요가 증가하고 있다. 방한 외래관광객의 주요 활동 중 1위가 쇼핑(72.8%), 2위가 식도락(48.4%)인 것으로 나타났다. 지역의 고유한 문화유산인 음식이 고부가가치 관광상품이 될 수 있도록 음식콘텐츠를 바탕으로 다양한 관광프로그램의 개발과 음식문화체험 기회 확대, 기존 음식관광축제의 활성화 방안 등이 다각적으로 검토되어야 한다.

(5) 쇼핑 관련업체(쇼핑관광)

방한 외래관광객의 주요 활동 중 72.8%는 쇼핑인 것으로 나타났다(문화체육관광부, 2012c). 쇼핑관광은 관광객의 먹을거리·볼거리·살거리와 관련 쇼핑 과정에서 발생하는 다양한 구매 형태로, 지역경제 활성화에 직접적인 영향을 미치는 요소로 작용한다. 쇼핑관광은 외래관광객의 주된 활동임에도 불구하고 2011년 한국관광공사의 관광불편신고센터에 접수된 사항 중 가장 많은 부문이 역시 바가지요금, 환불 또는 수선 요구에 부적절한 대응 등 쇼핑과 관련된 불만(34.4%)인 것으로 나타났다.

정부는 2013년 저가 여행상품 판매로 인한 여행사의 손실을 기념품점 쇼핑수수료로 충당하는 왜곡된 저가관광 구조의 문제점을 개선하기 위한 대책으로 외국인 전용 기념품판매점 제도를 폐지해 외래관광객의 쇼핑 편의를 제고하는 방안을 마련했다. 관광 활동으로서 쇼핑관광에 대한 수요가 증가함에 따라 관광안내, 쇼핑정보 제공 등 인프라 확충 및 제도 개선을 통해 관광의 부가가치를 극대화하려는 노력이 지속되고 있다.

관광상품이 기존의 명소 중심 관광상품에서 골목과 재래시장을 보여주는 일상 체험 상품으로 다양해지고 있다. 관광객들은 단순한 쇼핑보다는 쇼핑과 더불어 문화를 체험할 수 있는 상품이나 기회를 선호한다.

먼저 쇼핑관광이 활성화되기 위해서는 숙박시설·위락시설 등이 집적화된 대규모 쇼핑시설의 도입이 고려될 수 있다. 쇼핑과 여가의 새로운 트렌드인 몰링(malling)은 복합쇼핑몰에서 쇼핑뿐만 아니라 여가도 즐기는 소비 형태로, 대규모로 조성된 쇼핑상가·멀티플렉스·생활문화시설·호텔 등 다양한 시설을 수용해 각종 공연 및 전시 등의 문화콘텐츠와 결합된 관광상품은 새로운 부가가치를 창출할 수 있다.

또한 기존 상점들을 사후면세점으로 등록하는 비율을 높여 외래관광객이 쇼핑 지출을 늘리는 수단으로서 적극 활용해야 한다. 다음으로 지역의 고유한 문화를 담고 있는 전통시장은 다양한 볼거리·먹을거리·즐길 거리가 공존하고 있어 새로운 문화관광콘텐츠로 주목받고 있다. 이러한 상권과 주변 관광지가 자연스럽게 연계되었을 때 지역이 단순한 경유지가 아닌 체류형 관광지가 될 수 있다. 전통시장과 관광산업이 연계된 시장투어 상품을 비롯한 다양한 관광상품 개발을 통해 쇠락하는 전통시장의 활성화와 새로운 관광 수요를 창출하고 이를 통한 상생의 패러다임을 적극 추진해야 한다.

(6) 엔터테인먼트 및 문화공연장(한류관광)

『한류백서』(문화체육관광부, 2013d)에서는 한류를 '전통문화·문화예술·문화

표 9-9 | 한류를 활용한 고부가가치 상품 개발 전략

구분	여행상품, 방문코스 및 관광지 개발
K-POP 및 한류스타	• K-POP 한류공연 이벤트 홍보 강화 및 방한상품 개발 • 주요 TV 방송사 가요프로그램 공연 관람상품 개발 • K-POP 상설공연장 및 한류테마 복합문화공간 조성 • 아이돌 가수 출연 뮤지컬, 연극공연 관람상품 개발 • 한류스타 추천 맛집, 상점, 여행지 방문코스 개발
쇼핑	• 서울 명동을 한류관광 마케팅 및 안내서비스 거점화 • 신사동 가로수길, 강남, 신촌, 이대 등 신규코스 개발
한식	• 고연령, 고소득층 대상 명품 식도락 관광상품 개발 • 해외 한식당 및 한류스타를 활용한 한식 홍보 강화
한국어	• 고양시 한류월드나 충무로 한류스타의 거리 사업 내에 K-pop, 드라마 등 한류 콘텐츠와 스타 연예인을 활용한 한국어 체험마을/ 테마파크 도입 검토
패션·미용	• 화장품, 의류업체 광고 한류스타 팬미팅 연계상품 개발 • 뷰티체험관, SPA, 강남미용실 등 방문 관광코스 개발
성형의료	• 미용성형, 쇼핑, 관광을 연계한 장기체류 프로그램 개발 • 고객 만족도 관리 및 의료분쟁 조정·지원체계 마련

자료: 이원희(2011).

콘텐츠가 융복합되면서 케이컬처(K-Culture)라는 실체를 세계인들과 더불어 만들어가는 과정'이라고 정의했다. 1990년대 말 이후 급격하게 불고 있는 문화현상인 한류는 현재 <겨울연가>와 <대장금> 등 드라마가 주도하던 한류 1.0세대에서 아이돌그룹 등 K-POP이 한류를 견인하는 한류 2.0세대를 지나 한국의 문화 전반으로 한류의 범위가 확장되는 한류 3.0을 맞이했다.

한류관광은 문화 현상인 한류와 관광산업의 연계를 통해 창조경제를 창출하는 산업 간 융합의 대표적 사례이다. 한류관광을 통해 지역 내 추가적인 관광소득 창출과 체재일수의 연장, 관광의 비수기 타개, 지역관광 홍보 등 다양한 파급효과를 기대할 수 있다.

한류는 외국인들에게 한국관광의 동기를 제공했고, 이를 바탕으로 한 관광산업의 종사자는 한류콘텐츠를 대상으로 관광상품화를 적극적 추진, 한류와

연계한 한국관광 홍보 및 마케팅사업이 활발히 이루어졌다. 이러한 일련의 작업을 통해 한류를 직접 체험하기 위해 방한하는 외래관광객은 더욱 증가할 것으로 전망된다.

앞으로도 한류를 바탕으로 드라마, 영화, 음악, K-POP, 공연, 한글, 한식, 한옥, 쇼핑, 의료·미용·패션, 웨딩 등 다양한 한류 관광상품화 전략을 추진해 고부가가치 창출을 도모해야 한다.

(7) 스포츠 · 해양레저 · 크루즈 등(레저스포츠관광)

스포츠관광은 스포츠 현상과 관광 현상이 서로 연계되어 나타난 세분화된 관광 영역으로 1990년대 중반부터 관련 산업 및 기관, 학계의 관심을 받아왔다. 레저스포츠관광은 레저 성격과 스포츠 성격이 혼합된 경쟁형 또는 비경쟁형 체험 활동으로 참여와 몰입에 대한 정도가 매우 높고, 능동적·우발적으로 이루어지는 체험관광으로 정의된다(박경렬, 2013).

레저스포츠관광산업은 여가시간의 증대, 인터넷 및 통신기술의 발달, 스포츠의 세계화, 참여관광·스포츠관광에 대한 관심 증가, 중앙·지자체의 관심 고조 등으로 인해 더욱 확대될 것으로 전망된다. 이승구(2006)는 실버산업, 양극화, 인터넷시대, 키스시대, 하이테크시대, 엔터테인먼트시대, 그린시대 등 새로운 환경 변화와 스포츠관광의 융합을 통한 상생 가능성을 제시했다.

또한 주목할 점은 해양레저형 관광산업의 발전 가능성이다. 삼면이 바다로 둘러싸인 한국의 지형적 특성과 함께 다양한 유형의 관광 활동에 대한 수요가 증가함에 따라 크루즈·요트 등의 스포츠형 해양관광도 서서히 증대될 것으로 예상된다. 국내 크루즈관광은 최근 5년간 기항 횟수는 약 4배, 관광객 수는 7배 이상 증가했으며, 2013년에는 전년 대비 2배 이상 증가가 예상된다(해양수산부 외, 2013).

표 9-10 ▌ 새로운 환경 변화와 스포츠관광의 가능성

구분	내용
실버산업(Silver Industry)시대와 스포츠관광	실버 세대를 위한 스포츠이벤트 및 장비나 시설 등의 활성화가 새로운 관광 수요시장으로 급부상해 산업적 연계 가능
양극화(Polarization)시대와 스포츠 관광	상류층시장에는 최고급 품질의 서비스와 시설을, 중상층 및 중하류층을 중심으로 접근성과 가용성 있는 스포츠관광 서비스와 이벤트 제공을 통해 차별화된 시장전략을 통해 사업화를 가속화
인터넷(InterNet)시대와 스포츠 관광	인터넷을 통한 E-sports의 활성화를 통해 관련 이벤트의 성장과 관광시장의 규모 확대 제고
키드(Kid)시대와 스포츠관광	스포츠에 대한 어린이의 관심과 참여 증가는 스포츠와 관광의 자연스러운 접목을 통해 적극적이며 모험과 판타지를 추구하는 새로운 형태의 스포츠관광 수요 창출
하이테크(Hi-Technology)시대와 스포츠 관광	첨단화된 스포츠 용품과 장비는 스포츠를 산업화시키는 원동력이 되고 있으며, 이는 스포츠이벤트를 관광산업과 연계해 시너지 효과 창출
엔터테인먼트(Entertainment)시대와 스포츠 관광	오락성과 즐거움을 제공하는 매개체인 스포츠의 수요에 대한 증가는 스포츠산업의 가치를 극대화시킬 수 있는 관광과의 연계를 통한 부가가치를 확대시키고 지역경제를 활성화
그린(Green)시대와 스포츠관광	환경을 보호하고 지속가능한 개발을 도모하는 친환경적인 스포츠관광을 통해 최고의 부가가치를 창출하는 산업적 가치 모색

자료: 이승구(2006) 참조 재작성.

표 9-11 ▌ 국내 크루즈 입항편수 및 관광객 수(2007~2012)

구분	2007	2008	2009	2010	2011	2012	2013*
기항횟수(편)	66	88	97	145	144	226	443
여객수(만 호)	3.7	6.9	7.7	17.4	15.3	28.2	72.0

* 2013년은 예측치.
자료: 해양수산부 외 관계부처(2013).

선진국의 경우를 보면 관광 활동 유형이 육지 중심의 내륙관광에서 해양관광으로 전환되는 것을 확인할 수 있다(최도석, 2006). 해양산업과 관광산업과의 연계를 통해 고부가가치를 창출하기 위한 전략 수립이 필요한 시점이다.

3) 사회통합적 개념을 기반으로 한 신(新)관광문화 형성

관광의 성장지표 측면을 살펴보면, 양적지표에서 점차 질적지표에 대한 중요성이 가중되고 있다. 관광객 인바운드 수, 경제적 기여도, 관광수지 등 양적인 성장지표 중심에서 국민의 삶의 질, 관광복지, 일과 삶의 균형 등 질적성장지표를 고려한 관광정책으로 전환되고 있다. GDP보다 국민총행복을 중시하는 시대이다. 관광 활동이 단순한 소비행위가 아니라 삶의 활기를 부여하는 일종의 생산활동으로 인식되고 있다. 더 이상 관광이 일부 사회 특권 계층만의 혜택이 아니다. 관광은 대중이 생활 속에서 어렵지 않게 누릴 수도 있으며, 더불어 사는 삶을 생각하고 실천하게 할 수도 있을 것이며, 노후를 준비하는 수단이 되기도 할 것이다.

(1) 공정관광

공정관광은 공정무역 개념이 관광 분야에 적용된 것으로 대량관광에 대한 비판과 고유한 관광경험을 추구하는 욕구가 결합되면서 도입된 개념이다. 책임관광, 녹색관광, 생태관광, 복지관광 등을 포괄하는 광범위한 개념으로도 정의된다(한국관광공사, 2011b).

공정관광은 '현지 사람들의 삶을 파괴하지 않고 환경과 공존한다는 책임감을 가지고 여행하는 것'으로 제13차 UNWTO 총회에서 채택된 '지구촌 관광 윤리 강령'을 모태로 하고 있다. 현재 해외에서는 현재 관광개발의 문제를 반성하는 '투어리즘 컨선(Tourism Concern)', 책임여행(Responsible Travel)을 비롯한 공정여행 단체가 다양한 활동을 추진하고 있다. 한국은 2007년 「사회적기업 육성법」이 제정되면서 관광 분야에서는 공정여행사의 사회적기업 지정이 이루어졌으며, 시민단체 중심의 공정여행 움직임이 정책적·산업적 분야로 확장되었다.

공정관광의 실현을 위해서는 정부·지역주민·관광객·관광산업 관계자 등이 주체적으로 공정성을 실현하려는 노력이 뒷받침되어야 한다. 먼저 정부 등 공공기관은 공정관광이 이루어질 수 있는 가이드라인을 만들어 공정관광의 토대를 구축해야 하고, 지역주민은 생활공간으로서 관광 공간이 활용될 수 있도록 주도적으로 사업에 참여해 관광객으로 인한 불편사항을 적극적으로 해소할 수 있는 방안을 모색하고 경제적 편익이 공정하게 배분될 수 있도록 해야 한다. 다음으로 관광객은 윤리적 관광소비를 통해 공정한 관광거래 및 공정한 분배가 이루어지도록 노력해야 한다. 마지막으로 관광산업의 공정성을 구현하기 위해서는 관광객과 여행사 간, 여행사와 여행사 간, 그리고 여행사와 타 산업 간 거래의 공정성을 확보해야 한다. 착한 소비로 대별되는 소비시장의 변화에 따라 관광산업도 사회적 책임에 적극 동참해야 한다.

(2) 복지관광

관광을 단순한 위락 활동이 아닌 개인의 자아실현과 삶의 질 향상을 위한 기본권으로 보는 인식 변화와 맞물려 사회적 취약계층을 위한 복지관광의 중요성이 부각되고 있다. 복지관광은 관광을 통한 행복추구권 보장을 복지권·사회권의 일부로 보는 시각으로, 모든 사회구성원에 대한 공정한 관광기회 제공을 통해 사회적 형평성을 궁극적으로 추구한다.

복지관광의 정책 대상은 한국 사회에서 개인적·구조적 여건에 의해 행위 제한을 받을 가능성이 높은 저소득계층·장애인·노인 등과 취약계층 아동·다문화가정·탈북자 등 사회적으로 배제될 가능성이 높은 집단 등이 포함된다(노영순, 2011). 문화체육관광부는 복지관광과 관련해 2011년 기존에 추진되었던 초청관광을 폐지하고 여행바우처사업으로 사업을 통합해 추진하고 있다.

복지관광은 단순히 관광기회의 균등한 제공이라는 차원을 넘어서 국민관광 향유권의 실현과 여행 지원 대상을 확대해 관광시장을 활성화하고 이를 바탕으로 관광서비스를 제공하는 여행업이나 기타 사회서비스업의 육성, 전문인력 양성과 일자리 창출 등이 함께 모색되어야 하는 당면 과제를 안고 있다.

복지관광사업을 통해 관광 편의성을 제고하고, 복지관광과 관련한 전문기업과 단체 및 전문인력이 양성되어야 한다. 또한 기존 중앙정부 차원에서 추진된 복지관광에서 벗어나 지방정부와 기업, 개인 등 다양한 구성원의 참여로 협력프로그램을 개발하고 복지관광사업의 참여를 확대시켜야 한다.

(3) 지속가능한 관광: 유휴공간 활용, 기존 자원 재활용 RE+

저성장시대를 맞아 지역관광 개발 방식의 변화도 필요할 것으로 보인다. 지금까지 관광 개발은 대규모 관광시설을 건설하는 등 하드웨어 중심의 자원 개발이 주를 이루었다. 그러나 저성장시대에는 신규 관광자원 개발보다는 기존 관광자원의 재생 전략을 강화하고, 관광자원 간 연계 및 네트워크를 강화하기 위한 노력이 필요할 것으로 보인다. 특히 대규모 재정 수요가 요구되는 대규모 개발프로젝트보다는 지금까지 개발된 관광자원에 대한 재생과 활성화 전략 및 콘텐츠 기반형 관광자원 개발에 대한 정부 지원이 강화될 것으로 보여 이에 대한 준비가 필요하다.

앞서 기술한 것과 같이 저성장시대에는 기존 지역 관광자원의 재생을 적극적으로 추진해야 한다. 낙후되고 트렌드에 부합하지 않고 지역에 산재한 관광지를 새로운 관광 수요에 부합하는 관광 공간으로 재편하기 위한 재생 전략이 마련되어야 한다. 구체적으로 기존 관광지의 리모델링 등을 통해 지역주민을 위한 관광휴양시설로 개발할 필요가 있다.

(4) 실버레저관광

한국 경제는 글로벌 경제위기, 고령화 등의 여파로 저성장시대에 진입하고 있는 조짐이 뚜렷하게 나타나고 있다. 점차 고령인구가 많아지면서 관광산업의 주요한 타깃으로 실버 세대가 부각되기 시작했다. 한국보다 고령화가 일찍 시작된 일본의 경우를 살펴보면, 실버관광정책이 나아가야 할 방향을 예측할 수 있을 것으로 보인다.

베이비붐 세대의 은퇴(시간적 여유와 경제적 여유가 충족된)로 인해 실버관광상품이 향후 더욱 각광을 받을 것으로 예측된다. 실제로 국내 노인의 관광 참가는 총여행사 수의 30%에 달할 정도로 노년층의 여행 수요가 급증하고 있다(고정민 외, 2002). 이러한 관광 욕구의 급증에도 불구하고 실버 세대의 욕구를 반영할 수 있는 다양한 관광 상품 및 프로그램이 부족한 편이다.

기존 실버 세대와 달리 현시대의 실버 세대는 '애플세대(APPLE generation)'[2]라 지칭되며, 다른 형태의 새로운 문화를 창출해내는 '창조의 세대'이다. 이러한 애플세대는 취미·레저·관광여행 등 여러 가지 관련 서비스를 우선 구매할 것으로 예상되고 있어 이들의 다양한 소비 욕구를 만족시켜줄 수 있는 상품과 서비스를 개발해야 하는 시점이다. 지역별 실버관광 루트 또는 상품 개발 노력이 필요하다. 예를 들어, (65세 이상 무임승차가 가능한) 지하철 노선을 중심으로 저가형 관광상품을 개발해 경제적 여건과 상관없이 누구나 누릴 수 있도록 할 필요가 있다. 이와 더불어 (시간뿐 아니라 경제적 여건이 전제조건인) 크루즈관광 등 고급형 관광상품도 개발해 실버층의 여가문화 활성화를 도모하도록 한다.

---

2   애플세대는 나름대로 활발한 사회활동(Active)하고, 자부심(Pride)이 강하면서도 시간적으로 여유와 안정(Peace)이 있으며, 고급문화(Luxury)를 즐길 수 있는 경제력(Economy)이 있는 노년층을 일컫는 말한다.

■ 제주도 실버관광 브랜드화

- '제주장수문화연구센터'를 설립
- 고령화시대에 대비하는 노인복지정책을 개발하고 장수 브랜드 전략을 연구 바탕으로 실버 관광 브랜드 상품 개발
- '장수의 섬' 이미지 브랜드화
- 1단계: 장수마을 육성
- 2단계: 제주장수 이미지 상품화 전략(장수식품개발과 판매, 장수마을 탐방 및 관광코스 개발 연계, 장수마을 홈페이지 구축, 장수마을 홈스테이 운영)
- 다양한 실버관광상품 개발
- 제주도 장수음식 관광상품화, 서귀포 노인성(老人星)축제의 관광상품화, 노인 전용 골프장 조성 등

4) 지역공동체 중심 관광사업 추진

관광은 창조경제의 활성화와 연동해 지역 일자리 창출의 중요한 수단이 될 것이라고 예상되기에 일자리 창출 대책이 필요하다. 또한 행복추구·힐링이 시대적 과제가 되고 있는데, 특히 '지역주민의 관광참여 확대'가 국민행복을 더욱 촉진할 것으로 기대된다. 이를 위한 대안으로는 관광 분야 창업 활성화를 위한 지원 강화, 관광 분야 사회서비스 활성화를 통한 일자리 창출, 지역주민의 관광향유권 보장을 위한 대책 마련이 필요하다.

저성장시대를 극복하기 위해 사회적경제 혹은 공유경제의 실현에 대한 요구가 증대되는 가운데, 지역관광 분야 또한 이러한 경제의 활성화에 기여할 수 있을 것으로 보인다. 구체적 방안으로는 관광 분야의 사회적기업(혹은 커뮤니티 비즈니스) 육성, 관광 분야의 공유경제 가능성과 사업영역 발굴, 관광 분야 SME 육성 및 공정한 산업생태계 구축 등이 필요할 것으로 보인다. 또한 관광두레, 지역 관광협의회 등 지역공동체 중심의 관광사업에 대한 논의가 필요하다.

(1) 커뮤니티 중심의 대안경제형 사업 방식 도입

신자유주의적 경제성장모델이 한계 상황에 직면해 있는 만큼 사회적기업, 사회적 협동조합, 지역사회기업 등 대안경제형 사업 방식을 적극적으로 도입할 필요가 있다. 최근 사회적경제 모델 도입 등에 대한 논의가 활발해지고 있는 시점에서 지역 관광 활성화의 수단으로서 사회적기업, 사회적 협동조합, 마을기업 등 새로운 사업 방식의 도입을 적극적으로 추진해야 한다. 기존의 마을 중심의 각종 개발사업을 문화관광에 바탕을 둔 창조적 지역가꾸기 사업으로 전환해야 한다. 이를 위해서는 농촌관광·어촌관광·산촌관광 등 각종 커뮤니티 중심의 관광개발사업(커뮤니티 비즈니스)을 전면적으로 평가하고 정비할 필요가 있다. 특히 관광클러스터, 지역산업과의 연계, 인재육성 네트워킹, 창조환경 조성(창조적 공간과 경관) 등의 효과를 위한 문화관광과 각종 지역만들기사업과의 통합전략이 추진될 필요가 있다. 관광소비가 지역경제에 돌아갈 수 있도록 지역사회 중심의 관광사업을 추진해야 하는데, 이를 위해 지역 관광 커뮤니티 비즈니스(TCB) 사업 지원을 강화해야 한다.

지역 관광사업은 다양한 이해관계자의 자발적 참여와 협력을 통해 추진되는 공동체 경제적 요소가 많기 때문에 사회적경제 모델인 사회적기업, 사회적 협동조합의 적용이 다른 사업에 비해 용이한 구조이다. 이 때문에 사회적기업, 사회적 협동조합 등 대안경제 모델을 적극적으로 도입할 필요가 있다. 특히 사회적 관광기업을 육성하기 위해서는 창의적 사업모델 발굴, 경영컨설팅, 기업교육프로그램 운영 등을 지원하고, 창업 이후 안정적인 자체 수익구조 확보, 홍보·마케팅 및 경영네트워크 구축을 지원해 자생 기반을 마련해야 한다.

(2) 관광두레

두레는 농촌에서 농사일을 공동으로 하기 위해 마을·부락 단위로 둔 조직으로, 한국의 상부상조하는 문화가 잘 나타나 있다. 관광두레는 지역주민의 자발적 참여를 바탕으로 지역 관광 활성화 및 지역공동체 육성을 목적으로 진행되는 지역 기반 관광사업 공동체를 브랜드화한 사업이다. 문화체육관광부는 2013년 도시근교형(경기 양평군), 접경지대형(강원 양구군), 내륙형(충북 제천시), 산악형(경북 청송군), 해안형(전북 부안군) 등 5개 지역에서 시범적으로 관광두레 사업을 시작했으며, 2017년까지 사업대상지를 전국의 100개 시·군으로 확대할 계획이다.

관광두레는 시·군 단위로 주민과 관광사업체의 가치 공유와 참여를 기반으로 한 사업으로 주민의 자발적 참여와 지역의 자원을 연계하는 것이 가장 큰 특징이다. 관광두레 프로듀서(PD)를 중심으로 지역을 진단하고, 지역민의 수요 등을 파악해 지역특화사업을 발굴, 주민교육 및 컨설팅을 통한 지역민 공동체 역량 강화와 홍보마케팅, 모니터링 평가 등이 이루어질 예정이다.

관광두레는 기존의 시설 조성 중심의 관광자원 개발에서 탈피해 주민의 수요를 바탕으로 비즈니스모델을 개발하고 사업을 추진한다. 커뮤니티 중심의 대안경제형 사업 방식을 도입한 관광두레를 통해 지역사회 일자리와 소득을 창출하고, 지역공동체 형성을 바탕으로 창조적이고 지속가능한 지역 관광 발전체계가 이루어져야 한다.

▌관광두레 조직화 사례
- 일본 구로카와 온천 관광여관 협동조합: 대중관광객을 위한 규모 확장이 아닌 소규모 여관 지향의 의미에서 젊은이를 축으로 '관광여관협동조합' 설립, '공동입장권' 운영
- 경북 문경시 산채비빔밥: 문경시 농업기술센터와 주민참여로 '우리음식점연구회'와 '향토음식학교'에서 운영하는 산채비빔밥 식당
- 제주올레 간세인형공방조합: (사)제주올레가 올레길을 기반으로 지역경제 활성화와 일자리 창출사업의 일환으로 '간세인형을 제작하는 공방사업'을 확장(올레길관광+간세인형

(3) 지역관광협의체

박근혜 정부의 출범과 함께 2013년 2월 대통령직 인수위원회는 관광산업의
경쟁력 강화를 위한 과제 중 지역 관광 발전을 위해 지역 관광업체, 문화계, 상
공인, 지역주민, 지자체 등이 참여하는 지역관광협의체 설립을 지원해 지역 관
광 활성화 추진 방안을 제안했다. 즉, 기존 공공 주도 지역 관광 발전 추진체계
와 별도로 지역이 주도하는 관광발전시스템을 구축하는 데 초점을 두고 있다.
지역관광협의체는 지역 관광 이해주체 간의 수평적 결합을 통한 파트너십 체
계로서, 지역에 산재한 다양한 이해관계자들이 참여하는 지역 관광의 내생적
발전을 추진하는 체계를 구축하는 것을 목적으로 한다(심원섭, 2008). 지역관광
협의체는 광역시·도, 시·군구, 관광공사 등 공공 부문과 관광사업자, 관광관련
단체, 지역주민, 전문가, 지역시민단체 등 민간 부문으로 구성되며 지역 관광
활성화를 위한 의사결정을 협의하는 것이 주된 역할이다. 지역 관광의 다양한
이해관계자 간의 협의체인 지역관광협의체가 효율적으로 구성되기 위해서는
먼저 지역관광협의체의 역할을 구체적으로 정립하고, 공공 부문과 민간 부문
참여주체 간의 수평적 관계 형성을 바탕으로 서로의 협력을 강화해야 한다. 지
역관광 발전을 위해서는 다양한 이해관계자의 효율적 의사결정이 가능하도록
지역관광협의체를 바탕으로 관광 환경 변화에 탄력적으로 대응하기 위한 협업
체계가 구축·운영되어야 한다.

참 고 문 헌

≪강원도민일보≫ 2013.6.30. "홍천 '주민 중심 日 생태관광' 접목".

고정민 외. 2002. 「고령화사회의 도래에 따른 기회와 위험」. 삼성경제연구소.

국무총리실 외 관계부처. 2009. 「신성장동력 추진계획」.

김상태. 2009. 「산업관광 활성화 방안」. 한국문화관광연구원.

_____. 2013. 「영성관광 활성화를 위한 정책 방안」. 한국문화관광연구원.

김성진 외. 2013. 「주민주도형 관광사업의 사례연구」. 한국문화관광연구원.

김용렬 외. 2013. 「2012년 농촌관광 수요와 시장규모」. 한국농촌경제연구원.

노영순. 2011. 「친서민 관광복지 정책 추진을 위한 체계 및 프로그램 개발 방안」. 한국문화관광연구원.

대한상공회의소. 2013. 「의료서비스산업 발전을 위한 정책 과제」.

류광훈. 2012. 「한국형 복합리조트 제도화 방안」. 한국문화관광연구원.

문화체육관광부. 2010. 「고부가가치 융복합관광 활성화」 보도자료(2010.3.16).

_____. 2012a. 「2011년 기준 관광동향에 관한 연차보고서」.

_____. 2012b. 「관광숙박시설 수급분석 연구」.

_____. 2013a. 「관광불편 해소를 위한 제도 개선 및 전략 관광산업 육성방안」 보도자료(2013.7.17).

_____. 2013b. 「2012년 한국 국제회의 개최 순위 세계 5위 달성」 보도자료(2013.6.5).

_____. 2013c. 「2012 외래관광객 실태조사」.

_____. 2013d. 『한류백서』

박경렬. 2013. 「레저스포츠 관광 활성화 방안」. 한국문화관광연구원.

세계경제포럼. 2013. 『여행 및 관광산업 경쟁력 2013』.

≪시사인≫. 2013.7.20. "가볼만한 공정여행 프로그램".

심원섭. 2008. 「지역관광파트너십을 위한 지역관광진흥협의체 구성 및 운영 방안」. 한국문화관광연구원.

_____. 2010. 「최근 관광트랜드 변화와 향후 정책 방향」. 한국문화관광연구원.

_____. 2012. 「미래 관광환경 변화 전망과 新관광정책 방향 연구」. 한국문화관광연구원.

양혜원 외. 2012. 「2013 문화예술트렌드 분석 및 전망」. 한국문화관광연구원.

이승구. 2006. 「새로운 패러다임의 변화와 스포츠관광의 가능성」. ≪한국관광정책≫, 23호. 40~47쪽.

이승철 외. 2013. 「힐링을 힐링하다」. 삼성경제연구소.

이원희. 2011. 「신한류를 활용한 인바운드 관광정책 방향」. 한국문화관광연구원.

≪중앙일보≫ 2013.8.14. "부산관광안내소, '잘잘 S관광투어'로 관광객 품는다".

한국관광공사. 2010. 「녹색관광 실태조사」.

_____. 2011a. 「MICE산업통계 조사연구」.

_____. 2011b. 「모두가 행복한 서울관광 만들기: 공정관광」.

해양수산부 외 관계부처. 2013. 「크루즈산업 활성화 대책」.

최도석. 2006. 「우리나라 해양관광의현실과 활성화 방안」. ≪한국관광정책≫, 26호, 28~38쪽.
관광지식정보시스템(http://www.tour.go.kr).
한국보건산업진흥원. 2013. 2012 「외국인 환자 통계」.

McKinsey & Company and the Confederation of Indian Industry. ciited in Laura Moser. "The Medical Tourist" State, December 6, 2005.
UNWTO, 2013. *World Tourism Barometer*, Vol. 11.
WTTC. 2013. Travel & Tourism Economic Research.

제 4 부

저성장시대의 대응 과제 및 지방정부 역할

—

제10장 저성장시대의 대응 과제 및 지방정부 역할

제10장
저성장시대의 대응 과제 및 지방정부 역할

1. 도시재생을 위한 대응 과제와 지방정부 역할

부동산 경기침체로 대규모 철거 방식의 재개발사업은 급속히 감소하고 있지만 도시쇠퇴 현상은 전국적으로 확산되고 있어 앞으로 도시의 생활환경이 악화될 우려가 커지고 있다. 이러한 저성장과 경기침체 시대에 도시환경의 개선을 위해서는 생활환경과 밀착되는 주거환경의 개선이 필요할 것이다. 이를 위해서는 대규모 정비사업보다 쓰레기 처리, 주차공간 확보, 미관 개선 등 불편사항 위주의 개선이 효과적이다. 이와 함께 주거환경의 질적인 요구가 증가하고 있으므로 아파트 위주의 개발에서 벗어나 다양한 주택 유형으로 도시환경을 개선해나가는 노력이 필요할 것이다. 구체적인 방법으로는 종래 고성장시대에 가능했던 고층·고밀개발 정책을 지양하고 한정된 주택 수요를 흡수할 수 있는 다양한 주택 유형을 개발해 보급해야 할 것이다. 아파트의 보급이 대폭 증가했지만 노후 공동주택에 대한 시설 개선은 미흡한 실정이다. 앞으로는 리모델링을 포함해 공동주택에 대한 개보수사업도 추진해야 할 것이다. 기존 도시의 가치 증대를 위해서는 역세권 중심으로 TOD를 추진할 수 있다. 접근성이 좋은 철도역 주변 지역은 도시재생을 통한 사업화가 가능한 지역이 될 것이다. 가장 기본적인 것으로서 도시재생정책을 추진하기 위해서는 이에 맞는 지원체계 구축이 선결되어야 한다. 도시재생과 관련한 공공 부문의 분산된 조직체계에 대한 융합과 조정이 필요하며, 도시재생 분야와 관련된 국가예산의 확대 지원이 필요하다.

지금까지의 도시정비는 시·군에서 주도적으로 추진해왔다. 정비사업 수요가 많은 시·군은 '도시 및 주거환경기본계획'을 수립해 재개발·재건축·주거환경개선사업 등 정비사업을 계획하고 진행해왔다. 중앙정부는 도시지역에 대해서 「국가균형발전 특별법」에 의한 도시활력증진지역 개발사업을 통해 주거지재생, 중심시가지재생, 기초생활 기반 확충, 지역 역량 강화 분야를 지원하고 있는데, 특히 주거지재생을 위해 저소득층이 밀집하거나 심히 낙후된 지역에 주거환경개선사업 구역을 지정해 국비를 지원하고 있다. 국토·도시 분야의 지원은 많지 않지만, 중앙정부 부처별로 도시재생과 관련된 사업들을 찾을 수 있다. 특히 안전행정부의 지역공동체와 일자리 창출사업, CCTV설치사업, 교통안전 관련 사업 등과 보건복지부의 자활지원사업, 노인돌봄, 평생학습 등의 사업, 중소기업청의 전통시장 관련 사업, 문화관광부의 공공디자인, 문화시설, 문화유산 관광사업 등은 도시재생과 밀접한 관련이 있다. 하지만 이러한 사업들이 서로 연계되어 지역발전의 거점이 되지 못하는 것이 문제이다. 특히 사업 진행이 단발성에 그쳐 예산 지원의 효과를 보지 못하는 사례나 면밀한 사전 계획 없이 사업이 추진되어 효율적인 공간 이용이 부족한 경우를 발견할 수 있다.

이러한 문제점의 원인은 조직체계의 분산과 중앙정부와 지방정부의 역할이 부족하다는 것에서 찾을 수 있다. 조직체계의 분산에 대해서는 「도시재생 활성화 및 지원에 관한 특별법」에서 범부처 장관들로 구성된 도시재생특별위원회를 제안한 것과 같이, 도시재생에서 국토교통부 외 타 부처 협력사업도 통합 인

정해 특정 지역에 국비를 집중 지원하는 노력이 필요하다. 이러한 노력은 중앙 정부와 함께 광역정부와 지자체에서도 별도의 조직을 만드는 등 사업 지원을 위해 필요할 것이다. 중앙정부와 지방정부의 역할 분담과 관련, 현재는 중앙정 부가 일선 시·군의 도시재생사업을 직접 지원하는 방식이지만 광역정부의 역 할에 대해서 재검토가 필요하다. 광역정부는 시·군의 실정에 정통하기 때문에 시·군의 사업 제안을 1차로 평가해 필요성과 효과가 큰 지역을 우선 선정하고 중앙정부에 제안하는 방법이 적절할 것이다. 이를 위해서는 광역정부에서 도 시재생기본계획 등 전체적인 기본 방향을 수립해야 할 것이다. 기존 도시는 점 점 노후화되고 있고 주거환경에 대한 질적 요구는 높아지고 있다. 신도시를 건 설하는 것보다 기존 도시를 재활용하는 것이 효율성·환경보호·경제성에서 더 유리하므로 도시재생에 대한 국가적 관심과 지원이 필요할 것이다.

2. 교외지역 관리를 위한 대응 과제와 지방정부 역할

성장기 동안 급격한 도시화과정을 거치면서 나타난 교외지역의 문제는 크 게 세 가지로 요약될 수 있다. 신도시의 개발과 침상도시화, 난개발, 농촌지역 의 쇠퇴 문제이다. 향후 저성장시대에는 성장 과정에서 나타난 문제들을 되풀 이하지 않기 위해 다음과 같은 정책이 필요하다.

우선 신도시와 소규모 택지지구의 경우 자족성을 높이고, 직주근접이 가능 하도록 일자리를 조성하거나 모도시와 접근성을 제고할 필요가 있다. 최근 도 시개발 과정에서는 인구 감소에 대비하고 지속가능한 도시 조성을 위해 축소 도시, 콤팩트시티의 개념을 적용하고 있다. 도시중심부의 기능을 집적시키고, 교통 결절점을 중심으로 주거기능을 강화해 교외지역의 시가지 개발을 억제하는 것이 주요 정책인데, 특히 신도시를 비롯한 지방도시와 신개발지역에 우선 적용할 필요가 있다. 또한 사회적 통합이 그 어느 때보다 중요해지고 있는 것을 감안해 새로운 공동주택 건설 시, 임대주택과 분양주택의 분리 배치를 지양하고, 물리적 혹은 사회적으로 적절히 혼합할 수 있는 방안을 적용해야 된다.

그리고 이미 난개발이 진행된 교외지역은 지역 특성에 맞게 입지별 정비 방안을 구체화해 정비·관리계획을 수립해야 하며, 향후 개별입지가 가능한 허용용도를 축소해 공장, 근린시설 등의 개별입지를 방지하고 계획입지를 유도하는 것이 바람직하다.

농촌지역은 최근 들어 새로운 산업 및 휴가공간으로 인식되고 있다. 따라서 지역 특성을 반영한 다양한 지역 활성화 방안을 적용할 수 있다. 체험마을, 주말농장을 비롯해 슬로푸드마을 등 특화마을 조성, 농촌의 빈집·폐교 등 유휴공간을 활용한 문화예술공간 조성이 좋은 사례가 될 것이다. 이러한 노력은 농촌지역 공동체와 사회적기업에 의해 주도적으로 추진되고 있으므로 정부 및 지자체의 행정적·재정적 지원이 동반되어야 한다. 최근 귀농·귀촌 인구가 증가함에 따라 농촌 정주기반 확대를 위한 노력도 있어야 한다. 오늘날 농촌지역도 점차 도시적 생활양식으로 변화하고 있지만 인구 감소로 지역의 서비스 기능은 더 약화되어 복지 및 문화서비스 등이 매우 취약하다. 공공의 입장에서도 효율적인 복지서비스의 공급이 어려우므로 지역 특성에 따라 필요한 기능을 다시 배분하거나 서비스 방식을 전환할 필요가 있다.

특히 교외지역 관리를 위해서는 계획 권한이 지방정부에 이양되지 않는 한 중앙정부의 제도 개선이 우선되어야 한다. 즉, 도시기본계획의 시가화용지와 시가화예정용지의 개발지역을 예측할 수 있고 도시지역과 비도시지역의 개발을 차별화할 수 있도록 시가화예정용지를 표시하도록 지침 개정이 필요하다. 과거 시가화예정용지 위치를 도시기본계획도에 표시함에 따라 지가상승, 투기 등 부작용이 발생해, 점으로 위치를 표시하다가 현재는 단순히 총량으로 정해 주고 있는 실정이다. 그러나 총량으로 지정되면서 계획의 예측 가능성이 사라져 언제 어디가 개발될지 모르게 되었다.

또한 시가화예정용지 내외의 지역에 다시 계획지역과 비계획지역의 허용 용도를 차별화해 계획이 없는 지역의 난개발을 미연에 방지할 수 있어야 한다. 현재 허용 용도가 너무 광범위해 계획지역에 입지하는 것보다 개별입지의 비용이 더 저렴해 대부분 개별입지를 선호하고 있다. 지방정부는 교외지역의 건축물 중 주택 외에 대부분을 차지하는 근린생활시설과 공장에 대한 경관 기준을 구체화하기 위해 주요 입지별 정비·관리계획을 수립하고, 용도 지역별 세부 관리 기준을 제시하는 것이 필요하다. 개발행위허가 운영지침 내용을 바탕으로 시·군 운영지침의 수립을 의무화하고 이를 위해 국가 혹은 광역 지자체에서 모델을 제시하거나, 시·군에서 경관계획을 수립할 경우 지역별 정비 내용 및 방법을 포함해 난개발지역을 정비·관리하도록 하는 것이 필요하다.

3. 주택 부문의 대응 과제와 지방정부 역할

주택정책의 외부 환경은 과거와 달라졌다. 주택보급률이 100%에 도달해 양적 안정세를 보이며 저출산·저성장으로 수요가 감소하고 주택시장 자체도 침체에서 벗어나지 못하고 있다. 기존 주거지도 노후화되고 있으며 렌트푸어, 비닐하우스 거주가구 등 주거취약계층의 어려움도 간과하기 어려운 수준이다. 한편으로 가구 분화와 소득 수준 향상으로 주택에 대한 새롭고 다양한 요구가 나타나고 있다. 하지만 정책은 변화된 수요를 고려하지 못하고 대량공급 기조를 유지하고 있다. 물량 위주 공공임대주택 정책 역시 극빈층이 혜택을 받지 못하는 사각지대를 발생시키며 심각한 지역불균형 문제를 유발하고 있다.

이제 유통기한이 지난 대량공급체계를 폐기하고 양이 아닌 주거의 질적 향상을 목표로 정책기조를 전환해야 한다. 수요자의 다양성과 지역의 특성에 좀 더 적절히 대응하는, 새로운 패러다임 마련이 절실하다는 것이다. 이를 위해 첫째, 새로운 공급제도와 수요촉진책이 필요하다. 실효성이 떨어진 선분양제를 후분양제로 전환하며 양도세 등 주택조세체계를 수요자 중심으로 개편해야 한다. 또한 신규주택 공급을 촉진하는 법령을 조정해 과잉공급 구조를 개선해야 한다. 둘째, 선별적 주거복지를 강화해 저소득 임차가구, 비주택 거주가구에 대한 지원을 강화해야 한다. 이를 위해 건설 대신 매입임대주택 비중을 높이고 주거급여제도의 확대가 필요하다. 주거급여제도는 임차와 자가 모두를 대상으로 추진해 저소득층의 주거 안정뿐 아니라 신규주택과 민간임대주택 공급을 확대할 수 있는 기회로 활용할 필요가 있다. 셋째, 계획 방식을 전환해 아파트단지 공급을 축소하고 단지형 단독주택, 타운하우스 등 새로운 유형과 1·2인가구를 위한 도심 내 중소형주택, 고령자를 위한 무장애주택 공급을 확대해야 한다. 또한 기존 주거지를 효율적으로 활용하는 도시재생사업을 통해 다양해지는 수요에 대응해야 한다. 넷째, 349조 원에 달하는 연기금 등을 활용해 새로운 재원을 마련해야 한다. 이와 더불어 국가는 공공임대주택이 과다하게 공급되는 지자체의 세수 손실 보존을 위해 지역균형기금을 마련해야 한다. 마지막으로 주택정책의 추진체계를 지방정부 중심으로 재편하고 중앙은 재정 지원에 주력하는 구조로 전환해야 한다. 이와 더불어 공공의 주택 공급을 대폭 축소하고 민간의 역할을 확대해야 한다.

주택 공급, 주거복지 등에 대한 지역별 요구를 현실적으로 반영한 광역지자체 주택종합계획을 중심으로 정책을 추진할 수 있도록 계획체계를 전환할 필요가 있다. 이를 위해 우선적으로 중앙정부의 주택종합계획은 국가정책 방향과 재정지원에 관한 내용을 제시하고 공급 물량, 지역적 배분 등 계획은 지방정부에서 수립해 지역 수요에 적합한 정책 추진이 가능하도록 계획체계를 전환해야 한다. 또한 시·도지사에게 도시 및 주택개발 권한과 공급 권한 등을 이양할 필요가 있다. 이를 통해 시·도지사는 일자리와 연계하며 주변 사업을 고려한 생활권별 계획을 수립해 시행할 수 있으며 저소득층을 위한 공공임대주택 공급 역시 지역실정에 맞게 추진할 수 있을 것이다. 결론적으로 지방정부에 주택정책 권한을 포괄적으로 이양하고 주택정책 관련 자치입법권을 부여하는 체계로의 전환이 필요한 시점이다.

4. 교통 부문의 대응 과제와 지방정부 역할

2011년 이후 실시한 철도사업의 예비타당성조사 결과를 분석해보면 편익비용비(B/C)가 모두 1.0 미만으로 경제적 타당성이 있는 사업이 하나도 없는 실정이다. 최근 철도사업 편익 항목 확대에도 불구하고 정부예산 감소, 과다 수요 예측에 따른 사회적 비난에 따라 사업 추진 가능 판정이 감소했기 때문이다. 복지에 대한 예산 지출 증가로 장기간 많은 예산이 투입되는 SOC 건설에 대한 투자가 줄어드는 실정이다. 한정된 예산 범위 내에서 효율적인 교통시설사업을 추진하려면 전체 교통시스템에서 차지하는 개별 노선의 건설 효과를 파악하고 사업의 우선순위를 판단할 필요가 있다. 과거에는 국가기간교통망계획 수립시 전체 교통망 차원의 우선순위를 결정했으나 최근에는 개별 노선에 대한 예비타당성조사를 통해 결정하는 구조이다. 개별 노선에 대한 구체적인 평가보다는 전체 교통시스템에서 개별 노선의 건설 효과를 파악해 사업의 추진 여부를 판단하는 절차 보완이 필요하다.

저출산·고령화·저성장 등 사회 여건 변화를 예측하지 못해 인구 및 통행량이 과다 예측되고, 교통수단 분담 비율의 오류 등으로 인해 예측 교통량이 실제 수요와 크게 차이가 나면 국가 및 지방 재정건전성을 해친다. 이러한 문제를 해결하려면 기존 교통 수요예측의 정교화를 위한 교통 분야의 노력도 중요하지만 미래사회에 대한 정부 차원의 예측과 대응도 필요하다. 경제성이 없더라도 지역균형발전 측면에서 필요한 사업이라면 추진이 가능하도록 유연한 평가체계를 갖추되 명확한 평가 기준을 정립해야 한다. 지역균형발전 지표도 객관화가 가능하도록 총통행시간·총통행거리 변화 효과 등 정량지표를 발굴하고, 모든 사업에 대해 일관된 원칙이 적용될 수 있는 절차 마련이 중요하다. 또한 이해 당사자의 압력에 따라 조사결과가 달라지지 않도록 객관적 절차도 마련되어야 할 것이다.

우리가 살고 있는 대부분의 동네는 길에 세워진 많은 차들로 사람들이 걸어다니기도 불편하다. 다가구·다세대 주택의 경우 주차공간에 비해 거주자 보유 차량이 많아 골목길을 점령하고 있다. 노인들의 경우는 한 달에 몇 번 이용하지도 않는 차를 매일같이 주차장에 세워 놓고 매년 자동차세와 보험료를 내고 있다. 필요할 때 편리하게 차량을 이용할 수 있다면 굳이 승용차를 소유하면서 차량 관리와 정비에 신경 쓰지 않아도 된다. 최근 자동차 1대를 여러 명이 필요할 때 나눠 쓰는 카셰어링 사업이 추진되고 있는데 카셰어링 이용을 위해서는 회원등록을 한 후 분산되어 있는 차고지에서 차를 빌려 사용하고 카드로 결제하면 된다. 카셰어링이라는 새로운 서비스가 잘 운영된다면 승용차 보유를 기반으로 수립되었던 기존의 주차장 계획은 바뀌어야 할 것이다. 아파트 주차장을 과도하게 확보하지 않아도 되며, 복잡한 단독주택지역에서도 주차공간으로 이용되는 골목길을 거주민을 위한 보행공간으로 되찾을 수 있을 것이다. 업무를 위해 타 도시로 갈 경우 철도를 이용한 후 역 앞에 있는 카셰어링 차고지에서 차를 빌려 이용하고, 다시 철도를 타고 돌아오는 형태의 통행도 빈번해질 것이다. 공유경제를 통해 기존의 도시기반시설을 최대한 활용하고 불필요한 시설 건설을 최소화할 수 있기 때문에 저성장시대에 적극 추진이 가능한 정책이다.

그동안 한국의 지역정책은 수도권과 비수도권이라는 공간적 구분하에 수도권 규제를 통한 지역균형발전을 추구해왔다. 그러나 수도권의 인구 및 경제력 집중이 완화되지 않는 상황에서 과도한 규제는 수도권의 성장 동력마저 약화시키는 결과를 초래했다. 지방정부가 각자 주어진 여건에 맞춰 스스로 발전 방향을 설정하고, 중앙정부는 예산을 지원하는 방식이 가장 바람직한 지역발전 전략이다. 중앙정부에서 SOC사업을 추진할 때 지방정부가 예산을 분담할 여력이 없어서 계획대로 추진되지 못하는 문제를 해소하기 위해서는 지방세 비중을 확대해 지방재정을 확충하고, 지방비 분담비율을 낮추는 정책이 함께 추진되어야 할 것이다.

지역에서 추진되고 있는 각종 사업의 경우, 많은 예산이 소요되지만 정책 효과를 파악하기 쉽지 않은 사업을 평가함으로써 사업 효과를 극대화하는 방안이 마련되어야 한다. 광역시·도 및 시·군에서 추진하고 있는 주요 사업의 평가기준을 모형화해 적용하면 복지·환경·교육 정책 등의 경제적 파급효과 및 소득재분배 효과 분석이 가능해진다. 형식적인 투융자사업 심사로 인한 비효율적인 예산집행과 잘못된 교통 수요예측으로 인한 국가 및 지방 재정의 낭비를 방지하기 위해서는 시·도에 '(가칭)공공투자관리센터'를 설치해 예비타당성조사 및 투융자심사, 민간투자사업의 평가가 객관적으로 이루어지도록 해야 할 것이다. 또한 사후평가제도를 도입해 사업 완료 이후 교통 수요예측의 오차 발생이유, 사업비 증액 사유 등을 면밀하게 분석해 타 사업 추진 시 똑같은 오류를 범하지 않도록 환류체계를 갖출 필요가 있다.

대규모 SOC사업의 경우 국가 및 지역 전체에 미치는 파급효과가 크므로 사업 선정 시 지역 민원에 따라 결정되지 않도록 사업의 추진 내용을 모니터링해 예산투입의 합리성을 확보해야 한다. 교통시설사업의 추진 여부에 따라 정치인의 당락을 결정하겠다는 유권자의 압력을 개선하기 위한 방안도 마련될 필요가 있다. 이를 위해서는 무리하게 추진된 사업의 진행 과정과 결과, 국가 전체에 미친 영향에 대한 조사 및 대국민 홍보를 병행 추진해 합리적이며 효율적으로 교통시설사업이 추진될 수 있는 여건을 만들어야 할 것이다.

5. 산업부문의 대응 과제와 지방정부 역할

한국은 성장 안정기의 산업정책인 산업구조 고도화 내지는 선진화 정책이 저성장기에도 여전히 지속되고 있다. 다만 저성장기에 다소 차이가 나는 부분은 주력 산업의 성숙기 진입과 고용창출 여력 저하 등에 대응하는 차원에서 기존 산업 내 기술혁신·융합·서비스화 등을 도모한다는 것이다. 산업정책은 저성장기일수록 더욱 산업 발전을 통한 경제발전을 지향하게끔 되어 있고, 단지 저성장기로 인한 저고용의 문제를 해결하는 데 좀 더 정책적 방점을 두는 정책 방향 전환이 있다고 할 수 있다. 이는 지역산업정책에서도 큰 틀에서 그대로 적용된다. 따라서 지역산업정책은 고용친화적이며 선진화된 산업구조로의 전환과 산업구조 선진화 차원에서 혁신생태계 구축 및 지역 내 혁신벨트 조성 등이 주요한 정책 방향이 된다. 이러한 정책 방향과 이에 수반된 정책 과제를 살펴보면 다음과 같다.

첫째, 지역산업의 고용친화적 구조로의 전환
　• 제조업 부문 생산구조의 고용친화적 다변화

- 지역 전통산업의 육성 및 집적지 중심의 혁신 클러스터 조성
- 유휴노동인력을 경제활동인구로 흡수하고 산업 발전과 일자리 창출 간 선순환구조를 강화하는 방향으로 지역산업정책의 전환
- 고용의 산업별, 지역별 특성을 반영하는 지역산업정책 추진

둘째, 핵심 부품 소재 강소기업 육성 및 지역 생산유발 및 고용유발 효과 극대화
- 대기업과 중소 부품소재업체 간 협력체제 구축
- 지역 차원에서 중소기업이 주도할 수 있는 유망부품소재 선정
- 지역 차원의 현장 기술인력의 역량 강화, 융복합전문인력 및 경영전문인력의 양성 체계를 구축하고 이들이 소재부품 핵심 인재로 육성되도록 지원

셋째, 지역 비즈니스 서비스 기능 강화를 통해 기존의 지역 내 노동집약적 산업을 숙련집약형 산업으로 전환
- 지역거점별로 특화된 제조업체 지원 시설 확충

넷째, 지역 내 뿌리산업을 지탱하는 중소기업의 혁신역량을 강화
- 뿌리산업 중소기업이 투자를 적극적으로 할 수 있도록 개별 중소기업 조세지원제도를 효율적으로 운영
- 뿌리산업 중소기업이 신규 고용을 창출할 때 일정액만큼 세액 공제하는 제도를 도입
- 뿌리산업 중소기업의 기술개발을 위한 산학연관 공동연구를 활성화
- 대기업 퇴직 전문인력이 뿌리기업 중소업체에 차별화된 맞춤형 기술지도 및 자문을 할 수 있도록 지원체계 구축
- 지역 내 성장성 있는 유망한 뿌리산업 중소기업을 선별해 지원하는 지역 공공자금과 신성장동력펀드 등을 구성

다섯째, 지역 내 노동수급의 미스매치 문제를 해소해 양질의 고용창출 능

력을 제고

- 지역 내 대학, 청년 인력에 대해 산학단체 간 협약에 의한 숙련 맞춤형 교육 훈련 지원 및 멘토링 제도의 추진

여섯째, 서비스산업 전반의 시장의 확대와 고용환경의 개선

일곱째, 고용친화적 지역 혁신산업 생태계 및 광역산업벨트 구축

- 지역의 산업융합 활성화를 위한 핵심 부문을 발굴하고 일자리 연계형 사업을 추진
- 지역의 기술개발 지원에서 채용조건부 R&D 지원을 확대하는 제도적 장치를 마련
- 지역산업정책의 추진전략을 다양한 지역산업 간의 연관 관계 강화와 혁신생태계 정비 중심으로 개편
- 지역 내 지식산업 중심으로 혁신 클러스터를 조성하고 이들의 연계체제를 기반으로 광역지역 내 핵심산업을 대상으로 광역산업벨트 구축

지금까지 산업정책에 대한 논의는 주로 지역 차원의 산업정책에 대해서 이루어졌다. 여기서 지역 차원의 산업정책이란 중앙정부가 국가적 차원에서 펼치는 산업정책을 지역 차원에서 바라보고 수용하는 정책을 말한다. 그런 맥락에서 엄밀한 의미의 '지역산업정책'과는 다소 다른 궤적을 그린다. 원래 지역산업정책은 지역의 산업을 발전시키기 위해 중앙정부가 추진하는 정책으로서 지역전략산업의 선정 및 선별적 지원, 지역기업의 기술경쟁력 제고와 산업인력 양성 지역의 기업유치 지원 등을 주요 내용으로 한다(김영수, 2011). 즉, 지역산업정책이란 별도의 산업 카테고리인 지역산업을 설정하고 중앙정부가 이를 대상으로 삼아 펼치는 정책인 것이다. 그런데 이 글에서는 굳이 이런 의미의 지역산업정책에 그 의미를 한정하지 않았고, 그 이유는 이러한 지역산업정책은

수도권을 대상으로 하지 않고 수도권 이외의 지역에 적용되는 정책이기 때문이다. 따라서 이 글의 지역산업정책은 수도권 지역을 포함하고 전국에 걸쳐 적용되는 지역 차원에서 다루어지는 산업정책이란 점에서 전통적인 지역산업정책과 다소 차별적인 '지역 차원의 산업정책'이라 명명했던 것이다. 그럼에도 이 장에서는 편의상 지역산업정책이라 명명한다. 그렇다 하더라도 전통적인 지역산업정책과는 의미가 다소 다르다.

지금까지의 지역산업정책의 특징 중 하나는 주로 국가가 주도했다는 것이다. 이는 지역 차원의 산업정책뿐 아니라 전통적인 지역산업정책에도 그대로 적용된다. 여기에는 고성장－안정성장－저성장의 시대적 구분의 의미가 없다. 어느 시기를 막론하고 국가, 즉 중앙정부의 주도에 의한 지역산업정책 추진이 있었다고 할 수 있다. 예를 들어 전통적인 지역산업정책의 경우 과거 산업단지 조성 등에 치중하다가 1999년 외환위기를 맞이하면서 본격적으로 전략산업을 진흥하는 정책으로 변모하기 시작한다. 이후 지역산업정책은 현재까지 정부의 의한 지역 전략산업 진흥사업 중심으로 추진되어왔다. 여기에 더해서 2009년부터 5＋2 광역경제권 선도산업 육성을 위한 시범사업이 정부 주도로 추진되면서 지역산업정책의 지역적 경계가 재편되었다가 2013년에 광역경제권 구별 자체가 정부에 의해 공식적으로 철폐되기도 했다.

구체적으로 정부 주도의 지역산업정책은 지역산업 육성을 위한 여러 가지 지원정책이라고 할 수 있다. 중앙정부는 특화센터, 지자체 연구소 등의 산업혁신 인프라 구축을 위해 국고보조금을 지원했으며 지역기업의 기술개발 인력 양성, 마케팅 등을 지원하는 등 여러 방면으로 지원했다. 덧붙여 광역 시·도에 대한 지원부터 시작해 특화산업을 중심으로 한 시·군·구 단위의 지원 등도 공간적 차원에서 중앙정부의 개입 모습이라 할 수 있다. 이처럼 지역산업에 중앙정부가 적극적으로 개입하는 것으로 나타남은 그동안 지역산업 지원사업이 지속적으로 확대되어온 결과이다. 이런 정부의 지원사업 확대 및 지속적 개입은 지자체가 대체로 경제 및 산업 기능이 취약하고 재정구조가 뒷받침되지 못한 데에서 연유하기도 한다.

그럼에도 일반적으로 중앙정부가 지역의 산업 육성 또는 지역발전에 정책적으로 개입하는 것은 몇몇 예외적인 경우, 즉 지역산업 육성을 위한 지역 간 경쟁에서 균등한 기회 제공, 지역 간 자유경쟁에 따른 시장실패의 보정, 중·장기적 관점에서 국가의 지속가능한 발전 잠재력의 확충을 위한 자원의 지역별 배분 등에 한정되어 그 필요성이 인정되기 때문이다. 따라서 이러한 불가피한 결과가 지역산업정책 차원에서 지속되는 것은 바람직해 보이지 않는다. 특히 복지에 대한 재정 수요가 급증하는 상태에서 중앙정부의 지자체 지역산업 지원 방식은 유효하지 않을 수 있다.

지역의 역량이 강화되면 지역산업 육성에서 지역의 자율성과 책임성을 대폭 강화시키는 것이 바람직한 방향이다. 여기서 중앙정부와 지자체의 역할 분담, 지역 자율성 제고, 지역 주도로의 전환이 지역산업정책 앞에 놓인 중요한 과제가 된다. 지역산업정책에서 중앙정부와 지방 자치단체 간의 바람직한 역할 분담체계는 <표 10-1>과 같이 제시할 수 있다(김영수, 2011). 이는 지역산업 육성에서 중앙정부와 지자체의 협력하에 수행해야 할 부문과 지역의 자율에 맡길 부문을 구분하고 있다. 이뿐만 아니라 정책목표와 핵심산업의 선정 주체, 국고지원 방식 추진체계 등의 역할 분담체계를 구체화하고 있다.

구체적으로 광역지역에 적용될 지역산업정책은 중앙정부의 역할이 중요하다. 이는 인접 시·도 간 이해관계를 조정하고 연계협력하에 공동의 사업을 추진할 수 있도록 하는 데 좀 더 상위의 정부가 개입하는 것이 효율적이기 때문이다. 반면에 시·도 내 지역산업 육성은 지자체의 자율성을 최대한 확대하도록 하는 것이 바람직하다. 그러나 지역 자율성을 확대하는 만큼 책임성도 높여야

표 10-1 ▮ 지역산업 육성에서 국가 · 지역협력과 지역자율 방식의 구분

구분	국가 · 지역협력 방식	지역자율 방식
정책 목표	〈효율성 원칙〉 • 핵심산업부문의 산업클러스터 경쟁력 강화 • 지역산업 전반의 글로벌 경쟁력 제고 • 국가 신성장동력산업의 지역별 특성화 발전	• 지역 내 신성장동력산업 육성(산업구조의 고도화) • 지역의 고용창출 및 유지 • 지역 중소기업 및 영세소기업 육성 〈형평성 원칙〉 • 지역 간 특성화 발전을 위한 상대적 낙후지역의 산업기반 확충
산업선정 주체	• 연관 지자체(광역경제권)의 제안에 기반을 두고 중앙정부가 선정 • 선도산업+시 · 도 핵심 대표산업	광역 및 기초 지자체별로 지역 자율 선정
국고지원 방식	• 중앙정부의 사업별 보조(또는 출연) • 지방비 매칭은 20~30% 내외로 지역의 재정자립도 수준에 따라 차별화	• 광역시 · 도별 전략산업 육성에 대한 국가의 매칭보조금(역매칭) • 기초자치단체에 대해서는 포괄보조금 방식(지역개발계정사업)
추진체계	• (기획) 중앙정부 및 관련 지자체(중앙정부 지침) • (선정) 중앙정부 • (집행) 광역경제권 추진 주체, 시 · 도 지원 기관 • (평가) 중앙정부 종합평가	• (기획) 지자체(중앙정부 컨설팅) • (선정) 지자체 • (집행) 시 · 도 및 기초지자체 기관 • (평가) 1차 평가는 지역, 국가는 결과 및 파급효과 중심의 성과평가 담당

자료: 김영수(2011).

할 것이다. 이런 맥락에서 지역 역할의 강화는 지역산업 육성 사업에 대한 지자체의 참여를 확대하는 방향에서 이루어지되 중앙정부 사업에 대한 예산 매칭의 조건하에 그렇게 하도록 할 필요가 있을 것이다.

6. 콘텐츠 부문의 대응 과제와 지방정부 역할

콘텐츠 부문의 대응 과제는 크게 콘텐츠 육성을 위한 기본전략, 스마트 콘텐츠 창조거점화를 통한 일자리 창출, 스마트 콘텐츠 인력 양성 생태계 구축의 세

가지로 요약할 수 있다.

먼저 콘텐츠 육성을 위한 기본전략을 위해서는 콘텐츠산업의 외자 유치와 글로벌 시장 진출을 추진해야 한다. 출판·게임 등 콘텐츠 주력 산업의 육성과 해외기업 유치를 위해 주력하고, 글로벌 시장에 진출해 내수 한계를 극복해야 할 것이다. 그리고 콘텐츠산업을 통한, 창조경제시대를 이끌 창의 인재를 육성하는 전략이 요구된다. 고용창출 효과가 큰 콘텐츠산업 중심의 청년취업 활성화 및 고용 증진을 도모해야 한다. 최근의 기술환경에 적극적으로 대응하기 위한 콘텐츠 클러스터를 조성하고, 선택과 집중에 의한 경쟁력 제고가 필요하다. 지역 내 기업과 연계한 다양한 재원의 확보, 융합 환경과 성숙화되는 국내시장 환경에 적절하게 대응할 수 있는 신규 사업의 발굴에 주력한다. 그 외 문화 소외계층을 위한 콘텐츠 복지 확대를 추진한다.

두 번째로 스마트 콘텐츠 창조거점화를 통한 일자리 창출을 위해서는 '한류콘텐츠융합센터'를 설립 운영한다. 한류콘텐츠융합센터는 한류월드의 배후지역으로서, 한류월드가 한류의 소비지인 반면, 한류콘텐츠융합센터는 방송 외에 한류와 관련된 콘텐츠 부문의 인큐베이팅 역할을 수행할 수 있다. 한류콘텐츠융합센터의 공간은 창업/디자인실, 교육/회의실, 갤러리 숍 등으로 구성하고 내용은 콘텐츠(패션), 스마트, 융합을 추구하며, 기능적인 측면에서는 창업(창작) 및 유통/체험공간을 제공한다.

한류콘텐츠융합센터 내 한류패션 창작스튜디오의 운영은 패션 관련 디자이너들의 인큐베이팅 역할을 하고, 임가공 생산 중심의 섬유산업에 콘텐츠 창작기능을 부여해 패션산업의 성장동력으로서 역할을 수행한다. 한류패션창작 스튜디오와 의류공장, 아웃렛매장 등을 콘텐츠로 연계, 소비자를 위한 생산·판매 등 유통 흐름이 한자리에서 이루어지는 원스톱시스템을 구축할 수 있다. 또한 현재 운영되고 있는 스마트 콘텐츠센터를 지속적으로 확대시켜 IT 부문과 연계한 창조산업의 인큐베이팅 역할을 확대시키고, 청년층의 창조적 일자리 창출과 연계시킨다.

세 번째로 스마트 콘텐츠 인력 양성 생태계 구축을 위해서는 스마트 콘텐츠-제조업 간 양방향 융합 교육 프로그램을 운영한다. '기기-제품-콘텐츠'를 연계한 비즈니스 모델을 발굴하고 스마트 콘텐츠의 제작을 활성화시키는 시스템으로서, 스마트 콘텐츠의 개발과 사업화 과정에 필요한 창업 및 역량 강화 지원을 통해 역량 있는 개발 인재를 육성하며, 이후 제조업 부문의 콘텐츠 수요자와 개발업체(창업팀)가 공동으로 콘텐츠 개발에 참여하는 동반 성장 생태계를 조성한다. 또한 전문가와 만나는 '멘토제'를 운영해 융합 콘텐츠 각 분야의 전문가 풀을 구축해 멘토로 구성하고, IT 관련 교육, 해외수출 교육, 법률 등의 자문 교육 등 영상강의를 실시하며, 다른 한편으로는 제안된 아이디어에 대해 전문적인 컨설팅을 실시한다. 명장 빌리지 조성 및 사이버 명장·명품 거래소 설립 운영을 통해 명품단지를 만들고, 이로써 베이비부머의 재취업과 젊은 세대를 위한 신규 일자리 창출을 촉진시킨다. 사이버 명장·명품거래소는 명장·명품의 거래 활성화 및 정당한 가격결정과 유통기능을 담당한다.

콘텐츠 부문에서 정부의 역할은 크게 중앙정부와 지방정부로 구분할 수 있다. 중앙정부의 역할은 첫째, 장기적으로 창조도시 전략 관점에서의 지역 콘텐츠산업정책을 추진하는 것이다. 창조도시 전략은 콘텐츠산업과 도시 간의 지속가능한 연계 체계를 구축할 수 있으며, 콘텐츠산업을 활용한 장소마케팅 전략을 추진할 수 있는 이점이 있다. 창조도시 전략을 추진하기 위해서는 기업유치 및 클러스터 전략뿐 아니라 콘텐츠산업 관련 축제, 국제화, 문화예술 활성화, 도시브랜딩 전략 등이 종합적으로 추진될 필요가 있다. 창조도시전략은 문화예술·교육·관광·복지 등 종합적인 도시 활성화 전략이기 때문에 콘텐츠산업과 타 영역 간의 연계 형성에 기여할 수 있다.

둘째, 중앙정부는 비전 제시자로서 제도 개선을 유도하고 받아들이면서 지역 문화산업의 진흥과 발전을 위한 역할을 수행해야 한다. 지역문화산업의 경우에도 지방정부나 지역의 문화산업진흥기관이 현장에서 지역의 독특한 장점을 살려나갈 수 있고 서로 협력·보완할 수 있도록 하는 중앙정부의 역할이 필요하다. 문화부가 주관해 다양한 프로젝트를 기획하고 지역 간 역할을 자발적 협력에 의해 배분한다. 즉, 지역별로 편차가 있는 자원을 모아서 적재적소에 배분하는 역할을 담당한다.

셋째, 중앙정부는 콘텐츠산업의 산학협력 활성화를 위한 정책을 추진해야 한다. 콘텐츠산업의 창의적 기획 역량을 강화하기 위해서는 인문학·사회과학·공학 등 학제적 융복합 접근이 이루어질 필요가 있다. 콘텐츠산업이 경쟁력을 증진시키려면 창의적 기획 역량이 더욱 중요하지만 기업 자체 역량만으로는 한계가 있다. 대학의 경우 산업체와의 공동 연구, 공동 교육, 공동 취업 컨설팅 등을 통해 산업현장의 트렌트와 동향을 학문적으로 활용할 수 있고, 학생들의 현장 실무 역량을 강화할 수 있다는 점에서 산업계와의 협력이 필요하다. 지역의 콘텐츠기업이 대학 교육 과정에 적극적으로 참여할 수 있는 환경을 조성함으로써 콘텐츠기업은 대학생들의 다양한 프로젝트 기획 활동을 기업프로젝트 개발에 활용할 수 있다.

넷째, 중앙정부는 SNS 등을 활용한 크라우드펀딩(crowd funding) 활성화 등 콘텐츠기업 및 아티스트의 재원 조성을 위한 환경을 구축해야 한다. 정부 등 공공지원뿐 아니라 민간 부문에서도 콘텐츠 프로젝트에 대한 투자가 활성화될 수 있도록 민간 부문의 투자 환경 조성이 필요하다. 이를 위해서는 콘텐츠 기획 개발자, 투자사, 공공기관의 지속적인 소통과 협력 환경이 조성될 필요가 있다.

지방정부의 역할로는 기업의 R&D 및 혁신 네트워크 구축 제고, 지역사회의 협력 환경(지역주민 의식) 조성, 지역 특성에 맞는 콘텐츠 클러스터의 조성을 들

수 있다. 먼저 기업의 R&D 및 혁신 네트워크 구축을 위해서는 지역 콘텐츠기업의 혁신 네트워크 역량을 강화해 기업의 창의성과 협업 역량을 제고할 필요가 있다. 소셜미디어가 발전하면서 사회적 소통이 활성화되고, 집단지성·집단 창작 환경이 조성됨에 따라 기업의 기획체계에 새로운 변화가 요구되며, 상호 소통적 기획 환경을 구축할 필요가 있다. 지역 콘텐츠산업의 경쟁력을 증진하기 위해서는 기업의 혁신 네트워크 역량의 지속적 강화가 필요하며, 기업의 R&D 및 애로사항에 대한 조사 실시 및 문제 해결을 위한 혁신 네트워크 환경 조성 지원사업을 추진할 필요가 있다.

그리고 지역 콘텐츠산업정책에 대해 지역의 다양한 이해관계자 맥락에서 이해할 필요가 있으며, 지역사회의 지원과 협력을 확보하기 위한 전략적 접근이 필요하다. 영국의 셰필드 시는 문화산업 육성으로 전통산업을 대체하고, 문화산업 클러스터를 조성하는 과정에서 셰필드 시의회가 주도적인 역할을 수행한 사례이다.

▌영국 셰필드 시의 사례

영국 셰필드 시는 1980년대부터 경기침체가 지속되면서 공장들이 도시 외곽으로 이전하거나 문을 닫았고 그 결과 실업률이 15.8%까지 급등했다. 셰필드 시의회는 1980년대 초부터 쇠퇴하는 전통적 산업을 대체할 새로운 산업을 모색했고 1981년 '고용 및 경제개발부서'를 설치했다. 1983년부터 문화산업을 통해 이 지역을 활성화시키기 위한 사업을 본격 추진했으며 음악·조형예술·공예·디자인을 비롯해 사진, 영화 및 비디오, 라디오와 텔레비전, 공연예술 출판, 패션 등 문화산업 전 분야에 걸친 육성정책을 시작했다. 1988년에는 산업공동화 현상이 심화된 구 공업지역을 문화산업지구(Cultural Industry Quarter: CIQ)로 지정·개발했다. 셰필드 시의 전체 고용인력 중 약 6.8%는 CIQ에 입주한 문화산업 관련 업체가 점유하고 있고 고용인력이 많은 분야는 영화 및 비디오산업이다. 셰필드 시가 주도한 계획과 초기 공공투자가 가장 중요한 역할을 했다.

표 10-2 ▎ 해외 콘텐츠 클러스터의 성공요인 분석

클러스터	중점산업	성공요인
호주 멜버른	문화콘텐츠	• 기존 문화적 자원의 강화 - 적극적인 시민 참여 • 문학 산업 중심으로 관광 - 소비와 연계 활성화 • 네트워크 집적 효과 창출 • 주 정부와 시의 지속적인 지원
캐나다 몬트리올 생미셸 지구	공연콘텐츠	• 콘텐츠의 생산, 유통, 소비 과정이 집적된 클러스터 환경조성 • 교육기관 설립을 통한 전문 인력 육성 • 공공 부문과 기업, 민간의 협력체제 구축
영국 브래드포드	영화산업	• 영화산업의 전통성을 활용 • 산학연계를 통한 전문인력 양성 • 시민교육을 통한 노동인력 양성 및 사회문제 해소 • 국내외 네트워크 구축
아르헨티나 부에노스아이레스	디자인콘텐츠	• 사회구조의 다양성 활용한 디자인 산업 육성 • 공공 부문의 정책 지원과 민간 부문의 투자
호주 뉴사우스웨일스	영상콘텐츠	• 정부의 적극적 지원 및 지속적인 정책 마련 • 산학 연계를 통한 인력 양성 • 세계적인 영상기술업체 유치를 통한 집적 효과 창출
미국 뉴욕 실리콘앨리	뉴미디어	• 공동체적 네트워크에 기반 • 민간의 활발한 지원과 산학연 연계 • 정부의 각종 인센티브 제도, 도심 구건물의 재개발정책
영국 셰필드	문화 및 미디어산업	• 지자체의 전략과 의지와 효과적 재원 확보 • 현실적인 업종선정과 복합화 • 도시 내 구 공업지역의 재개발 • 지역대학과의 산학협동체제 • 도시 내 문화산업기반 활용
미국 할리우드	영화산업	• 인적 네트워크 간의 유기적인 연결 • 비전 제시자들의 역할 • 허브로서 대형 스튜디오인 메이저의 역할 • 산학협동으로 인적자원 양성 및 양질의 콘텐츠 개발 • 구성 주체 간의 상생적 생태계 구성
중국 인상 프로젝트	공연콘텐츠	• 지역만이 지니는 문화와 특성을 공연 콘텐츠 무대로 활용, 지역 주민을 공연에 활용함으로써 고용창출 • 지역의 고유한 이야기를 스토리텔링
프랑스 낭트 루아르 강	전시산업	• 장소의 특성을 최대한 고려한 수변 공간 활용 • 지역 내 주체들의 참여 및 의견 개진을 통한 사업 추진력 • 중앙정부 의존적이 아닌 지역 내생적 개발모델 구축 • 강을 매개로 한 지자체 간 통합적 관광 마케팅
일본 나오시마	전시산업	• 미술관의 설립을 통한 지형과 문화의 조화 • 섬 지역을 활용한 조화로운 시설 및 프로그램 • 일상을 예술 공간으로 발전시킴

자료: 콘텐츠진흥원(2011).

마지막으로 지역의 콘텐츠산업을 체계적으로 육성하고 기업생태계 조성과 함께 창의적 융합 환경 조성을 위해 물리적 인프라를 갖춘 콘텐츠 클러스터 조성을 지역 단위로 추진해야 한다. 콘텐츠 부문의 신규 아이디어 창업자를 위한 인큐베이팅 기능을 수행하고, 아이디어 발굴과 타 부문과 융합·발전할 수 있는 거점지역에 물리적 인프라를 구축해 콘텐츠 클러스터를 조성하는 전략이다. 주요 거점지역에 클러스터를 조성함으로써 콘텐츠 발전을 위한 생태계를 조성하고 창조적 융합 환경을 직간접적으로 제공하며 인력 양성과 함께 산업 발전을 도모할 수 있다.

7. 관광 부문의 대응 과제와 지방정부 역할

저성장의 주요 원인으로는 글로벌 경기침체, 사회적·경제적 양극화 심화, 일자리 부족, 인구구조의 변화, 사회적 신뢰의 약화 등에서 찾을 수 있다. 따라서 관광 부문에서도 관광을 통한 지역경기 활성화, 내수관광을 통한 지역관광 활성화, 고령인구의 관광산업 활용 대책 마련, 사회적경제 모델의 적극적 관광산업 활용 등의 대책이 필요하다.

관광 부문에서는 <표 10-3>과 같이 ① 고부가가치 관광산업 육성을 통한 일자리 창출, ② 융복합 관광산업 발전을 통한 지역 특화, ③ 사회 통합적 개념을 기반으로 한 신관광문화 형성, ④ 지역공동체 중심 관광사업 추진을 저성장 시대의 관광 부문 대응 과제로 제시하고 있다.

국가 전체적으로 성장 둔화 혹은 저성장 상황에 돌입하면 정부의 판단에 따라 불필요한 부문의 정부예산을 축소하는 경향을 보일 가능성이 많기 때문에 지역관광재정에 대한 구조개혁 작업이 필요할 것으로 보인다. 문화와 관광에

표 10-3 ▎ 관광 부문 향후 정책 방향

구분	세부 사항
고부가가치 관광산업 육성을 통한 일자리 창출	• 복합리조트 개발 • 의료관광 활성화 기반 구축 • MICE
융복합 관광산업 발전을 통한 지역 특화	• 제조업체 등 기업체(산업관광) • 고택, 사찰 등 역사문화자원(영성관광 등) • 농어촌 체험마을(농어촌관광) • 전통시장, 음식콘텐츠 등 먹을거리 관련(음식관광) • 쇼핑 관련업체(쇼핑관광) • 엔터테인먼트 및 문화공연장(한류관광) • 스포츠, 해양레저, 크루즈 등(레저스포츠관광)
사회통합적 개념을 기반으로 한 신관광문화 형성	• 공정관광 • 복지관광 • 지속가능한 관광 • 실버레저관광 등 육성
지역공동체 중심 관광사업 추진	• 커뮤니티 중심의 대안경제형 사업 방식 도입 • 관광두레 • 지역관광협의체

산은 지속적으로 증가할 것으로 보이나, 한편에서는 재정구조 개혁 작업을 서두르고 있으므로 이에 대한 대비가 필요하다.

고용 없는 저성장시대에 고용창출의 유력한 대안으로 부각되고 있는 산업이 관광산업이다. 하지만 한국은 관광산업 발전이 주로 수도권을 중심으로 이루어져서 수도권과 지방의 관광산업 발전의 격차가 매우 큰 상태이다. 이에 지방정부는 저성장시대 지역경제 활성화 대책으로 지역 여건에 개선을 통한 관광산업 육성에 주목할 필요가 있다.

지방정부는 지역의 정보와 사정을 가장 잘 알고 있어, 지역의 요구와 선호에 맞추어 개성이 넘치는 지역으로 발전시킬 수 있는 잠재력을 가지고 있다. 지역의 관광산업의 발전에 지방정부는 지역의 사람·조직·단체 지원 및 제도 개선 정책 등 지역 단위 관광산업정책 시스템 구축과, 지역별 선도 관광기업의 발굴과 육성, 지역 관광산업 고용 확대 등 지역 관광산업 발전시스템 구축에 중추적 역할을 담당해야 한다. 지방의 관광 발전을 위해 지방정부는 지역의 관광 여건을 개선하고 관광을 통한 경제 활성화를 유도하기 위해 지방정부의 자체 역량을 강화하고 지역발전과 주민에 대한 서비스 제고 등에 좀 더 적극적이고 주도적인 역할을 추진해야 한다.

현대사회는 네트워크사회이다. 지방정부는 지역 내 다양한 이해관계자와의 네트워크를 구축해 중요한 의사결정 과정에서 공유와 협력을 도모해야 한다. 또한 지방정부는 중앙정부와 지역주민 사이의 매개체로서 공공 부문과 민간 부문의 수평적 관계 형성이 이루어질 수 있도록 노력해야 한다.

참 고 문 헌

김영수. 2011. 「지역산업정책의 주요 이슈와 새로운 방향의 모색」. 산업연구원.
콘텐츠진흥원. 2011. 『2011 콘텐츠백서』.

◆◇ 지은이

경기개발연구원(Gyeonggi Research Institute) │ 경기개발연구원은 경기도와 31개 시·군, 그리고 지역기관·단체의 공동출연으로 1995년 설립되었으며, 경기도의 경쟁력 강화와 삶의 질 향상을 위한 정책개발 연구기관으로서 미래비전, 자치경영, 도시 및 주택, 창조경제, 교통, 환경, 사회경제, 통일동북아, 지방의회 등의 분야에 대한 종합적이고 전문적인 정책연구를 수행하고 있다.

이외희 │ 대표저자, 경기개발연구원 도시주택연구실 선임연구위원, 미국 일리노이 대학교 도시 및 지역계획학 박사. 주요 논저에 『경기도의 인구구조별 사회경제적 특성과 도시정책과제』(2013), 『경기도 비도시지역의 정비와 관리방안』(2012) 등이 있다.

장윤배 │ 공동저자, 경기개발연구원 도시주택연구실 실장, 서울대학교 공학박사. 주요 저서에 『경기도 주거환경관리사업 개선방안』(2013), 『제1기 신도시의 도시재생과 관리방안 연구』(2011) 등이 있다.

조응래 │ 공동저자, 경기개발연구원 교통연구실 선임연구위원, 연세대학교 공학박사. 주요 논저에 『DMZ의 미래: DMZ 가치의 세계화와 지속가능발전』(2013), 『한중관계 2.0: 국가를 넘어 지방정부로』(2012), 『21세기 동북아 연결망 한중해저터널의 기본구상』(2010), 『대한민국의 미래를 여는 길』(2009) 등이 있다.

이상훈 │ 공동저자, 경기개발연구원 창조경제연구실 선임연구위원, 미국 미시시피 주립대학교 경제학 박사. 주요 저서에 『새로운 패러다임 생활형 복지』(2013), 『경기 경제자유구역 개발계획』(2012), 『파생상품시장의 발전과 모색』(2011) 등이 있다.

유영성 │ 공동저자, 경기개발연구원 미래비전연구실 연구위원, 영국 뉴캐슬 대학교 경제학 박사. 주요 저서에 『초연결사회의 도래와 우리의 미래』(2014), 『수도권 메가트렌드 2030』 (2013) 등이 있다.

봉인식 │ 공동저자, 경기개발연구원 도시주택연구실 연구위원, 프랑스 국립응용과학원 도시학 박사. 주요 저서에 『새로운 주택정책의 패러다임』(2013), 『경기도 임대주택 정책 시행방안』 (2009), 『2020 경기도 주택종합계획』(2013) 등이 있다.

이수진 │ 공동저자, 경기개발연구원 창조경제연구실 연구위원, 미국 텍사스 A&M 대학교 여가관광학 박사. 주요 논문에 「경기도 강변레저 활성화 방안」(2012), 「베이비붐 세대 은퇴에 따른 여가소비문화 활성화 방안」(2011), 「신한류 콘텐츠 음식관광 활성화 방안」(2010) 등이 있다.

임지현 │ 공동저자, 경기개발연구원 도시주택연구실 연구원, 서울시립대학교 도시공학 석사. 주요 논문에 「정비발전지구제도 도입을 위한 기초연구」(2011), 「인천광역시 공공디자인 기본계획」(2009) 등이 있다.

한울아카데미 1681

저성장시대의 지역정책

경기개발연구원 ⓒ 2014

지은이 | 이외희 외
엮은이 | 경기개발연구원
펴낸이 | 김종수
펴낸곳 | 도서출판 한울

편집책임 | 최규선
편집 | 김준영

초판 1쇄 인쇄 | 2014년 7월 1일
초판 1쇄 발행 | 2014년 7월 15일

주소 | 413-756 경기도 파주시 파주출판도시 광인사길 153 한울시소빌딩 3층
전화 | 031-955-0655
팩스 | 031-955-0656
홈페이지 | www.hanulbooks.co.kr
등록번호 | 제406-2003-000051호

Printed in Korea
ISBN 978-89-460-5681-7 93350

* 책값은 겉표지에 표시되어 있습니다.